U0432899

江苏商务发展

2022

主编◎陈 涛

东南大学出版社
·南京·

图书在版编目(CIP)数据

江苏商务发展.2022 / 陈涛主编. —南京：东南大学出版社,2023.6

ISBN 978-7-5766-0775-8

Ⅰ.①江… Ⅱ.①陈… Ⅲ.①商业经济-经济发展-研究报告-江苏-2022 Ⅳ.①F727.53

中国国家版本馆 CIP 数据核字(2023)第 109800 号

责任编辑:魏晓平　　责任校对:子雪莲　　封面设计:毕　真　　责任印制:周荣虎

江苏商务发展 2022

Jiangsu Shangwu Fazhan 2022

主　　编	陈　涛
出版发行	东南大学出版社
社　　址	南京市四牌楼 2 号(邮编:210096　电话:025-83793330)
经　　销	全国各地新华书店
印　　刷	南京玉河印刷厂
开　　本	700 mm×1 000 mm　1/16
印　　张	27.5
字　　数	415 千字
版　　次	2023 年 6 月第 1 版
印　　次	2023 年 6 月第 1 次印刷
书　　号	ISBN 978-7-5766-0775-8
定　　价	99.00 元

本社图书若有印装质量问题,请直接与营销部联系,电话:025-83791830。

《江苏商务发展 2022》编委会

主　　　　任	陈　涛
副　主　任	姜　昕　吴海云　孙　津　周晓阳　郝建祥
	倪海清　汤大军　朱益民　王　存
编　　　委	（按姓氏笔画为序）

王善华　王煜晶　卞益斌　方　斌　邢　冲
朱卫东　朱宝荣　刘小卉　杜骖骖　李汉春
李　俊　李晓东　吴　炜　邱俊波　何剑波
陈晓冬　金玉梅　赵厚军　骆　兵　夏网生
徐干松　徐　燕　黄　楒　程　哲　强　培
裔红卉　楼海中　甄莉萍　颜迎来　潘宇驰
戴宏慧　魏　巍　濮方正

主　　　　编	陈　涛
副　主　编	倪海清
编辑室负责人	邢　冲
编　　　辑	李嘉佳　徐朝晖　范良成　薛　雪　倪　蓉
	刘舒亚　董燕萍　张　贤　王晓凤　伍　玲
	王瑞丰
编写人员	（按姓氏笔画为序）

万　洁　王　一　毛　劼　叶　晴　田暮雨
朱书文　李松林　刘　畅　刘　堃　刘　辉
何　珩　吴　迪　张　凯　张惟佳　陈卓凡
陈　琛　陆　挺　卓启永　周凡琛　郝丽丽
胡　韬　钟煜斐　秦锐文　袁　园　夏圣凯
顾　伟　徐　琅　徐蒙意　郭亚鹏　郭　霄
常小朋　梁东晨　彭　程　葛艳霞　蒯梦原
翟金一　熊　翔

目 录 CONTENTS

第一部分 江苏省商务发展情况

2022年江苏省商务运行情况 …………………………………（ 2 ）
2022年江苏省消费品市场运行和促进情况 …………………（ 5 ）
2022年江苏省商贸流通情况 …………………………………（ 13 ）
2022年江苏省商务系统市场体系建设情况 …………………（ 22 ）
2022年江苏省对外贸易运行情况 ……………………………（ 28 ）
2022年江苏省服务贸易运行情况 ……………………………（ 37 ）
2022年江苏省电子商务发展情况 ……………………………（ 41 ）
2022年江苏省利用外资情况 …………………………………（ 47 ）
2022年江苏省对外经济技术合作情况 ………………………（ 55 ）
2022年江苏省开发区建设发展情况 …………………………（ 62 ）
2022年江苏省口岸运行和开放情况 …………………………（ 67 ）
2022年江苏省进出口公平贸易情况 …………………………（ 75 ）

2022年江苏自贸试验区建设发展情况 …………………………………（78）
2022年江苏省商务领域"放管服"改革情况 ……………………………（86）
2022年江苏省商务重点领域改革工作情况 ……………………………（90）
2022年江苏省商务厅机关党建工作情况 ………………………………（95）

第二部分　各设区市及直管县(市)商务发展情况

南京市 ……………………………………………………………………（106）
无锡市 ……………………………………………………………………（112）
徐州市 ……………………………………………………………………（118）
常州市 ……………………………………………………………………（122）
苏州市 ……………………………………………………………………（126）
南通市 ……………………………………………………………………（131）
连云港市 …………………………………………………………………（135）
淮安市 ……………………………………………………………………（139）
盐城市 ……………………………………………………………………（145）
扬州市 ……………………………………………………………………（152）
镇江市 ……………………………………………………………………（158）
泰州市 ……………………………………………………………………（162）
宿迁市 ……………………………………………………………………（168）

昆山市 …………………………………………………………… (172)
泰兴市 …………………………………………………………… (177)
沭阳县 …………………………………………………………… (182)

第三部分　工作经验交流

"苏新消费·冬季购物节"活动取得良好成效 ……………………… (186)
江苏省海外仓建设工作取得积极成效 ………………………………… (191)
江苏省步行街改造提升工作取得积极成效 …………………………… (196)
江苏省特色创新产业园区建设取得明显成效 ………………………… (200)
江苏省发展农村电商助力乡村振兴工作取得积极成效 ……………… (205)
江苏"一带一路"经贸合作不断取得新成效 ………………………… (210)
江苏自贸试验区推进高水平制度型开放取得积极成效 ……………… (215)
江苏省数字贸易发展取得积极成效 …………………………………… (220)
江苏省推进跨境贸易便利化工作取得实效 …………………………… (227)

第四部分　调查研究报告

CPTPP、RCEP投资规则比较及江苏省构建国际一流营商环境的对策建议
………………………………………………………………………… (234)
欧盟碳边境调节机制对江苏省的影响及应对建议 …………………… (241)
抢抓数字经济战略机遇推动南京市数字贸易高质量发展 …………… (249)

争创国家进口贸易促进创新示范区路径研究 …………………… (257)

关于徐州市商贸服务业发展的调研情况报告 …………………… (265)

践行高水平对外开放　赋能国际化智造名城 …………………… (273)

关于推动太仓港复制运用自贸区政策的报告 …………………… (281)

打造南通市"向海发展"的升级版 ………………………………… (286)

关于加快连云港经济技术开发区发展的思考与建议 …………… (294)

基于政学企协"四位一体"的淮安市跨境电商人才培育机制研究 …… (303)

关于中韩(盐城)产业园与自贸试验区联动创新发展的调研报告 …… (314)

关于推动"扬州货扬州出"提升港口外贸运量的对策与建议 ……… (321)

关于泰州市商务惠企政策落实和政务服务情况的调研报告 ……… (328)

抢抓 RCEP 机遇,坚定不移地扩大对外开放合作 ……………… (337)

关于宿迁市服务贸易发展情况的调研报告 ……………………… (342)

附　录

2022 年江苏商务重要文件索引 …………………………………… (352)

2022 年江苏商务发展大事记 ……………………………………… (354)

2022 年江苏省相关经贸数据 ……………………………………… (421)

第一部分
江苏省商务发展情况

江苏商务发展2022
Jiangsu Commerce Development 2022

2022 年江苏省商务运行情况

2022年,面对多重超预期因素叠加冲击,在江苏省委、省政府坚强领导下,江苏省商务系统坚决落实党中央关于"疫情要防住、经济要稳住、发展要安全"的重大要求,坚持稳字当头、稳中求进,加快推动中央和全省系列稳增长政策举措落地落实,千方百计为各类市场主体纾困解难,全力以赴稳住外贸外资基本盘,促进消费加快复苏回暖。江苏省商务发展总体稳中向好、稳中有进,为全省当好全国发展大局的"压舱石""顶梁柱"作出积极贡献。

一 外贸规模再创历史新高

江苏省进出口总额5.4万亿元,同比增长4.8%,规模再创历史新高,占全国总量的12.9%。全省外贸主要呈现"四个提升"特点:一是一般贸易占比提升。一般贸易进出口额增长7.1%,占比57.4%,提升1.2个百分点。二是民营企业占比提升。民营企业进出口额增长11.0%,占比40.6%,提升2.1个百分点。三是新兴市场占比提升。对新兴市场

出口额增长13.0%,占比51.0%,提升2.7个百分点,占比首次过半。四是新增量贡献度提升。跨境电商发展迅速,市场采购贸易增幅超过50%;《区域全面经济伙伴关系协定》(RCEP)区域签证出口货值居全国首位。

二 利用外资稳居全国第一

江苏省实际使用外资总额305.0亿美元,同比增长5.7%,规模居全国首位。全省使用外资主要呈现"三个增长较快"特点:一是制造业外资增长较快,同比增长32.0%,占全省总量的39.3%,规模居全国第一;入选商务部制造业标志性项目8个、全国重大外资清单项目9个,数量均居全国第一。二是高技术产业外资增长较快,同比增长50.3%,占全省总量的34.7%。三是利润再投资增长较快,同比增长232.1%,占全省总量的19.4%,规模居全国第一。

三 社零消费加快恢复向好

江苏省实现社会消费品零售总额(以下简称"社零")4.3亿元,同比增长0.1%,社零总量占全国总规模的9.7%,位居全国第二。江苏省社零主要呈现"一稳两快"特点:一是月度社零稳步恢复。社零单月增幅连续七个月实现正增长。二是大宗消费需求快速释放。江苏省限额以上汽车类商品零售额同比增长2.8%,其中新能源汽车增长164.4%。三是网络消费较快增长。江苏省限额以上通过公共网络实现的零售额同比增长19.4%,好于全国13.2个百分点。

四 对外投资有序推进

江苏省新增对外投资项目850个,同比增长17.4%;中方协议投资额96.7亿美元,同比增长44.8%。江苏省对外投资主要呈现"三个支撑有力"

特点：一是第二产业投资支撑有力，同比增长115.9%，占比66.9%。二是大项目支撑有力，超过5 000万美元的项目有34个，中方协议投资额占比64.4%。三是重点合作区域支撑有力，在"一带一路"沿线国家新增中方协议投资同比增长116.3%，占比35.9%。

五　开发区转型提升稳步推进

各类特色园区建设进展顺利，6家开发区位列国家级经济开发区考核评价前30位，苏州工业园区实现"七连冠"。江苏省总结推广首批9个区域评估实践案例，累计受惠企业、项目超过9 000个。

六　自贸试验区改革红利持续释放

2022年形成制度创新成果83项，其中7项在全国被复制推广，1项在国家部委完成备案。生物医药全产业链开放创新和离岸贸易等新业态稳步发展。三大片区累计新增市场主体8万家，发展水平居全国同批次前列。

七　承担国家重大改革试点取得新突破

江苏省人民政府与商务部共同主办"东盟—中日韩（10+3）产业链供应链合作论坛暨东亚企业家太湖论坛"。南京市获批开展服务业扩大开放综合试点。全省新增3个跨境电子商务综合试验区（以下简称"跨境电商综试区"），实现设区市全覆盖；新增2个国家进口贸易促进创新示范区，示范区总数位列全国第一；新增5个一刻钟便民生活圈试点城市，城市总数位列全国第一。江苏省成为首批内外贸一体化试点省份。

江苏省商务厅综合处

2022年江苏省消费品市场运行和促进情况

2022年,在江苏省委、省政府坚强领导下,江苏省商务系统努力克服多重不利因素,全力以赴稳增长、稳主体、稳预期,多措并举保供给、畅流通、挖潜力,成立消费促进品牌提升行动专班,持续打响"苏新消费"品牌,推动消费持续快速恢复。全省消费增长由负转正,增长率高于全国平均水平,总量稳居全国第二,保持较强的韧性与活力。

一 全省消费品市场运行总体情况

2022年,江苏省实现社会消费品零售总额42 752.1亿元,同比增长0.1%。江苏省社零总量占全国总规模的9.7%,与上年持平,居全国第二。江苏省社零增幅高于全国0.3个百分点,分别高于上海市、山东省9.2个、1.5个百分点,低于浙江省、广东省2个、1.5个百分点(表1)。消费市场整体呈现"勾型"反转。

表1　2022年全国及重点省市社零情况表　　金额单位:亿元

位次	全国及重点省市	社零	同比(%)	占比(%)
	全　国	439 732.5	−0.2	100.0
1	广东省	44 882.2	1.6	10.2
2	江苏省	42 752.1	0.1	9.7
3	山东省	33 236.2	−1.4	7.6
4	浙江省	30 467.2	4.3	6.9
5	上海市	16 442.1	−9.1	3.7

(一)重点商品保持较快增长

2022年,江苏省限额以上18类主要商品零售类别中,有12类商品呈现同比正增长(表2)。其中,体育娱乐用品类、中西药品类、文化办公用品类表现抢眼,同比分别增长22.3%、15.9%、8.8%。受新能源汽车购置补贴、免征购置税期限延长等政策持续刺激,新能源汽车大幅增长164.4%。

表2　2022年江苏省限额以上(十大)商品类值零售情况表　　金额单位:亿元

类值名称	零售	增速(%)	占比(%)
限额以上总计	15 681.4	2.1	100.0
汽车类	4 526.6	2.8	28.9
石油及制品类	1 977.8	7.5	12.6
粮油、食品类	1 734.3	−0.9	11.1
服装、鞋帽、针纺织品类	1 391.7	−4.0	8.9
家用电器和音像器材类	1 040.8	0.6	6.6
日用品类	820.8	−0.9	5.2
中西药品类	606.4	15.9	3.9
烟酒类	488.5	4.6	3.1
通讯器材类	485.1	5.1	3.1
文化办公用品类	437.6	8.8	2.8

(二)重点地区消费加速回稳

2022年,江苏省13个设区市中有8个同比正增长(表3)。其中扬州、徐州、镇江增速较快,分别增长2.6%、1.6%、1.3%。分地域看,苏中、苏北社零分别增长1.0%、0.6%,苏南同比下降0.4%。

表3 2022年江苏省及各设区市社零情况表　　金额单位:亿元

分 类	累计社零	同比(%)	增速位次	占比(%)
江苏省	42 752.1	0.1	—	100.0
苏州市	9 010.7	−0.2	9	21.1
南京市	7 832.4	−0.8	12	18.3
徐州市	4 102.7	1.6	2	9.6
南通市	3 956.9	0.5	7	9.3
无锡市	3 337.6	1.0	4	7.8
常州市	2 856.2	−1.9	13	6.7
盐城市	2 700.6	0.6	6	6.3
淮安市	1 820.2	−0.4	10	4.3
泰州市	1 588.4	0.7	5	3.7
扬州市	1 518.9	2.6	1	3.6
宿迁市	1 465.9	0.4	8	3.4
镇江市	1 364.0	1.3	3	3.2
连云港市	1 197.7	−0.5	11	2.8

注:按各市累计社零规模排序。

(三)消费升级趋势明显加快

2022年,受"苏新消费·绿色节能家电促消费专项活动"持续拉动,能效等级为1级和2级的家电商品大幅增长75.3%,较2021年扩大59.3个百分点。全省限额以上智能家用电器和音响器材类增长129.4%,智能手机类增长118.2%,照相器材类增长101.9%,金银珠宝类增长6.3%。

(四)网络消费赋能愈发显著

2022年,线上线下加快融合,线下店铺通过与互联网结合,销售不断增长,线上产品通过门店社群,获得新的增量。全省限额以上通过公共网络实现的零售额同比增长19.4%,高于全国13.2个百分点。

二 市场运行和消费促进工作

(一)强化政策引领,推动消费加快恢复

一是统筹制定促消费政策。充分发挥省、市两级促进消费体制机制工作联席会议机制作用,加强统筹协调和督促指导,压紧压实各方责任,最大限度释放稳经济、促消费政策效应。会同江苏省有关部门提请江苏省政府办公厅印发《省政府办公厅关于进一步释放消费潜力促进消费加快恢复和高质量发展的实施意见》(苏政办发〔2022〕50号),23项重点举措从财税、金融、用地等方面提出政策保障措施,省级财政对促消费成效明显的地区给予奖补。中国人民银行南京分行有关调查数据显示,2022年第三季度江苏省储户消费情绪和消费信心指数分别为63.1%、55.2%,比上季度分别上升了2.3和0.3个百分点。二是精准滴灌纾困解难。全面落实"苏政40条""苏政办22条",迅速制定出台《关于进一步帮助商务领域市场主体纾困解难的若干措施》,统筹疫情防控和商务发展,16条具体举措全力推动商贸企业纾困解难,拨付省级商务发展资金支持住宿餐饮和批发零售行业企业的防疫物资、消杀服务等支出,最大限度减少疫情对商贸流通企业经营造成的不利影响。三是助力汽车消费稳步增长。牵头制定出台《江苏省商务厅等17部门关于搞活汽车流通扩大汽车消费若干举措的通知》(商消费发〔2022〕92号),明确了促进汽车消费的6大举措。2022年,江苏省限额以上汽车类商品零售额4 526.5亿元,同比增长2.8%,其中新能源汽车同比增长164.4%。

（二）强化活动引领，全力稳住消费基本盘

一是精心策划"苏新消费"四季购物节。2022年以来，江苏省商务系统坚持"省市县、政银企、线上下、内外贸"四个联动，持续开展"苏新消费"四季主题系列活动，累计举办3 900余场各具特色的消费促进活动，在餐饮、零售、文旅、体育、家电、汽车等消费领域发放近9亿元消费助力券和数字人民币红包，超过10万家商家参与活动，共同掀起"月月有活动、季季有主题、全年可持续"促消费新潮，有效支撑全省消费恢复回稳。相关做法被国务院办公厅《昨日要情》刊发，呈报党中央、国务院领导同志参阅，并得到商务部和省政府领导多次肯定性批示。二是释放线上消费潜力。组织企业参与"2022全国网上年货节"江苏系列活动和"第四届双品网购节暨非洲好物网购节"，举办"2022江苏电商直播节"。其中，助农专场活动期间六大湖区98个品牌累计实现销售额3 200余万元，同比增长58%。在首届江苏电商直播技能大赛中，30名优秀选手脱颖而出，获得相关职业资格（技能等级）证书，择优遴选出23个"2022江苏电商直播节优品"。三是举办汽车促消费系列活动。联合工信部门举办"2022年新能源汽车下乡"活动，开展汽车云展直播促销优惠活动。支持汽车协会开展品牌车型云展示、网红直播推介、主播探店、主播测评、汽车巡展下乡等展直播系列活动，15大品牌汽车供应商、经销商通过直接让利、以旧换新补贴、订车交付专属礼包等亿元优惠补贴消费者。江苏省各地政府部门主办的汽车促销活动60余场，补贴总金额约3.7亿元。四是持续推进"江苏味道"餐饮促消费活动。打造"江苏味道"活动品牌和地标餐饮品牌，组织餐饮企业参加"苏新消费"销售竞赛季，省市联动共同梳理150余个地标餐饮品牌，支持各地结合促销活动开展名菜名店名厨评选。陆续开展"寻味金陵""盐之有味""唱响常州菜"等13市地标美食活动，覆盖全省、贯穿全年，实现"月月有活动，处处有热点，人人享优惠，全年可持续"。

（三）强化创新引领，培育壮大新业态模式

一是创新开展绿色节能家电专项活动。会同江苏省财政厅创新谋划，统

筹 2 亿元财政资金,重点推出全国首个省级线下绿色节能家电专项促消费活动,对消费者在中标企业线下门店购买能效标识为 1 级和 2 级的绿色节能家电商品给予 10% 专项补贴,市场拉动效应明显,专项活动累计销售金额为 36.8 亿元,惠及近 30 万消费者。2022 年,江苏省限额以上能效标识为 1 级和 2 级的家电商品销售同比增长 75.3%,有力促进了家电市场快速恢复。二是持续培育数字商务企业。按照江苏省委、省政府和商务厅关于发展数字经济的工作部署,开展省级数字商务企业确认工作,认定 21 家企业为 2022 年江苏省数字商务企业,省级数字商务企业总数达到 107 家(其中 8 家为国家级)。三是大力支持线上展会。支持"5＋90"场"江苏优品·畅行全球"线上国际展会、对接会,展会行业类别全面,覆盖了欧美传统市场和"一带一路"沿线国家等新兴市场,帮助近 14 000 家江苏企业线上开拓市场。创新参展模式,支持企业以"境内线上对口谈、境外线下商品展"等多种方式参展,甄选境外线下展会 62 个,其中重点展会 31 个,共有江苏参展企业 289 家次参展(其中代参展企业数 179 家),出展面积约 4 894.5 平方米。四是加快发展跨境电商。发挥好省跨境电商工作专班作用,召开跨境电商新零售新模式工作协调会,支持南京八卦洲、苏州工业园区山姆会员店开展跨境电商"网购保税进口＋实体新零售"模式试点。2022 年,江苏省限额以上企业通过公共网络实现商品零售额 3 242 亿元,同比增长 19.4%,拉动限额以上零售额增长 3.3 个百分点。

(四)强化品质引领,持续扩大高质量供给

一是推进国际消费中心城市以创促建。印发《省商务厅关于进一步做好国际消费中心城市培育创建工作的通知》(苏商运〔2022〕294 号),进一步推动南京、徐州、苏州、无锡四市国际消费中心城市创建工作,认定一批全省现代商贸流通体系建设示范区,发挥示范引领作用,探索开展先行区试点工作,组织优质企业参加第二届中国国际消费品博览会,助力全省优质消费品销全国、卖全球。二是培育高品质消费载体。修改完善《江苏省省级步行街改造提升试点评价指标》,组织专家对首批步行街改造提升试点培育街区开展评

估验收,认定 15 条街区为首批"江苏省示范步行街"。三是打造一刻钟便民生活圈。无锡、南通、徐州、盐城、常州成功入选第一批国家试点城市行列,入选城市数位居省级层面全国第一。明确第二批省级试点城市,递补扬州等 6 个城市为第二批省级一刻钟便民生活圈试点培育城市,率先实现国家和省两级试点全覆盖。全年累计建成一刻钟便民生活圈 206 个。四是加快补齐县域商业体系建设短板。支持乡镇商贸中心、农贸(集贸)市场等建设改造,鼓励连锁商贸流通企业、电子商务平台、现代服务企业向村镇延伸,促进渠道和服务下沉。全年累计建设改造乡镇商贸中心 76 个、乡镇农贸(集贸)市场 122 个、村级便民店 1 740 家。江苏省乡镇农贸市场建设获商务部肯定,县域商业网点建设经验做法作为典型经验全国交流。五是加强老字号传承保护和创新发展。指导举办第四届中国(江苏)老字号博览会,集中展示全省近 300 家老字号企业以及其他 16 个省市的 140 多家老字号及品牌企业数以万计的名优特品;在南京、无锡、南通、泰州、徐州 5 地开展老字号"三进三促"活动,参加现场展示的江苏老字号企业近 200 家,累计销售额约 440 万元,线下观展 20 余万人。

(五)强化服务引领,不断优化消费环境

一是积极引导绿色循环消费。开展绿色商场创建评估调研,推进 2022 年绿色商场创建评审工作。引导商贸流通企业加大节能设施设备更新改造力度,通过家电以旧换新、塑料污染治理、资源循环利用等,扩大节能产品及绿色产品销售。指导各地做好废旧物资循环利用体系建设示范城市申报工作,南京、无锡、扬州被国家发展和改革委员会(以下简称"发展改革委")、商务部等部门确定为第一批示范建设城市。二是提升成品油行业服务管理水平。推动出台全国首个成品油流通领域规范性文件——《江苏省成品油流通管理办法实施细则》,持续做好成品油市场综合整治工作,引导国有和民营企业深化合作,不断净化成品油消费市场环境。三是优化商务诚信服务。组织开展"诚信兴商宣传月"活动,营造诚信营商良好氛围。开展商务信用监管试点,确定淮安、盐城、连云港为商务信用监管试点地区。优化商务诚信公众服务平台,与江苏省公共信用信息系统以信息订阅方式建立数据对接机制。组织推进"互联网＋监管"和"双随机、一公开"监管工作,商务领域列入"互联网＋监管"的18个监管事项主项达到全覆盖。

江苏省商务厅市场运行和消费促进处

2022年江苏省商贸流通情况

2022年以来,江苏省商务厅认真贯彻落实全省商务工作会议精神,坚持稳字当头、稳中求进,围绕建设现代商贸流通体系,着力推动商贸流通高质量发展,各项工作进展顺利。

一 全省商贸流通总体情况

(一)商贸流通情况

江苏省实现社会消费品零售总额42 752.1亿元,同比增长0.1%。江苏省社零占全国总规模的9.7%,与上年持平,总量稳居全国第二。

(二)拍卖行业经营统计分析

截至2022年年底,江苏省有839家注册拍卖企业,比上年同期707家多了132家。注册拍卖企业中正常申报经营报表的企业有465家,其中有178家零申报,实际有业绩的企业有287家。下文对江苏省2022年拍卖企业经营统计数据汇总进行分析。

1. 成交额情况

2022年江苏省共举办各类拍卖会8 438场,同比增多1 735场,上升了25.88%;总成交额193.10亿元,同比下降15.80%(表1)。

表1　2022年与2021年江苏省拍卖行业成交额比较表

分类	2022年	2021年	同比增长率
成交额	1 930 985.46万元	2 293 429.99万元	－15.80%

从委托构成来看成交额:2022年其他机构委托成交额77.48亿元,占拍卖行业委托成交总量的36.90%,同比上升24.12%;金融机构委托成交额55.61亿元,占拍卖行业委托成交总量的36.00%,同比下降22.62%(表2)。只有其他机构委托独占鳌头,呈现上升态势,金融机构委托占比很大,但是呈现下降幅度也比较大,整个行业深受疫情影响,普遍呈现下降趋势。

表2　2022年江苏省拍卖行业委托成交比较表　　金额单位:万元

分类占比%	法院 1.63%	政府部门 18.70%	金融机构 36.00%	破产清算 0.50%	其他机构 36.90%	个人 6.27%	合计 100.00%
成交额	28 900.6	429 274.2	556 131.0	11 156.8	774 779.5	130 743.4	1 930 985.5
同比增长率	－2.25%	－20.75%	－22.62%	－35.83%	24.12%	－63.88%	－15.80%

从标的构成来看成交额:2022年房地产成交额70.14亿元,占拍卖行业委托成交总量的36.32%,同比下降6.27%;其他成交额45.63亿元,占拍卖行业委托成交总量的23.63%,同比下降27.57%(表3)。房地产成交额和其他成交额比重都很大,但整体呈现下降趋势。

表3　2022年江苏省拍卖行业标的成交比较表　　金额单位:万元

分类占比%	房地产 36.32%	土地使用权 0.81%	机动车 4.02%	农副产 0.46%	股权债权 29.01%	无形资产 4.82%	文物艺术品 0.88%	其他 23.63%	合计 100.00%
成交额	701 403.3	16 169.4	77 614.6	8 873.9	560 715.2	93 015.2	16 900.2	456 293.6	1 930 985.5
同比增长率	－6.27%	－43.10%	100.91%	－462.40%	－22.12%	－9.28%	－29.57%	－27.57%	－15.80%

成交额超亿元的企业有48家,超亿元48家企业的总成交额是135.71

亿元,占总成交额的 70.28%。江苏省大部分企业成交额较低、业绩较差,甚至很多新成立的企业,出现成交额为零的情况。

2. 佣金收入情况

2022 年佣金收入达 2.14 亿元,同比下降 21.21%。主要来自房地产拍卖的佣金收入为 0.91 亿元,占总佣金收入的 42.52%;来自其他机构委托的佣金收入为 1.03 亿元,占总佣金收入的 48.13%。拍卖收入集中在同一领域,2022 年拍卖收入超过百万元的企业有 63 家,收入 1.66 亿元,占总拍卖收入的 77.57%,高收入群呈集中趋势。

3. 2022 年各地区发展情况

2022 年江苏省各市情况不一,苏州市、南京市、南通市、无锡市拍卖成交额较高。苏州市拍卖份额大,并呈现增长态势(表4)。

表4 2022 年江苏省各市拍卖成交额比较表　　金额单位:万元

序号	地区	本期值	占比(%)	同比增长	
				去年同期值	增长率(%)
1	江苏省	1 930 985.459 0	100.00	2 293 429.986 0	-15.80
2	南京市	380 271.847 5	19.69	546 134.650 7	-30.37
3	无锡市	222 450.510 5	11.52	260 599.856 0	-14.64
4	徐州市	131 273.257 4	6.80	303 370.799 4	-56.73
5	常州市	60 108.228 2	3.11	233 215.155 1	-74.23
6	苏州市	529 637.978 7	27.43	417 138.356 2	26.97
7	南通市	261 765.255 8	13.56	271 158.264 1	-3.46
8	连云港市	8 611.936 2	0.45	15 871.243 3	-45.74
9	淮安市	50 198.306 7	2.60	45 236.656 2	10.97
10	盐城市	39 365.730 0	2.04	47 120.663 3	-16.46
11	扬州市	21 692.435 7	1.12	21 249.043 5	2.09
12	镇江市	74 308.949 1	3.85	30 091.613 5	146.94
13	泰州市	78 624.412 5	4.07	29 295.633 4	168.38
14	宿迁市	61 875.708 7	3.20	41 374.831 4	49.55
15	昆山市	10 800.902 2	0.56	31 573.219 5	-65.78

二 商贸流通业发展促进工作

（一）牵头开展助力企业纾困解难工作

深入贯彻落实"苏政40条""苏政办22条"等一系列政策措施，在省级部门中率先研究制定《关于进一步帮助商务领域市场主体纾困解难的若干措施》，发布"江苏商务16条"，精准帮助商贸企业纾困解难，全力推动商贸消费复苏回暖。组织开展全省商务领域"中小企业服务月"活动，围绕"纾困解难，助力发展"主题，指导各地商务主管部门统筹抓好各项纾困政策的贯彻落实，开展针对性、实效性、创新性等一系列中小企业服务活动，有效助力中小企业纾困解难、复产复工、创新发展。通过各种渠道和平台宣传解读助企纾困政策，推动各项惠企政策有效抵达并落地见效。畅通稳定高效的政企沟通协调机制，动态掌握企业运营情况，及时了解企业困难诉求，通过部门横向协同、上下纵向联动，协调解决企业发展的痛点难点问题。协调安排商务发展资金，切块至各设区市，专项补贴商贸企业防疫开支。

（二）认定培育现代商贸流通体系建设示范区

认定发布5个"全省现代商贸流通体系建设示范区"和8个"全省现代商贸流通体系示范创建区"名单。指导"示范区""示范创建区"结合当地经济发展现状，分类开展示范创建，争取在现代商贸流通体系建设中锻强补弱，形成亮点和特色。各"示范区"和"示范创建区"按照定性与定量相结合的原则，逐项明确可操作、可考核的工作目标，积极整合各方资源，研究制定实施方案，摸清存在的困难和问题，细化具体支持政策和工作措施。认定以来，分管厅领导带队赴部分示范区进行了调研。

（三）推动现代商贸流通体系建设专班工作

继续发挥现代商贸流通体系建设专班作用。研究制定专班2022年工作

要点,围绕开展示范区创建、促进内外贸一体化发展、提升城市商业体系、健全县域商业体系、促进流通提质增效、完善流通规范标准6个方面确定18项工作举措和37项重点工作任务。

(四) 做好内外贸一体化工作

认真贯彻落实党中央、国务院的工作部署要求,联合17个部门以江苏省政府办公厅名义印发《关于促进内外贸一体化发展若干措施》,从11个重点方向规划了江苏内外贸一体化工作。按照国家内外贸一体化试点要求,向商务部报送《江苏省内外贸一体化试点工作方案》,商务部对江苏、浙江等9个全国首批内外贸一体化试点地区进行了公示。在全省开展内外贸一体化企业试点,对175家省级内外贸一体化试点企业进行公示。深入江苏省苏豪控股集团有限公司、江苏汇鸿国际集团股份有限公司、江苏苏美达集团有限公司和徐州工程机械集团有限公司等重点外贸企业进行调研,形成《推进内外贸一体化试点 增强国内国际两个市场联动效应》调研报告。

(五) 推动步行街高质量发展

修改完善《江苏省省级步行街改造提升试点评价指标》,针对疫情影响适时调整街区坪效、客流量、房产空置率等定量考核指标,新增放心消费、信用建设等考核内容,引导全省步行街改造提升更加体现江苏特色。组织专家对首批步行街改造提升试点培育街区开展评估验收,印发《省商务厅关于公布首批"江苏省示范步行街"名单的通知》,将完成改造提升任务、能较好发挥示范带动作用的15条步行街确认为首批"江苏省示范步行街"。制定《江苏省示范步行街管理办法》,收集储备新一批示范步行街申报对象。通过《江苏商务发展参考》向省委、省政府报送《全省步行街改造提升工作取得积极成效》专报。

(六) 做好智慧商圈、智慧商店建设工作

根据《商务部办公厅关于开展智慧商圈、智慧商店示范创建工作的通知》

(商办流通函〔2022〕129号)要求,督促各地对照建设指南和评价指标,先行开展各项示范创建工作。根据商务部要求,推荐南京新街口商圈、徐州彭城广场商圈、苏州观前街商圈、苏州浒墅关城际商圈、无锡中山路商圈等5个智慧商圈及15个智慧商店参加全国示范评选,最终南京新街口商圈入选全国示范智慧商圈,金鹰国际南京购物中心和苏宁易购新街口店入选全国示范智慧商店。

(七)营造老字号新环境

江苏省商务厅会同省委宣传部等8部门出台《关于促进老字号创新发展的若干政策措施》,不断优化老字号发展环境。指导举办第四届中国(江苏)老字号博览会,围绕"国潮制燥、FUN肆嗨购"的主题,线下线上联动结合,吸引全国近400家老字号企业参展参会,打造省内外老字号企业开展品牌宣传、市场拓展的交流合作平台。组织老字号"三进三促"、嘉年华等活动,充分发挥老字号在促进消费回补,激活消费潜能,扩大居民消费中起到的积极作用。在江苏省"紫金奖"文创大赛中创新性设立"老字号企业定制设计赛",以新文创激发老字号创新活力。依托全国首支老字号专属股权投资基金带动和支持老字号企业技术、服务和管理创新。建设江苏老字号数字博物馆,展示全省老字号的品牌历史、文化和技艺数字资料。

(八)推动商贸物流高质量发展

指导各地做好城乡高效配送专项行动与商贸物流高质量发展专项行动有序衔接。召开商贸物流高质量发展专项行动省级部门联系会议,梳理总结专项行动阶段性推进情况,并专题报送商务部流通司。向商务部推荐商贸物流金融需求重点项目。落实《商务部办公厅关于建立商贸物流企业重点联系制度的通知》(商办流通函〔2022〕242号)要求,确定全省15家全国商贸物流重点联系企业联络员。组织参加商务部举办的商贸物流高质量发展线上培训班。参加江苏省交通厅组织的第二批城市绿色货运配送示范工程督导,指导连云港做好第三批城市绿色货运配送示范工程申报工作。

（九）推进服务业标准化试点工作

指导徐州市和10家企业加快推进国家级服务业标准化试点（商贸流通专项）建设，协助商务部流促中心赴3家试点企业拍摄宣传片素材。指导试点企业参加2022年度全国商务领域企业标准"领跑者"活动。组织试点单位参加商务部举办的线上交流和专题辅导，徐州市在会上做经验交流。向国家标准化管理委员会推荐2个案例，作为《中国标准化发展年度报告（2021年）》典型案例候选材料。向商务部推荐3个商贸流通标准化试点典型案例，作为第一批案例集候选材料。向商务部推荐南京电子商务协会起草的3个标准草案，申报2022年商务领域行业标准项目计划。

（十）促进商贸流通绿色发展

开展绿色商场创建评估调研，推进2022年绿色商场创建评审工作。指导各地做好废旧物资循环利用体系建设示范城市申报工作，南京、无锡、扬州被国家发展改革委、商务部等部门确定为第一批示范建设城市。对全省二手商品流通情况进行摸底调查，并在商务部流通业发展司举办的线上座谈会上交流发言。会同江苏省再生资源回收利用协会完成2021年江苏省再生资源回收行业分析报告，开展废弃光伏组件回收情况摸底调查。会同江苏省发展改革委等部门转发商务部等4部门关于进一步加强废旧家电回收工作的通知，建立废旧家电回收、销售、拆解处理等情况报告制度。配合江苏省住房和城乡建设厅（以下简称"省住建厅"）组织召开全省塑料污染治理工作电视电话会议，公布全省第三批输液瓶（袋）回收利用企业名单。

（十一）推进商务信用体系建设

开展商务信用监管试点，印发《江苏省商务信用监管试点工作方案》和《省商务厅关于组织申报商务信用监管试点的通知》，确定淮安、盐城、连云港等3个设区市为商务信用监管试点地区。落实《商务部等13部门关于开展2022年"诚信兴商宣传月"活动的通知》（商建函〔2022〕140号），组织开展全省宣传月活动,征集、遴选"诚信兴商"典型案例并向商务部推荐申报,支持指导江苏省医药商业协会联合江苏省联合征信有限公司举办药品流通行业"诚信兴业、诚信卫民"主题宣传活动,在江苏省商务诚信公众服务平台开设"2022年江苏省'诚信兴商宣传月'活动线上主题展览",营造诚信兴商良好氛围。优化商务诚信公众服务平台,研究商品交易市场、街区、行业协会商务诚信试点模型,拓展数据归集共享渠道,与省公共信用信息系统以信息订阅方式建立数据对接机制。

(十二)做好单用途商业预付卡监管服务

加大江苏省"双随机、一公开"监管联席会议办公室工作力度,推动各市加快建立预付卡管理联席会议机制。宣传先进典型,印发南通市加强预付卡管理有关做法。推动《江苏省预付卡管理办法》的贯彻落实,印发《江苏省单用途商业预付卡管理细则(试行)》。印发《江苏省单用途预付卡购卡合同(示范文本)》,推动合同订立合法规范。组织开展全省零售业重点行业重点企业单用途商业预付卡摸底调查,摸清企业实际发卡情况和制度执行等情况,印发《省商务厅关于加强单用途商业预付卡风险防控工作的提示函》(苏商流通函〔2022〕740号),加大风险防范力度。

(十三)做好商务领域市场监管工作

按照高质量发展考核要求,根据江苏省政务服务管理办公室和江苏省"双随机、一公开"监管联席会议办公室部署,牵头组织相关处室研究制定2022年商务厅"互联网+监管"清单,"双随机、一公开"监管计划,部门联合监管计划,完善了"双随机、一公开"监管工作流程,形成厅机关《2022年"互联网+监管"和"双随机、一公开"监管工作方案》。召开厅机关"互联网+监管"和"双随机、一公开"监管工作推进会,组织相关处室推进"互联网+监管"和"双随机、一公开"监管工作。"互联网+监管"18个主项达到全覆盖,覆盖率100%;"双随机、一公开"监管7个事项已全部完成,完成率100%。2022年,共处理厅长信箱4条,投诉建议22条,在线咨询25条,12345工单6件,信息公开申请2件。

（十四）做好商务系统药品保供工作

落实商务部工作部署，开展药品保供调研，并将相关情况持续报送商务部。建立重点药品市场监测工作机制，指导重点药品流通企业每日上报药品进销存数据，加强催报审核，做好决策支撑。建立全省药品保供企业"白名单"。指导江苏省医药商业协会发布《江苏省药品零售企业保障供应倡议书》，全力保障药品供应及价格稳定。

江苏省商务厅流通业发展处

2022年江苏省商务系统市场体系建设情况

2022年以来，江苏省市场体系建设条线认真落实商务部和江苏省委、省政府决策部署，围绕年初既定的市场体系工作要点，扎实开展城市一刻钟便民生活圈、县域商业体系建设、商品市场优化升级、供应链创新与应用、农产品流通、汽车流通及促消费等工作，取得了较好成效。

一 一刻钟便民生活圈建设全面覆盖

一是申报国家试点。指导各市积极申报第二批国家一刻钟便民生活圈试点城市，无锡、常州等5个城市入选，全省入选城市数量位居全国第一。二是开展省级试点。印发《省商务厅关于组织开展城市一刻钟便民生活圈建设工作的通知》，部署开展省级一刻钟便民生活圈建设和试点工作。先后确定2批省级一刻钟便民生活圈试点城市，率先实现国家和省两级试点全覆盖。三是宣传推广典型。新华网对全省的一刻钟便民生活圈建设工作进行了宣传报道，

南京市经验做法被商务部宣传推广,被《人民日报》大篇幅报道。四是开展调研培训。结合厅机关重点研究课题,与课题承办单位一起,到南京等地实地走访社区,了解便民生活圈建设进展情况。组织各地参加商务部举办的一刻钟便民生活圈试点培训线上交流会,进一步明确试点要求,交流先进经验做法。截至2022年年底各市共完成建设一刻钟便民生活圈227个,其中2022年共建设206个。

二 县域商业体系建设全面启动

一是制定实施方案。牵头制定《江苏省县域商业体系建设实施方案》,经报省政府同意后联合省发展改革委等17部门印发各设区市,明确了"十四五"时期全省县域商业体系建设总体要求、目标任务和保障措施。二是建立协调机制。推动建立了省级17个部门单位参与的县域商业体系建设工作协调机制,明确了协调机制人员名单,制定了工作制度和办公室工作规定并印送相关部门。三是加强政策支持。会同江苏省财政厅、江苏省乡村振兴局制定《江苏省县域商业建设工作方案》,并由省政府办公厅上报财政部、商务部、国家乡村振兴局等,争取中央财政支持;利用中央和省级商务发展专项资金对县域商业体系建设给予支持,确定资金使用方案,并报财政部门拨付资金。四是召开工作推进会。2022年8月,在南通召开全省县域商业体系建设工作推进现场会,传达全国县域商业体系建设会议精神,进行工作交流,对县域商业体系建设工作进行部署。五是开展工作调研。由江苏省商务厅分管领导先后带队赴泰州兴化、淮安金湖、扬州仪征、宿迁沭阳、南通启东等地开展工作调研,了解各地县域商业体系等工作情况,并召开座谈会进行座谈交流。六是引导企业参与。先后同中国邮政集团有限公司江苏省分公司、江苏省供销合作总社、汇通达网络服务有限公司、苏宁易购集团有限公司、苏果超市有限公司等单位和企业进行专题座谈,就县域商业体系相关工作任务、商贸流通企业渠道下沉等进行交流,引导企业发挥各自优势,加强县域商业建设,并与中国邮政集团有限公司江苏省分公司签订战略合作协议。七是落实目标任务。各地积极推进县域商业建设,共建设改造乡镇商贸中心 76 个,乡镇农贸(集贸)市场 122 个,村级便民商店 671 个,完成年度目标任务。

三　汽车流通全链条推动

一是出台政策措施。出台《江苏省商务厅等 17 部门关于搞活汽车流通扩大汽车消费若干举措的通知》(苏商规〔2022〕2 号),制定 18 条具体举措,从新车销售、二手车流通、报废车回收等全链条促进汽车流通,报废车资质认定现场评审时间由 60 天缩短为 40 天,对摩托车报废年限做了突破。二是开展促消费活动。联合多部门开展新能源汽车下乡活动,于 2022 年 6 月至 12 月组织开展多场"绿色、低碳、智能、安全——满足美好出行需求,助力乡村全面振兴"主题新能源汽车下乡活动,并将汽车促消费纳入"苏新消费·金秋惠购"活动。与江苏省税务局建立信息共享机制,及时掌握一手新车销售开票数据,便于统计分析汽车销售趋势。三是推广应用江苏省汽车流通信息服务(二手车)系统。截至 2022 年年底已在全省 242 家二手车交易市场部署该系统,占比 82%,其中镇江市部署和使用率达到 100%。四是完善专家库,开展报废车机动车评审。克服疫情影响,及时服务企业,对原专家库人员进行了增补,全年共组织对 25 家企业进行了现场验收评审;截至 2022 年年底全省共有资质企业 42 家。五是规范报废机动车回收行业发展。下发《省商务厅关于进一步加强报废机动车回收行业管理工作的通知》(苏商建传〔2022〕33 号),要求各地密切关注行业动向,引导企业立足实际,科学分析机动车保有量、报废量实际情况,理性投资,向产能过剩的地方及时下达风险告知书,从源头控制风险。

四　商品市场优化升级深入推进

一是指导无锡、苏州两个试点城市围绕实施方案推动试点工作,以全国试点为契机,沿着平台化、国际化、品牌化发展方向,加大对重点领域商品市

场转型升级和发展平台经济的指导,培育一批商产融合产业集群和平台经济龙头企业,充分发挥商品市场在商贸流通中的枢纽节点作用,争创商品市场示范基地。二是积极对南通、徐州、南京等其他商品市场发展基础较好城市提供服务指导,要求对标国家试点地区创建要求,抓紧制定和完善优化升级工作方案,力争2022年有更多城市进入国家试点。三是深入推进商品市场数字化转型。围绕商品交易市场等重点工作,深入开展2022年商贸流通数字化转型行动工作,引导农产品批发市场数字化改造。四是开展调研、培训和经验总结。指导无锡市、苏州市两个试点地区认真梳理总结商品市场优化升级专项行动开展以来的经验做法、相关政策落实情况以及典型案例。组织全省各地和重点市场参加商务部举行的商品市场优化升级线上培训班,无锡朝阳市场在培训班上做典型经验介绍。

五 供应链创新与应用示范带动

一是认定省级优秀供应链企业。组织开展了省级供应链创新与应用重点培育企业终期评估工作,选取评估得分前30名的企业确定为优秀等次。二是争创第二批国家示范企业。会同相关部门转发商务部等部门《全国供应链创新与应用示范创建工作规范》,并组织开展培训,为企业做好示范创建工作提供规范引导。根据商务部申报要求,组织企业积极参评并辅导企业做好示范创建申报材料编制工作,波司登等5家企业入选第二批国家示范企业。三是开展调研和案例收集。加强对供应链企业的调研指导,先后走访江苏苏豪国际集团有限公司、南京飓风贸易有限公司等重点供应链企业,帮助供应链企业克服疫情带来的不利影响,配合协调相关部门,帮助企业打通原材料供应、物流运输等堵点,保障供应链稳定,认真梳理总结试点示范成效。联合江苏省现代供应链协会,开展供应链企业典型案例征集,梳理一批具有代表性的企业案例,与长三角其他省市优秀案例一道汇编成册。

六 农贸市场"平价菜摊建设"稳步推进

一是开展实地调研。赴苏州进行调研,与当地商务、发展改革、市场主体进行了座谈交流,深入了解农贸市场"平价菜摊"建设运营管理情况。二是召开推进会。先后召开任务部署会和工作推进会,就农贸市场"平价菜摊"建设进行动员部署,明确建设要求;赴南京进行调研了解试点市场"平价菜摊"运行情况;三是出台指导意见。结合工作调研情况,先后两次征求江苏省发展改革委员会、江苏省财政厅、江苏省市场监督管理局等部门意见,制定出台了《关于开展城区农贸市场"平价菜摊"建设的指导意见(试行)》下发各市,推动各地积极开展"平价菜摊"建设试点工作。四是掌握推进情况。每季度了解各地工作推进情况,截至2022年年底,各设区市有159家农贸市场设立了539个"平价菜摊"。

七 商贸场所疫情防控和保供有力

一是下发工作通知。先后下发《关于进一步从严从紧做好当前商贸场所疫情防控工作的通知》,指导督促商贸场所按照常态化疫情防控要求落实落细各项防控措施;针对个别农产品市场出现阳性病例情况,下发《关于进一步加强农产品市场疫情防控工作的紧急通知》,并以省疫情防控指挥部办公室名义再次发文,指导督促各地农产品批发市场进一步强化疫情防控措施,落实临时交易场地和备用交易市场,做好蔬菜等生活必需品保供工作;转发南京农副产品物流中心疫情防控经验做法,进一步指导各地加强农产品批发市场疫情防控和保供工作。二是加强市场监测。开展重点农产品批发市场供应监测制度,每日对南京、苏州、常州、南通、徐州等地重点农产品批发市场蔬菜等供应情况进行监测,确保供应充足稳定。三是做好应急保供。积极协助句容、上海等疫情发生地对接农批市场调货供应,缓解当地农产品供求矛盾。根据上海保供需求,协调常州凌家塘、南京众彩等农批市场积极与上海保供企业对接。

八 安全生产专项工作落实到位

一是开展报废机动车回收行业规范提升专项整治行动,联合省发展改革委员会等6部门印发《关于开展报废机动车回收行业规范提升专项整治行动的通知》,于2022年1月中旬至4月底,在省内尚未取得新报废机动车回收拆解资质的原有资质企业及其全部网点中开展专项整治,督促原有报废机动车回收资质企业及其网点按照行业相关法规作业,消除安全生产、环境保护等问题隐患,促进行业整体发展水平提升。二是完成报废机动车回收行业危险化学品使用安全专项治理。根据专项治理行动实施方案,对全省报废机动车回收企业使用危险化学品(乙炔、丙烷等)进行切割作业安全生产情况进行整治,2022年1至6月重点完成巩固提升阶段工作。专项整治以来,报废车回收企业一方面加强危险化学品使用安全,同时尽可能减少使用危险化学品切割,未发生涉及危险化学品的安全生产事故。三是开展行业专项安全生产检查。根据《商务部办公厅关于开展汽车和成品油流通安全生产管理专项检查的通知》(商办消费函〔2022〕208号)文件精神,对江苏省38家(2022年9月底数量)报废机动车回收拆解企业开展全覆盖安全生产专项检查,共发现各类问题隐患124个,已全部完成整改,未发现重大安全隐患。

江苏省商务厅市场体系建设处

2022年江苏省对外贸易运行情况

2022年,面对多重超预期因素冲击和风高浪急的国际经贸环境,江苏省商务系统认真贯彻党中央、国务院和江苏省委、省政府的决策部署,坚决落实"疫情要防住、经济要稳住、发展要安全"的重大要求,会同各地各部门全力推动外贸稳定发展,坚定稳住外贸基本盘,江苏省对外贸易规模再创新高,贸易结构持续向好,实现稳中提质的目标任务,为服务构建新发展格局、稳定全省经济发展大局作出重要贡献。

一 全省外贸运行情况

(一)进出口总体保持稳定,规模再创历史新高

据海关统计,2022年,江苏省累计进出口总额8 177.5亿美元,同比增长1.7%。其中,出口5 225.9亿美元,同比增长4.3%;进口2 951.6亿美元,同比下降2.5%。按人民币计,2022年,江苏省累计进出口总额54 455.0亿元,同比增长4.8%。其中,出口34 815.9亿元,同比增长7.5%;进口19 639.1亿元,同比增长0.4%。

2022年,江苏省外贸在2021年高基数上总体保持稳定,累计进出口、出口规模再创历史新高(图1、图2)。从季度看,前三季度进出口规模逐季提升,分别为2 018.0亿美元、2 063.6亿美元和2 194.1亿美元;增速前高后低,分别为16.3％、5.8％和5.8％。第四季度规模降至1 901.8亿美元,增速下降16.3％。与全国相比,累计进出口、出口、进口增速分别低于全国平均水平2.7个、2.7个和3.6个百分点。进出口规模连续20年居全国第二,占全国比重为12.9％。

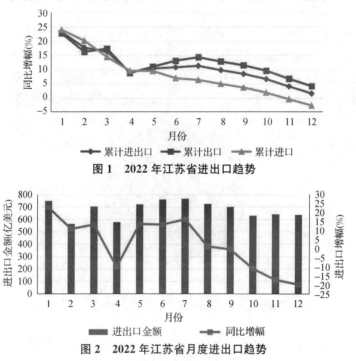

图1　2022年江苏省进出口趋势

图2　2022年江苏省月度进出口趋势

(二)欧盟跃居第一大出口市场,新兴市场出口占比首次过半

江苏省与欧盟、东盟、美国、韩国和日本前五大贸易伙伴分别进出口1 248.8亿美元、1 244.5亿美元、1 080.8亿美元、855.0亿美元和653.0亿美元,合计增长2.5％,占比62.1％。其中,与欧盟、东盟和韩国进出口增长5.3％、9.0％和1.9％,与美国、日本进出口下降1.7％、3.1％。

从出口市场看,对欧盟、美国、东盟、韩国和日本前五大出口市场分别出口

944.0亿美元、888.3亿美元、763.9亿美元、362.8亿美元和336.8亿美元,合计增长5.1%,占比63.1%(图3)。其中,对欧盟、东盟、韩国和日本出口分别增长10.6%、12.4%、13.0%和1.0%,对美国出口下降4.7%。欧盟自2014年以来再次超越美国位列第一大出口市场。对新兴市场出口增长9.6%,占比51.0%,提升2.7个百分点,占比首次过半。对"一带一路"沿线市场出口增长12.3%,占比29.7%,提升2.3个百分点。对《区域全面经济伙伴关系协定》(RCEP)成员国出口增长9.1%,占比30.6%,提升1.5个百分点。

从进口来源地看,自韩国、东盟、中国台湾、日本和欧盟前五大进口来源地分别进口492.3亿美元、480.5亿美元、413.4亿美元、316.2亿美元和304.9亿美元,进口合计下降3.9%,占比68.0%(图4)。其中,自韩国、中国台湾、日本和欧盟进口分别下降4.9%、4.5%、7.1%和8.2%,自东盟进口增长3.9%。

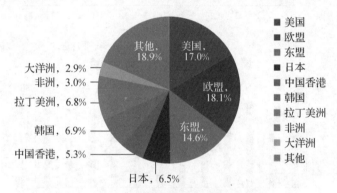

图3 2022年江苏省主要出口市场分布图

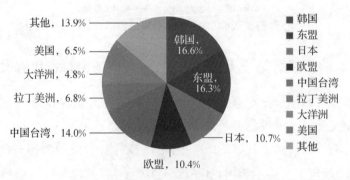

图4 2022年江苏省主要进口市场分布图

（三）重点产品出口涨跌分化，主要大宗商品进口价扬量跌

机电产品出口3 457.2亿美元，增长3.8%，拉动全省出口增长2.5个百分点，占比66.2%。其中，太阳能电池、锂离子蓄电池出口分别增长48.6%、55.2%。高新技术产品出口1 813.3亿美元，增长4.0%，拉动全省出口增长1.4个百分点，占比34.7%。其中，重点IT产品涨跌分化，手机出口增长63.0%，集成电路出口下降0.9%，笔记本电脑出口下降26.4%。七大类劳动密集型产品出口合计下降1.8%，占比14.8%（图5）。

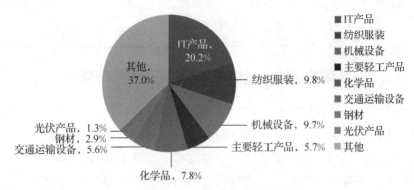

图5　2022年江苏省主要出口行业分布

机电产品进口1 628.9亿美元，下降4.9%，占比55.2%。高新技术产品进口1 178.1亿美元，下降4.3%，占比39.9%，其中，集成电路进口下降3.2%。20种大宗商品进口合计下降2.0%，占比22.6%，其中，15种商品进口价格上涨，14种商品进口数量下降。

（四）民营企业稳定器作用突出，外资企业增幅低于全省平均

民营企业进出口总额3 309.4亿美元，增长7.5%，拉动全省进出口增长2.5个百分点，占比40.5%，提升2.0个百分点；其中，出口、进口分别增长8.7%和4.3%。外资企业进出口总额4 113.7亿美元，下降2.9%，占比50.3%，下降2.2个百分点；其中，出口下降0.2%，进口下降6.4%。国有企业进出口754.0亿美元，增长4.2%，占比9.2%，提升0.2个百分点；其中，

出口、进口分别增长6.9%和1.0%(表1)。

表1 2022江苏省各类企业进出口情况 金额单位:万美元

企业性质	出口			进口		
	累计出口	同比(%)	占比(%)	累计进口	同比(%)	占比(%)
内资企业	28 171 352	7.5	53.9	12 467 250	3.1	42.4
国有企业	4 191 663	6.9	8.0	3 348 659	1.0	11.4
民营企业	23 978 411	8.7	46.0	9 115 149	4.3	31.0
外资企业	24 087 865	−0.2	46.1	17 048 918	−6.4	57.6

(五)一般贸易支撑作用显著,加工贸易占比下降

一般贸易进出口总额4 693.1亿美元,增长3.9%,拉动全省进出口增长1.9个百分点,占比57.4%,提升1.2个百分点;其中,出口、进口分别增长5.9%和0.3%。加工贸易进出口总额2 540.4亿美元,下降0.3%,占比31.0%,下降0.5个百分点;其中,出口增长5.4%,进口下降9.0%。保税物流进出口下降5.0%,其中,出口下降10.9%,进口增长3.2%。外投设备进口下降54.3%(图6)。

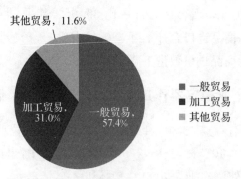

图6 2022年江苏省进出口贸易方式分布

（六）10市进出口正增长，区域布局更趋均衡

13个设区市中，10个市进出口实现正增长。其中，苏州、无锡、南京、南通和常州5个外贸大市进出口合计下降0.1%，占全省进出口的85.0%。苏中和苏北进出口分别增长5.3%和10.3%，占比11.2%和8.7%，合计提升1.1个百分点；苏南进出口与去年同期持平，占比80.2%。

表2　2022年江苏省各设区市及地区进出口情况　金额单位：亿美元

名称	进出口			出口			进口		
	累计	同比（%）	占比（%）	累计	同比（%）	占比（%）	累计	同比（%）	占比（%）
全省	8 177.5	1.7	100.0	5 225.9	4.3	100.0	2 951.6	-2.5	100.0
苏州市	3 866.0	-1.3	47.3	2 324.2	0.9	44.5	1 541.8	-4.6	52.2
无锡市	1 106.5	4.7	13.5	727.9	11.4	13.9	378.6	-6.1	12.8
南京市	943.0	-2.9	11.5	573.2	-5.0	11.0	369.8	0.5	12.5
南通市	549.8	4.7	6.7	353.1	1.4	6.8	196.7	11.2	6.7
常州市	485.0	4.4	5.9	376.7	11.4	7.2	108.3	-14.3	3.7
盐城市	206.4	19.7	2.5	138.9	29.8	2.7	67.4	3.3	2.3
泰州市	196.2	4.9	2.4	134.5	1.8	2.6	61.7	12.7	2.1
徐州市	193.3	-0.4	2.4	166.4	2.3	3.2	26.9	-14.7	0.9
扬州市	165.7	10.7	2.0	131.0	18.8	2.5	34.8	-11.9	1.2
连云港市	161.2	11.2	2.0	59.9	-0.4	1.1	101.2	19.4	3.4
镇江市	156.2	20.9	1.9	116.4	26.2	2.2	39.7	7.7	1.3
宿迁市	83.9	25.9	1.0	75.4	30.7	1.4	8.5	-5.1	0.3
淮安市	64.3	9.1	0.8	48.3	12.1	0.9	16.0	1.0	0.5
苏南	6 556.7	0.0	80.2	4 118.4	2.8	78.8	2 438.3	-4.5	82.6
苏中	911.7	5.3	11.1	618.5	4.1	11.8	293.2	7.7	9.9
苏北	709.1	10.3	8.7	489.0	12.3	9.4	220.1	6.2	7.5

注：按各市进出口规模排序。

（七）有进出口实绩的企业数超过 8 万家

2022 年，江苏省有进出口实绩的企业 83 195 家，增加 1 888 家。其中，有出口实绩的企业 72 413 家，增加 2 121 家；有进口实绩的企业 37 030 家，减少 511 家。三星电子（苏州）半导体有限公司、苏州得尔达国际物流有限公司、世硕电子（昆山）有限公司进出口超过百亿美元。

二 主要工作举措及成效

（一）突出政策保障，推动稳外贸工作落实落细

报请省政府办公厅出台外贸新业态新模式 16 条、跨周期调节稳外贸 14 条、外贸保稳提质 12 条等政策文件，会同省级相关部门制定当前及四季度稳外贸的重点举措 17 条；联合税务、外汇、海关、信保等部门举办"多措并举稳外贸"政策宣讲会，推动一系列稳外贸政策举措落地见效。加强对重点外贸企业的监测调研和形势研判；依托"稳外贸助企纾困"台账制度，充分发挥省外贸外资协调机制作用，协调相关部门"一企一策"解决企业超百个具体困难。依托省跨境电商发展工作专班，协调解决各地在推进外贸新业态新模式发展工作中遇到的 22 项具体困难问题。

（二）突出线上线下融合，全力开拓国际市场

发布江苏省商务厅 2022 年第一批、第二批贸易促进计划，持续推进"江苏优品·畅行全球"系列贸易促进活动，助推企业线上线下结合开拓市场、获取订单，全力稳定经营、保住市场份额。全年共组织 1.4 万家次企业参加 95 场"江苏优品·畅行全球"系列线上国际展会和对接会，与超过 4 300 家境外采购商在线洽谈超 1.6 万次；及时重启 50 场境外线下国际展会，支持企业参加澳大利亚中国纺织服装服饰展、日本东京时尚展等重点线下国际展会。组织超过 4 500 家次企业参加第 131 届、第 132 届中国进出口商品交易会。

（三）突出载体平台优势，积极扩大进口

充分发挥进口政策作用，用足用好国家和省级进口贴息资金，扩大先进技术、高端装备和关键零部件进口。鼓励优质消费品进口，开展跨境电商"网购保税进口＋实体新零售"模式试点，南京栖霞区八卦洲项目和苏州工业园区山姆会员店项目有序推进。全力做好第五届中国国际进口博览会组织工作，积极承接中国国际进口博览会溢出效应。支持昆山进口贸易促进创新示范区发展，张家港市和无锡市新吴区成功获批全国进口贸易促进创新示范区，总数全国最多。支持张家港保税港区汽车整车进口口岸错位发展，稳步推进汽车平行进口业务。

（四）突出贸产融合，推动品牌基地加快发展

特色产业集群加快发展，省级以上外贸转型升级基地81个，其中国家级基地45个，基地数量和发展质量保持全国领先。启动"2023—2025年度江苏省重点培育和发展的国际知名品牌和2023年度江苏省重点培育和发展的跨境电商知名品牌"评选，强化梯队式品牌培育体系，推动跨境电商企业品牌化发展。支持南京市二手车出口业务发展；新增苏州市获批开展二手车出口业务，指导出台本地二手车出口工作方案和试点企业评定办法，推动业务尽快落地。

（五）突出创新驱动，培育外贸新业态新模式

扬州、镇江、泰州获批国家跨境电子商务综合试验区，全省实现13个设区市国家级跨境电子商务综合试验区全覆盖。深入开展"江苏优品·数贸全球"专项行动，联合亚马逊举办"2022江苏产业带跨境出海峰会"，指导南通、无锡等地成功举办跨境电商选品会、交易会、创新创业大赛等活动。开展2022年度省级公共海外仓认定和综合评估工作，新培育8家省级公共海外仓，省级公共海外仓达37家。推动海门、常熟市场采购贸易方式试点创新发展，累计出口37.9亿美元，增长59.1%。推广"市采通"平台，累计出口27.0

亿美元,同比增长57.3%,服务小微外贸企业8 000家,加速向全国推广"江苏模式"。持续落实加工贸易激励政策,助力龙头企业争取总部订单。积极争取将切合江苏企业需求的电子信息、医疗器械、航空等产品列入综合保税区维修产品目录。

(六)突出优化服务,外贸发展环境持续优化

组织全省符合条件的企业向商务部申报各类商品资质和配额,做好贸管商品的业务指导、政策咨询和调研服务工作。2022年,累计完成1 355个机电产品国际招标项目,中标金额28.1亿美元,新增19家招标机构,目前全省共有158家机电产品国际招标代理机构,进一步做好机电产品国际招标事中事后监管工作。

(七)突出精准施策,统筹做好疫情防控工作

充分发挥省国际物流协调保障机制作用,积极应对周边疫情对江苏省外贸物流的冲击,面向外贸企业发放约1 700张重点物资运输车辆通行证,全力保障外贸运输畅通。累计为外贸企业办理来苏邀请函近1 900人次,保障外贸企业生产经营活动正常有序开展。贯彻落实国家第九版防控方案和《关于进一步优化进口物品新冠肺炎疫情防控工作的通知》要求,会同省有关部门进一步优化调整江苏省进口物品疫情防控措施,分级分类、科学精准做好进口物品疫情防控工作。

江苏省商务厅对外贸易处

2022年江苏省服务贸易运行情况

2022年,江苏省商务厅聚焦"扩量、提质、升级",强化系统谋划的重点突破,着力深化服务贸易创新发展,持续完善主体和载体梯度培育机制,不断优化政策支撑体系,培育江苏服务竞争新优势,持续打造"苏新服务、智慧全球"品牌,持续推动服务贸易高质量发展。

一 全省服务贸易运行总体情况

(一)服务贸易运行情况

2022年江苏省服务进出口总额570.9亿美元,同比增长9.3%。以人民币计,增长13.3%。总的来看,2022年全省服务贸易稳中有进,规模创历史新高;结构持续优化,知识密集型服务占比、服务出口占比双提升。一是数字贸易增速和占比持续提升。2022年,数字贸易保持快速增长,成为拉动全省服务贸易增长的主要引擎。江苏省2022年数字贸易额307.5亿美元,增长12.1%,占全省服务贸易比重提高至 53.9%,增建和占比均高于全国和东部沿海省市。二是服务出口增速和占比持续提升。全年服务出口 316.9 亿美元,同比增长 19.0%,增幅大于进口 18.4 个百分点,占比达 55.0%。其中,数字服务出口增长 22.5%,占出口比重达 63.1%。三是产业集中度提升。占比较大的商业服务(占比 27.4%)、旅行服务(占比 19.4%)、电信计算机和信息服务(占比 16.3%)、运输服务(占比 13.1%)、知识产权服务(占比 10.1%)、加工服务(占比 8.3%)六个门类共计占比 94.6%,较上年同期提升 1.1 个百分点,产业集中度有所提升。

(二)服务外包运行情况

一是产业规模再创新高。2022 年,江苏省实现服务外包执行额 683.9 亿美元,其中离岸执行额 335.9 亿美元,同比增长 11.3%,较全国高 6.3 个百分点,服务外包执行额、离岸执行额等主要业务数据约占全国 1/4,离岸业务总量连续 14 年居全国首位。二是示范城市支撑更加牢固。国家级服务外包示范城市无锡、南京、苏州分列全省 2022 年离岸执行额总量 1 至 3 位,分别为 82.5 亿美元、77.4 亿美元、58.2 亿美元,南通离岸执行额首度突破 45 亿美元,实现能级提升,徐州、镇江离岸执行额也均超过 10 亿美元,增加值均超亿美元,6 个国家级服务外包示范城市离岸执行额合计占全省比重近 9 成。三是融合发展成效显著。信息技术解决方案离岸执行额 6.6 亿美元,同比增长 41.1%,具有基础支撑作用的网络与数据安全离岸业务首超过亿美元,同比增长 48.1%。中天科技股份有限公司、江苏省精创电力股份有限公司、江苏润和软件股份有限公司、华云数据控股集团有限公司 4 家企业入围全国首批国家级信息技术外包和制造业融合发展重点企业。四是高端业务增长迅猛。知识密集、附加值较高的知识流程外包(KPO)离岸业务 157.4 亿美元,同比增长 29.9%。其中,医药(中医药)和生物技术研发服务同比增长 16.9%,达到 30.0 亿美元;新能源技术研发服务离岸执行额 1.8 亿美元,同比增长 158.7%;新材料技术研发领域实现离岸业务突破,达到 2.8 亿美元。五是市场结构更加优化。美国、中国香港地区、欧盟仍居全省 2022 年离岸外包业务

来源地前3位,占比分别为19.5%、19.3%和12.6%。面向《区域全面经济伙伴关系协定》(RCEP)国家(地区)的业务明显增长,江苏省承接日本、韩国等RCEP国家(地区)业务共91.6亿美元,同比增长14.1%,占比近三成。"一带一路"市场占比稳步提升,全省承接"一带一路"沿线国家外包业务58.1亿美元,同比增长20.1%,占比17.2%,占比提升约2个百分点。六是吸纳就业作用突出。截至2022年年底,江苏省服务外包企业吸纳就业人数273万,较2021年底增加约20万人。

二 服务贸易运行主要工作及成效

(一)首批出台数贸政策

先行先试,推动在全国首批出台《江苏省推进数字贸易加快发展的若干措施》,明确数字贸易发展目标路径,强化数字贸易发展政策保障。牵头制定《江苏省商务部等26部门关于推进对外文化贸易高质量发展若干措施》。开展统计课题研究,探索建立数字贸易统计制度。

(二)创新试点加快落地

指导南京、苏州完成全面深化服务贸易创新发展试点中期评估,争创国家服务贸易创新发展示范区。协调省服务贸易专班,推动制度型开放、贸易便利化等121项政策举措基本完成。

(三)载体培育成果丰硕

好中选优,特色培育,系统推进载体建设。全省新获批人力资源、语言、知识产权等4个国家级特色服务出口基地,国家级载体增至17个,数量全国第一,领域不断扩围;梯度培育12家省级服务贸易基地和51家服务贸易重点企业。南京市在国家级服务外包示范城市综合评价中位列全国第二位。南京中医药大学、江苏省中医院在商务部首批17家国家中医药服务出口基地复审评价中位列第一、第二。无锡文化出口基地在首批国家文化出口基地评价中位居行政区类基地前列。

（四）贸易促进持续发力

全年举办"苏新服务·智惠全球"线上对接会60个,江苏参展企业合计近1 500家次,境外采购商近2 000家次,对接场次近7 000场;10场境外线下展会,成交近千万美元。

江苏省商务厅服务贸易和商贸服务业处

2022年江苏省电子商务发展情况

2022年,根据商务部和江苏省委、省政府工作部署,江苏省商务厅持续加快推进商贸流通数字化转型,深入挖掘城乡市场消费潜力,大力发展农村电商,推动形成江苏电商发展新优势。2022年,全省实现网络零售额1.22万亿元,增长5.1%,居全国第一梯队。

一 加快商贸流通数字化转型制度设计

(一)编制"十四五"电商发展规划实施方案

认真贯彻落实国家有关数字经济战略部署,根据商务部、中共中央网络安全和信息化委员会办公室、发展和改革委员会《"十四五"电子商务发展规划》精神,研究制定《江苏省商务厅贯彻"十四五"电子商务发展规划实施方案》,系统梳理了"十四五"期间江苏省电子商务发展的总体思路,明确"十四五"江苏电商发展十大重点行动。

（二）统筹部署商务领域数字经济发展工作

印发《江苏省商务厅统筹推动商务领域数字化转型实施方案》，建立商贸流通数字化转型专班协同推进工作机制，研究制定工作方案，细化举措，围绕商品交易市场优化升级、智慧商圈智慧商店建设、数字商务企业打造、生活服务业数字化、外贸企业线上线下融合等方面目标任务有序推进。

二 推动电子商务市场主体做优做强

推动电子商务企业发掘数据资源价值，提升信息化、数字化、智能化水平，引导和支持龙头电商企业积极布局直播电商、社交电商、无接触配送等新赛道，加快新技术新模式转型升级、线上线下融合应用、供应链优化整合、全渠道创新发展。

（一）强化示范基地动态服务管理

为进一步提升电子商务示范基地建设水平，更有效地衔接商务部国家电子商务示范基地创建工作，参照商务部《国家电子商务示范基地综合评价办法》，制定了《江苏省电子商务示范基地综合评价办法》，对现有省级电子商务示范基地开展年度综合评价，根据评价结果对省级电子商务示范基地实施动态管理，并遴选优秀省级电子商务示范基地争创国家电子商务示范基地。在商务部关心支持下，全省3家省级电子商务示范基地成功晋级国家电子商务示范基地，无锡山水城电子商务产业园因2022年综合评价成绩突出受到商务部表彰。2022年，江苏省商务厅又安排省级财政资金对符合条件的国家电子商务示范基地给予资金激励，助力其完善服务体系，提升运营管理能力。

（二）加大数字商务企业培育力度

为推进江苏省商贸流通企业加快数字赋能，江苏省商务厅从2020年开始启动省级数字商务企业培育工作，通过推荐选拔，重点培育，鼓励支持骨干

企业不断提升网络化、数字化、智能化水平,创新应用场景,拓展服务功能,提高运营效率。在2022年9月收尾的第三批确认工作中,有21家企业新获评省级数字商务企业。截至2023年5月,江苏省数字商务企业达到106家,数字商务普及应用不断扩大,创新能力显著增强。

(三)加强创新成果应用推广

编制国家电子商务示范基地建设成果专报4篇,均入选商务部简报印发全国商务系统,多篇示范基地经验材料被《国际商报》刊登。江苏红豆实业股份有限公司的智慧红豆新零售项目、江苏立卓信息技术有限公司的"红眼兔"复合材料一站式产业互联网平台、苏州金记食品有限公司的老相食一体化人工智能全程冷链配送供应链、苏州极易科技股份有限公司的极易品牌运营与智慧零售解决方案4个项目入选商务部年度商业科技创新应用优秀案例。编制《2022江苏电商创新成果案例集》,择优选编10家优秀省级电商示范基地、10家优秀省级数字商务企业,加大对全省数字商务创新应用先进经验的宣传推广,进一步扩大重点基地、企业的示范带动效应,取得明显成效。

三 广泛开展网络消费促进活动

紧紧围绕扩大内需这个战略基点,多措并举开展特色化网络消费促进活动,激活城乡消费市场,促进消费提质扩容。

(一)精心组织"2022全国网上年货节"江苏系列活动

统筹指导设区市和大型电商平台企业开展年货节特色活动,活动期间,江苏省实现网络零售额737.8亿元,其中实物商品网络零售额595.9亿元,占比80.8%,重点打造"上合组织国家特色商品电商直播"活动,取得良好成效。

(二)组织开展"第四届双品网购节暨非洲好物网购节"

聚焦"品牌品质·惠享生活"主题,遴选推荐苏宁易购、孩子王、汇通达等

20余家重点平台和品牌企业积极参与,精心推出"非洲好物""买在金砖""数商兴农""绿色消费"等一系列特色活动。活动期间,全省网络零售额509.0亿元,实物网络零售额449.5亿元,占比88.3%。

(三)创新举办首届江苏电商直播节

举办"苏新消费 直播'由'你"为主题的2022江苏电商直播节,聚焦壮大新业态、培育新人才和打造新品牌,省市县三级联动,线上线下同步发力,成功开展直播论坛、助农专场、直播大赛及相关配套活动,充分发挥电商直播等新业态新模式拉动消费复苏回暖的重要作用,在全省掀起了一场精彩纷呈的直播促消费热潮。在全省性直播节带动下,第三季度全省直播场次达到183万场,同比增长26%;吸引消费者观看近168亿人次,同比增长35%;参与直播的商品近3亿件,实现网络零售额284亿元。其中,直播节助农专场暨"蟹逅江苏"活动在京东开设"蟹逅江苏"活动专区,为阳澄湖、固城湖、高邮湖、洪泽湖、骆马湖等全省主要螃蟹产地企业现场带货、云上直播。活动期间,六大湖区98个品牌累计实现销售额3 200余万元,同比增长58%。作为本次直播节的重头戏,联合江苏省人力资源和社会保障厅举办一类大赛"首届江苏电商直播技能大赛",共吸引了7 000余名选手报名参赛,最终角逐出"十强选手"和冠、亚、季军,授予相关职业资格(技能等级)证书,前6名选手还获得"江苏省技术能手"称号。

(四)营造网络促消费热烈氛围

为积极应对新冠肺炎疫情等超预期因素影响,推动消费持续恢复、回稳向好,江苏省商务厅着力开展"苏新消费"四季主题系列促消费活动,积极推动各地开展线上促消费活动,鼓励电商平台企业发放优惠券,支持传统企业触网,在全省掀起了线上线下"月月有活动、季季有主题、全年可持续"促消费新潮。全省各地纷纷结合自身特点和需求,举办各具特色的电商促销活动。南京市"生活新向往、消费新主张"城市美好生活创作者大会,开展网络营销人才培训、青梅计划、大学生互联网营销师大赛以及网络营销峰会四大主题

活动,积极引领广大平台内容创作者契合"Z"时代消费理念,创新应用新媒体资源,创作高质量城市新消费传播内容。苏州市联合阿里巴巴搭建汇聚苏州双十一专场,全市实现网络零售总量 6.07 亿件,总额达到 357.89 亿元。

四 深入推进农村电商高质量发展

坚持问题导向,紧紧围绕乡村振兴战略,大力发展农村电商,促进农村产业融合和农民增收致富。

(一)推进农村电商集聚发展

创新开展了县域电商产业集聚区建设,先后两批确定了 23 个江苏省县域电商产业集聚区,重点打造南通家纺、睢宁家具、沭阳花木、东海水晶等全国知名的电商产业集聚区,引导和促进县域电商产业集聚区高质量发展。宿迁市以全力打造"电商名城"为总目标,依托特色产业优势和京东"强磁场"效应,形成农资绿植、服饰鞋帽、生态水产、家具家居、食品饮料等农村电商产业集群,各类产业年网络销售额均超过 20 亿元,其中农资绿植销售规模全网第一,农村电商带动就业超过 60 万人。

(二)实施"数商兴农"工程

联合知识产权等部门共同指导盱眙龙虾、高邮鸭蛋、镇江香醋等重点地理标志产品与大型电商平台加强合作,开展"数商兴农"专场活动,聚力推介"江苏好物"。活动期间高邮鸭蛋销售近 1 600 万元,同比增幅近 20%。推动无锡市与京东物流实施"数字物流+数字消费+数字溯源"数字提升合作,依托朝阳天惠、食行生鲜等农产品供应链企业在市区范围内建设 115 个社区智慧"菜篮子"网点,打造"无接触配送+自助提货"的新模式,拓宽传统农副产品流通和消费新渠道。

(三)深入推进电商进农村综合示范带动效应

以电子商务进农村综合示范为抓手,引导各地发展农村电商新基建,提升农产品物流配送、分拣加工等电子商务基础设施数字化、网络化、智能化水平。联合省财政专门拨款对部分综合示范项目建设成效明显的县给予资金激励。推动汇通达等大型电商平台企业供应链下沉，为农村零售网点提供集中采购、营销运营、统一配送、库存管理等服务。截至2022年年底，汇通达在全省发展会员店29 000多家。通过电子商务进农村综合示范专项评估工作，指导推动各地完善县、镇、村三级物流体系和公共服务体系，进一步提升综合示范建设水平。淮安市推动农村电商新基建，全市共建成15个县级农村物流服务中心、78个乡镇农村物流服务站和1 300个村级农村物流服务点，县、镇、村三级物流服务点覆盖率均达到100%，开通交邮融合线路140条。连云港市联合邮政部门按"一村一站"要求打造村级综合便民服务站，实现全市1 417个行政村全覆盖。

江苏省商务厅电子商务和信息化处

2022年江苏省利用外资情况

2022年,江苏认真落实党中央、国务院决策部署,坚决扛起"勇挑大梁"政治责任,全力服务全国开放发展大局,在商务部的关心指导支持下,危中寻机、负重奋进,推动外资稳中提质取得积极成效。

一 全省外资稳中提质,成效明显

据商务部统计,2022年,江苏省实际使用外资305.0亿美元,同比增长5.7%(折合人民币1 979.1亿元,增长4.0%),占全国比重16.1%,规模继续保持全国首位。

从行业看,江苏省制造业实际使用外资120.0亿美元,同比增长32.0%,占全省总量的39.3%。服务业实际使用外资174.0亿美元,同比下降4.4%,占全省总量的57.0%。高技术产业实际使用外资105.9亿美元,同比增长50.3%,其中:高技术制造业实际使用外资60.6亿美元,同比增长84.0%;高技术服务业实际使用外资45.4亿美元,同比增长20.8%。

从资金来源地看,新加坡在江苏省实际投资 24.8 亿美元,同比增长 77.0%,占比 8.1%。日本和韩国在江苏省实际投资 26.0 亿美元,同比增长 21.3%,占比 8.5%。德国在江苏省实际投资 3.3 亿美元,同比增长 38.8%,占比 1.1%。"一带一路"沿线国家在江苏省实际投资 33.6 亿美元,同比增长 128.4%,占比 11.0%。

从区域分布看,苏南地区实际使用外资 194.9 亿美元,同比增长 16.9%,占比 63.9%;苏中地区实际使用外资 56.3 亿美元,同比下降 9.5%,占比 18.5%;苏北地区实际使用外资 53.8 亿美元,同比下降 9.8%,占比 17.6%。

二、高质量完成各项工作任务,确保利用外资规模领先、结构优化

面对复杂严峻的外部环境和多点频发的疫情给外资工作带来的诸多挑战,全省紧紧围绕扩增量、稳存量、提质量,积极协助各地推动重点外资项目落地,全力帮助在苏外资企业稳定生产经营,推动利用外资稳中提质。

(一)全力稳定外资规模

一是加强项目要素保障推动项目落地。建立 100 个重点外资项目库,充分发挥外贸外资协调机制和外资工作专班作用,协调加大用地、用能、环保等要素保障。江苏 SK 海力士七期、斯堪尼亚商用车、金光纤维素纤维等 58 个外资大项目纳入商务部重点保障外资项目(含 8 个制造业领域标志性外资项目),占全国总数的 16%,总量居全国前列。积极推动重点外资项目落地,争取更多优质制造业项目纳入外贸外资协调机制重点外资项目清单。推动协调解决兰精纤维楼宇型分布式能源配套天然气管道、松下电器二期用地、罗氏诊断产品样本进口、PPG 涂料(张家港)有限公司三期等制造业项目遇到的困难问题。

二是举办项目签约等活动提振外商投资信心。为克服疫情不利影响,提振外商持续投资江苏信心,超前谋划并成功举办全省外资项目"云签约"暨外资总部企业"云授牌"活动,省委、省政府主要领导出席活动,成功签约

53个重点外资项目,总投资139.4亿美元,其中,制造业项目占比九成以上。为72家跨国公司地区总部和功能新机构、全省首家外资总部经济集聚区——苏州工业园区授牌。新加坡丰益国际集团、荷兰飞利浦家电集团、日本旭化成株式会社、德国默克等外资企业代表发言。活动进一步稳定和提振了外资企业在江苏发展的信心,营造招商不断线、不停步的工作氛围,达到了预期效果。

三是强化存量外资增资扩能。为稳住存量制造业外资企业,引导江苏省有条件的外资企业扩大利润再投资规模,2022年初,江苏省印发了《鼓励外商投资企业利润再投资三年行动计划(2022—2024)》。联合江苏省税务局、国家外汇管理局江苏省分局通过视频方式举办政策宣讲会,超过900家外资企业线上参会,在线观看人数累计超5 000人次,着力优化营商环境,坚定企业投资信心。联合江苏省税务局梳理具备利润再投资条件企业清单,加强"一企一策"政策服务,支持鼓励企业在江苏扩大再投资、设立地区总部和功能性机构,推动外资企业加快转型升级,继续深耕发展。

四是组织参与投资促进活动。2022年9月8日至11日组织参加第二十二届中国国际投资贸易洽谈会系列活动,江苏省商务厅及南京、苏州、南通、连云港、淮安团组参加开幕式暨2022国际投资论坛、第十六届两岸经贸合作与发展论坛等相关活动。参加第五届中国国际进口博览会,积极摸排各市重点企业,了解企业基本情况及参展意向,香港永诚国际贸易有限公司、德国埃马克(EMAG)集团及瑞士卓郎集团与中国国际进口博览会签订参展协议并顺利参展。

(二)全力稳住存量企业

一是帮助企业纾困解难,推动复工复产。面对疫情下在江苏外资企业的困难诉求,迅速组建国际物流保障协调和稳定重点产业链供应链等工作专班,帮助企业加快复工复产。帮助起亚株式会社、苹果公司等百余家跨国公司协调解决困难诉求400多个;共同开展外籍必要经贸人员来苏邀请函签发工作,帮助外资企业关键人员返岗。

二是健全常态化沟通机制,强化政企沟通交流。为深入贯彻党中央、国务院关于稳外资决策部署,落实江苏省委、省政府有关工作要求,在省外贸外资协调机制下,依托外资工作专班,进一步健全和完善了政企沟通交流工作机制,定期组织外资企业政企沟通圆桌会议,认真倾听外资企业诉求,积极协调帮助外资企业排忧解难,增进政企互信,强化跟踪服务,稳定外资产业链供应链。2022年6月,江苏省商务厅举办外资企业政企沟通圆桌会议,组织戴尔科技、林德、爱尔集新能源等12家外资企业高管现场交流,听取外资企业意见建议,现场办公,帮助协调解决企业的困难问题和发展诉求。10月,组织举办"外企与部门面对面"系列活动,举办外资总部企业专场,会同江苏省有关部门、苏州市商务局、苏州工业园区共同围绕人才需求,加强与外资总部等重点企业的沟通交流,现场组织6家企业发言交流,并解答企业后台提问,取得良好效果。

三是深化与东盟、日本、韩国产业链供应链合作。为进一步促进东盟—中日韩(10+3)区域经济融合发展,抓住 RCEP 生效实施重要机遇,打造东盟和中日韩企业在重点领域沟通平台,推动产业协作,提升产业链供应链韧性,2022年7月29日,商务部与江苏省人民政府共同在苏州举办东盟—中日韩(10+3)产业链供应链合作论坛暨东亚企业家太湖论坛。与会各方商协会共同发布10+3产业链供应链合作倡议。论坛的成功举办,进一步推动了江苏与东盟、日韩机构企业的沟通交流,对保障产业链供应链畅通,增强抵御风险能力、促进区域长期繁荣具有重要意义。深化江苏省与韩国 SK 集团战略合作机制,协调省有关部门和有关设区市加强与 SK 集团全方位战略合作,积极拓展产业合作领域,探索政府与重点跨国公司合作新模式。

(三) 全力提升外资质量

一是积极发展外资总部经济。推动外资总部经济集聚区建设,认定苏州工业园区为全省首家外资总部经济集聚区,会同苏州市商务局、苏州工业园区从完善工作机制、加强总部引育、强化政策支持、优化服务举措、完善线上平台建设等5个方面,明确了19项重点工作、推进时序要求,会同苏州工业

园区认真推动各项工作落实。完成第十三批跨国公司地区总部和功能性机构认定,2022年6月中旬启动第十三批跨国公司地区总部和功能性机构认定工作,经各市初审、省级评审、信用审查等环节,12月19日,印发《省商务厅关于认定江苏省第十三批跨国公司地区总部和功能性机构的通知》,完成第十三批跨国公司地区总部和功能性机构认定工作,新认定35家省级跨国公司地区总部和功能性机构。加强总部企业梯队培育,在2021年工作经验的基础上,不断优化培育库的构成和规模,经各市推荐、省级审核,建立了2023年度省级外资总部企业培育库,约140家企业纳入培育库,一方面压缩了培育库整体规模,以2023年计划申报企业为主,另一方面突出企业培育,要求各地明确商务部门直接联系人和企业直接联系人,加强辅导,提高申报质量。

二是鼓励外资企业开展研发活动。加强政策辅导和宣讲力度,2022年6月21日,联合南京海关通过视频直播方式举办外资研发中心进口税收政策视频宣讲活动,系统讲解进口税收政策主要内容、申报审核注意事项,并对后台交流区企业问题进行现场解答,共有约300余人参加在线培训,取得良好效果。开展两批次外资研发中心进口税收政策资格认定复核工作,按照工作计划,于2022年上半年启动年度第一批认定与复核工作,共45家外资研发中心通过复核、5家外资研发中心通过认定;下半年启动年度第二批认定工作,7家外资研发中心通过认定,截至2022年年底江苏省共有57家外资研发中心符合进口税收政策。

三是积极争取在南京开展服务业扩大开放综合试点。商务部根据党中央、国务院决策部署,2022年上半年启动新一轮增设服务业扩大开放综合试点工作,经报江苏省委、省政府批准,推荐南京作为全省服务业扩大开放综合试点备选城市。已获国务院批复同意,在南京等6个城市开展服务业扩大开放综合试点,试点期为自批复之日起3年。在南京开展服务业扩大开放综合试点有利于全省推动制度型开放,促进制造业和服务业深度融合,探索服务业改革开放发展新模式新路径,推动制造业转型发展。

（四）持续完善外商投资服务和保护体系，保障外资企业稳健运行

一是开展《江苏省外商投资条例（草案）》送审稿的组织起草工作。通过调研、修改、征求意见、专家认证、风险评估、公平竞争审查、社会公众意见反馈等各种各样的程序，于2022年12月初顺利将条例草案送审稿报江苏省政府办公厅。7—8月，按照江苏省政府办公厅、省人大的要求，配合做好外商投资条例执法大检查，完成两次全国外商投资执行情况执法大检查的汇报材料和综合意见收集。

二是积极克服疫情影响，密切关注企业诉求，帮助解决困难问题。持续做好国务院"稳经济33条""苏政40条""苏政办22条"等惠企政策宣传落实，相继印发《关于进一步加强疫情期间外资企业服务保障工作的通知》《关于进一步服务外资企业稳定产业链供应链工作的通知》，进一步细化落实各项工作举措。2022年2月以来，加强对重点外资企业生产经营和复工复产协调保障力度，会同江苏省有关部门和地区，"一事一议"帮助40多家跨国公司解决了400多个涉及跨省物流、货物通关、人员出入境等困难问题。及时协调采埃孚、舍弗勒、浦项、现代、起亚汽车等在江苏关键供应商复工复产，解决世硕电子、立臻科技、吉宝通讯、瑞声科技等"苹果系"供应商跨省物流受阻问题，帮助博西华电器、西门子、杜邦、宝洁、联合利华、费森尤斯、百胜等企业完成生产物资保供。做好经贸人员来华邀请函签发，2022年以来，累计为9 800多名外籍必要经贸人员签发来苏邀请函。江苏省商务厅的人性化服务得到了外资企业的高度赞扬。

三是建立健全外商投资投诉工作机制。落实《江苏省外商投资企业投诉工作办法》，依托江苏省开放型经济工作领导小组，建立江苏省外商投资企业投诉工作省级部门联席会议制度，建立和完善省、市、县三级工作网络，公布办事指南，做好政策宣传解读。全省外商投资企业投诉工作机构指派专人负责接听投诉咨询电话，并定期查收投诉工作电子邮箱及工作传真，确保外商投资企业投诉渠道畅通。协调各级商务主管部门共同做好外商投资投诉处理处理工作。

（五）完善外商投资管理制度，提升服务水平

一是进一步执行新版外商投资统计调查制度。江苏省商务厅印发《关于进一步严格规范外商投资促进和加强外资统计工作的通知》（苏商资函〔2022〕1134号），充分认识新时期有效利用外资对加快构建新发展格局的重要性，进一步强化责任担当，积极主动作为，立足商务工作"三个重要"定位，依法依规开展外商投资促进和统计工作，坚决破除"唯数字论"，杜绝外资企业无项目"循环出资"，优化外资统计工作流程，提高利用外资质量和水平。为实现外资企业和项目全生命周期跟踪服务，江苏省商务厅印发《江苏省加强外资企业和项目管理服务工作指引（2022年）》的通知（苏商资〔2022〕411号），依托外资统计、外商投资信息报告、重点外资项目工作专班等方式，严格把好"五关"（严把企业"设立关"、严把数据"报送关"、严把要素"保障关"、严把项目"落地关"、严把企业"撤离关"），会同江苏省外汇管理、税务、统计、海关等部门联合开展项目落地真实性现场检查，通过调阅到资凭证、实地查看项目开工建设或投产经营情况等方式进行实地检查项目落地情况。

二是推进实施外资信息报告制度。与省市场监管部门、基层商务部门保持密切联系，强化源头管理，把好企业设立变更关，及时对投资者信息缺失、推送不及时、投资者信息与股东信息未作关联、历史信息有误、投资总额变更、股份有限公司非发起人股东新增或变更等方面开展检查。指导各级商务部门每个工作日开展至少1次信息报告推送数据核查，通过微信、电话、走访等多渠道方式将信息报告确认未通过结果告知企业联络员，及时修改有误信息。积极与江苏省市场监管局联系，推动系统的改造和对接，录制面向全国的外商投资信息报告年度报告辅导视频，录制二维码链接广泛推送，有效帮助企业准确填报。2022年，参报年度企业数量达42 894家，是历年来参报企业最多的一年，同时开展年报数据三轮核查，有效提高了年报数据的真实性、可用性。组织开展江苏省外商投资企业信息报告年度报告"双随机、一公开"联合监督检查。完善执法人员库，建立检查对象库，完成对1 168家外资企业单一部门抽查,26家外资企业跨部门联合检查。会同各市外资条线每月组织710家平台企业每月填报企业经营情况等信息,确保全省企业每月填报率超过90％,配合商务部综合司进行外贸外资企业运行情况分析,顺利完成全年信息填报工作。

江苏省商务厅外国投资管理处

2022年江苏省对外经济技术合作情况

2022年以来,江苏省坚持以习近平新时代中国特色社会主义思想为指导,全面贯彻落实党中央、国务院决策部署,坚持稳字当头、稳中求进,扎实做好"六稳""六保"工作;以稳链、补链、强链为导向,有效提升走出去企业的国际资源整合能力和国际化经营水平,在更广领域、更深层次、更高水平积极参与国际产业分工合作,高质量参与共建"一带一路"。

一 对外投资

2022年,江苏省新增对外投资项目850个,同比增长17.4%;中方协议投资额96.7亿美元,同比增长44.8%,中方实际投资额66.8亿美元,同比下降8.6%,列全国第六。截至2022年年底,江苏省累计对外投资项目9 163个,中方协议投资额991.0亿美元。江苏省对外投资主要呈现以下特点:

（一）大项目成为亮点

2022年，江苏省超1 000万美元的项目131个，中方协议投资额86.6亿美元，占全省总量的89.6%；超5 000万美元的项目34个，中方协议投资额66.2亿美元，占全省总量的68.5%；超1亿美元的项目14个，中方协议投资额52.0亿美元，占全省总量的53.8%，主要涉及电子信息、新能源、生物医药、高端装备、绿色环保等全省优势产业。

（二）对荷兰、开曼群岛、越南投资较为集中

2022年，江苏省对荷兰投资22.3亿美元，同比增长7 683%，占全省总量的23.1%；对开曼群岛投资9.9亿美元，同比下降20.1%，占全省总量的10.3%；对越南投资8.2亿美元，同比增长165.0%，占全省总量的8.5%。2022年，全省对外投资排名前五的国家和地区依次是荷兰、开曼群岛、越南、中国香港和新加坡。

（三）苏南地区优势突出

2022年，苏南地区对外投资85.4亿美元，同比增长53.0%，占全省比重为88.4%。苏中地区对外投资5.9亿美元，同比增长33.1%，占全省比重为6.0%。苏北地区对外投资5.4亿美元，同比下降17.1%，占全省比重为5.6%。其中，无锡市对外投资40.3亿美元，领跑全省，苏州市对外投资25.6亿美元，常州市对外投资11.1亿美元，分列第二、第三位。

（四）第二产业投资增长迅速

2022年，江苏省对外投资流向第二产业64.7亿美元，同比增长115.0%，占全省总量的66.9%；流向第三产业31.2亿美元，同比下降13.8%，占全省总量的32.3%；流向第一产业0.8亿美元，占全省总量的0.8%。

（五）对重点合作区域投资增长较快

2022年，江苏省在"一带一路"沿线国家新增对外投资项目262个，同比

增长37.2%;中方协议投资额34.7亿美元,同比增长116.0%;中方实际投资额21.8亿美元,同比增长61.5%;在RCEP国家新增对外投资项目293个,同比增长35.7%;中方协议投资额33.8亿美元,同比增长137.0%;中方实际投资额18.8亿美元,同比增长49.2%。

(六)大部分设区市对外实际投资实现正增长

2022年,全省13个设区市中,有10个实现正增长,常州、淮安和连云港分列增幅前三位;盐城、苏州和泰州出现下降(表1、表2)。

表1　2022年中方协议投资额前十大项目

序号	境外企业(机构)名称	中方投资主体名称	东道国	行业	中方协议投资额(万美元)
1	安谱隆荷兰有限公司	无锡锡产瑞成企业管理有限公司	荷兰	通信设备、计算机及其他电子设备制造业	222 621
2	Global Switch Holdings Limited(英属维尔京群岛)	苏州卿峰投资管理有限公司	英属维尔京群岛	软件业	33 500
3	通用智能(柬埔寨)有限公司	江苏通用科技股份有限公司	柬埔寨	橡胶制品业	29 790
4	中创新航科技(欧洲)有限公司	中创新航科技股份有限公司	葡萄牙	交通运输设备制造业	28 904
5	沪士电子(泰国)有限公司	沪士电子股份有限公司	泰国	通信设备、计算机及其他电子设备制造业	28 000
6	天合光能(越南)晶硅有限公司	天合光能(常州)科技有限公司	越南	电气机械及器材制造业	27 500
7	药明生基新加坡有限公司	无锡药明康德新药开发股份有限公司	新加坡	研究与试验发展	25 300
8	PCIN新加坡系统连接有限公司	江苏亨通光电股份有限公司	新加坡	电信和其他信息传输服务业	22 800

续表

序号	境外企业（机构）名称	中方投资主体名称	东道国	行业	中方协议投资额（万美元）
9	怡球有色金属（马）私人有限公司	怡球金属资源再生（中国）股份有限公司	马来西亚	有色金属冶炼及压延加工业	22 200
10	江南集团有限公司	无锡光普投资有限公司	开曼群岛	商务服务业	21 021

表2 2022年中方实际投资额前十大项目

序号	境外企业名称	境内投资者名称	所在国家或地区	行业	中方实际投资额（万美元）
1	香港汇盛发展有限公司	新城控股集团股份有限公司	中国香港	租赁和商务服务业	39 920
2	长电-星科金朋（新加坡）有限公司	江苏长电科技股份有限公司	新加坡	制造业	31 000
3	香港永联国际集团有限公司	江苏永钢集团有限公司	中国香港	批发和零售业	21 566
4	海岸财富有限公司	张家港卿德科技有限公司	英属维尔京群岛	信息传输、软件和信息技术服务业	15 687
5	艾欧方德公司	无锡锡产微芯半导体有限公司	意大利	制造业	15 388
6	东华能源（新加坡）国际贸易有限公司	东华能源（张家港）新材料有限公司	新加坡	批发和零售业	13 455
7	通用橡胶（泰国）有限公司	江苏通用科技股份有限公司	泰国	制造业	12 177
8	润阳光伏科技（泰国）有限公司	江苏润阳新能源科技股份有限公司	泰国	电力生产和供应业	11 405
9	安谱隆荷兰公司	无锡锡产瑞成企业管理有限公司	荷兰	制造业	11 074
10	长电国际(香港)贸易投资有限公司	江苏长电科技股份有限公司	中国香港	批发和零售业	9 500

二 对外承包工程

2022年，江苏省对外承包工程新签合同额42.9亿美元，同比下降23.2%，占全国的1.7%，列全国第十三（位于广东、湖北、北京、上海、山东、天津、四川、陕西、安徽、河南、江西、浙江之后）；完成营业额为56.0亿美元，同比下降5.9%，占全国的3.6%，列全国第七（位于广东、上海、山东、湖北、四川、浙江之后）。主要呈现以下特点：

（一）大项目支撑作用明显

2022年，大项目对业绩贡献明显，新签合同额超过5 000万美元的大项目有18个，累计20.9亿美元，占全省总量的48.7%，其中，徐州矿务集团有限公司在孟加拉国的巴拉普库利亚煤矿包产项目新签合同额达3.9亿美元，为全年单体规模最大的新签项目。

（二）"一带一路"沿线国家为主要市场

2022年，江苏省在"一带一路"沿线国家新签对外承包工程合同额30.8亿美元，完成营业额36.3亿美元，占全省的比重为分别为71.8%和64.8%。截至2022年年底，江苏省对外承包工程覆盖了沿线50个国家（2014年为42个），其中，以色列、孟加拉国、越南、俄罗斯、乌兹别克斯坦、伊拉克为新签合同额前5位国别。

（三）领域分布较为广泛

2022年，江苏省对外承包工程项目涉及能源建设、房屋建筑、工业建设、交通工程、环保工程和通信工程等多个领域，其中，房屋建筑、工业建设项目和能源建设新签合同额分别占比36%、23%和20%（表3）。

表3　2022年江苏省承包工程新签合同额前10项目情况明细表

金额单位:万美元

	项目名称	新签合同额	完成营业额	行业大类	企业名称	国家名称
1	孟加拉国巴拉普库利亚煤矿包产项目	39 000	2 637	其他	徐州矿务集团有限公司	孟加拉国
2	现代化浮式发电船船体项目	20 880	1 469	制造加工设施建设项目	惠生(南通)重工有限公司	俄罗斯
3	安集延西部水泥有限责任公司6 000 t/d熟料水泥生产线EPC总承包合同书	18 239	1 000	工业建设项目	苏州中材建设有限公司	乌兹别克斯坦
4	迪穆瑞520套总包项目	17 525	1 157	一般建筑项目	龙信建设集团有限公司	以色列
5	塞内加尔Grand Sicap 3 800套住房项目	16 027	0	一般建筑项目	江苏省建筑工程集团有限公司	塞内加尔
6	印度尼西亚年产5万吨氢氧化锂联产1万吨碳酸锂项目	14 253	0	工业建设项目	中国化学工程第十四建设有限公司	印度尼西亚
7	菲律宾Laoag & Laoag 2 130 MWAC光伏电站项目	9 207	300	电力工程建设	江苏苏美达成套设备工程有限公司	菲律宾
8	北水南调——莫罗亚尼到莫勒坡勒内供水管线	8 149	5 200	水利建设项目	正太集团有限公司	博茨瓦纳
9	越南晶科太阳能光伏工艺项目(晶科一期)	7 966	319	工业建设项目	中亿丰建设集团股份有限公司	越南
10	惠芝曼大学专家公寓项目	7 601	983	一般建筑项目	龙信建设集团有限公司	以色列

三 对外劳务合作

2022年,江苏省对外劳务合作新签劳务人员合同工资总额3.1亿美元,同比增长66.7%;劳务人员实际收入总额4.4亿美元,同比增长1.6%;派出各类劳务人员11 723人(含海员),同比增加369人;期末在外各类劳务人员29 298人,同比增加3 952人。江苏省在外劳务人员分布的主要国家和地区为:中国香港、新加坡、印度尼西亚、以色列、日本。全省现有对外劳务合作企业110家。

四 境外园区

境外园区建设有序推进。截至2022年年底,江苏省在6个国家建有7家境外园区。其中3家国家级园区:柬埔寨西哈努克港经济特区、埃塞俄比亚东方工业园、中阿(联酋)产能合作示范园;4家省级园区:印度尼西亚东加里曼丹岛农工贸经济合作区、江苏—新阳嘎农工贸现代产业园(坦桑尼亚)、印度尼西亚吉打邦农林生态产业园、徐工巴西工业园。7家园区累计占地面积1 220平方公里,投资36.8亿美元,入区企业344家,总产值74.9亿美元,在东道国纳税2.2亿美元,为当地创造就业岗位5.1万多个。

江苏省商务厅对外投资和经济合作处

2022年江苏省开发区建设发展情况

2022年,在江苏省委、省政府统一部署和厅党组的正确领导下,江苏省开发区坚持以习近平新时代中国特色社会主义思想为指导,坚决贯彻党的十九大、十九届历次全会和二十大精神,全面落实党中央和江苏省委、省政府各项决策部署,着力推动开发区创新提升,为全省经济健康发展提供有力支撑。

一 全省开发区建设总体情况

(一)总体建设发展水平全国领先

江苏省省级以上开发区创造了全省50%的经济总量和一般公共预算收入,60%的固定资产投资,70%的规模以上工业增加值,80%的实际使用外资和外贸进出口,90%的1亿美元以上的工业外资大项目。

(二)产业特色发展成效明显

江苏省重点培育的新型电力和新能源装备、物联网、高

端新材料等16个制造业集群,"531"产业链递进培育工程中的50条重点产业链、30条优势产业链、10条卓越产业链主要集中在开发区。

(三)自主创新能力持续增强

江苏省开发区内高新技术企业超过28 000家,年度PCT专利申请量、发明专利授权量分别占全省的67%、51%。区内集聚各类省级以上领军人才超过7 800人,智能车间超过1 400个,智能车间、智能工厂、"专精特新"小巨人企业数分别占全省的88%、92%和55%。

(四)外资外贸"压舱石"作用明显

江苏省开发区实际使用外资占全省的85%左右,新批外商投资企业占全省比重超过80%,区内引进跨国公司总部和功能性机构超过300家,占全省比重超过90%。开发区实现进出口总额超过全省的80%,其中高新技术产品进出口额占全省比重超过88%。

(五)绿色低碳集约发展

深入落实碳达峰、碳中和战略决策,大力发展循环经济,加快构建绿色低碳发展技术创新体系,积极走绿色低碳发展道路。加强自然资源节约、集约和高效利用,进一步提高能源利用效率,以绿色集约理念推动开发区可持续发展。江苏省获批建设国家级生态工业示范园区28家,在资源、能源循环利用和污染物减排方面取得明显成效。

二 开发区建设主要工作和成效

(一)注重政策引导

根据江苏省政府出台的《省政府关于推进全省经济开发区创新提升打造改革开放新高地的实施意见》(苏政发〔2020〕79号),以国家级经济技术开发区为引领,推动全省经济技术开发区加快开放创新、科技创新、制度创新。认真贯彻落实《商务部等10部门关于支持国家级经济技术开发区创新提升更好发挥示范作用若干措施的通知》(商资函〔2022〕549号)和省政府推动经济运行率先整体好转会议有关精神,会同省有关部门联合印发《省商务厅等11部门关于支持国家级经济技术开发区创新提升更好发挥示范作用若干举措的通知》(苏商开发〔2023〕55号),提出16条工作举措支持国家级经济技术开发区加强实体经济发展,推动制造业转型升级,更好发挥示范引领作用文件于2023年2月27日正式印发。

(二)注重改革探索

积极推动全省开发区"放管服"改革,加快简政放权。按照《国家级开发区全链审批赋权清单》,依照法定程序赋予国家级经济技术开发区220项与设区市同等的经济、社会等行政管理权限。密切跟踪并认真梳理研究各地推动开发区职能配置优化、考核制度创新、"放管服"改革、营商环境优化等方面的工作举措和成效,与江苏省机构编制委员会办公室、省发展改革委联合印发全省开发区体制机制改革第一批、第二批实践案例。联合江苏省发展改革委等9部门,在全省开发区开展10个评估事项的"区域评估"改革,变"单个项目评"为"区域整体评",变"企业付费"为"政府买单",变"申请后审批"为"申请前服务",为区域内企业投资项目审批减环节、减时间、减材料、减费用。10个区域评估事项在全省158家开发区内有序进行,据统计,区域评估成果应用企业或项目超过9 000个,平均每个开发区约57个企业或项目免费享受区域评估成果。改革经验经商务部、住房和城乡建设部在全国推广,相关报告获国务院办公厅批示。编印区域评估改革第一批实践案例在全省复制推广。

(三)注重特色载体培育

贯彻落实全省开发区改革创新大会"一特三提升"(着力打造特色创新集群,着力提升土地产出率、资源循环利用率和智能制造普及率)的工作要求,

陆续认定 72 家省级特色创新产业园区,覆盖全省 13 个设区市;认定 18 家省级国际合作园区,深化与德国、日本、新加坡、韩国等特定国别的经贸合作,开发区开放能级不断提升。

(四)注重推动国家级经济技术开发区建设

江苏省共有国家级经济技术开发区 27 家,数量位居全国第一。2022 年,全省 26 家国家级经济技术开发区参加了商务部综合考评排名(2021 年新升级的无锡惠山经济开发区不参与排名)。根据商务部发布的考核评价结果(使用 2021 年度数据),在全国 217 家参评国家级经济技术开发区中,苏州工业园区、昆山经济技术开发区、江宁经济技术开发区位列前 10(分别列第一、第五、第八位),其中苏州工业园区连续 7 年位居全国考核评价第一,全省国家级经济技术开发区发展质态较好,总体水平继续处于相对领先地位。

(五)注重合作共建

在原有 45 家南北共建园区基础上,会同有关部门推进省级创新试点园区和省级特色园区建设,带动苏中、苏北开发区协同发展。持续推进 10 家苏陕共建"区中园"、国家级经济技术开发区与边境经济合作区合作共建等一批省际共建园区建设。其中苏陕共建"区中园"已引进投资项目 108 个,到位资金超过 130.55 亿元,通过苏陕协作吸纳就业 7 024 人次,吸纳农村劳动力就业 5 321 人。

(六)注重经济技术开发区安全专项整治

在江苏省经济技术开发区开展提升本质安全水平"一年小灶"工作基础上,按照江苏省委、省政府部署要求,制定《经济开发区安全专项整治三年行动实施方案》,成立省级部门工作专班和商务条线工作专班,建立安全生产"周报告、月督查、季评估"制度,全面推动专项整治任务落实。指导各市商务局、经济技术开发区切实履行好安全生产属地管理责任,夯实夯牢企业安全生产主体责任。截至 2022 年年底,自开展专项整治以来,全省经济技术开发区共排查企业 1 198 482 家,排查一般问题隐患(企业层面)共计 1 158 893 处,已整改 1 121 091 处,整改率 96.7%;排查重大问题隐患 262 处,已整改 262 处,整改率 100%;全省 118 家经济技术开发区已全部完成整体性安全风险评估工作,并出具了评估报告;全省 109 家经济技术开发区已建成集约化可视化安全监管信息共享平台,9 家省级以上经济技术开发区正在有序推进中,年底将全部完成。

(七)注重推动沿海地区高质量发展

认真落实江苏省人民政府推动沿海地区高质量发展工作部署推进会的各项要求,与江苏省发展改革委紧密配合,并与商务部加强沟通,争取支持,全力推进《江苏沿海地区发展规划(2021—2025)》和省实施方案落到实处。按季度总结报送推进沿海地区高质量发展工作情况,有力有序推动沿海地区提高双向开放水平取得积极进展。

(八)圆满完成第五届中国国际进口博览会"中国这十年"对外开放成就展

在时间紧、任务重、标准高的情况下,积极推进第五届中国国际进口博览会"中国这十年"对外开放成就展组展任务,与商务部和省内相关国家级、省级开发区加强协调,以文字、图片、视频、实物为主要形式呈现,展示了党的十八大以来江苏对外开放的丰硕成果。成就展江苏展区共展出实物展品 13 件(套),将江苏作为开放大省、制造业大省的形象更加具体化。

江苏省商务厅开发区处

2022年江苏省口岸运行和开放情况

2022年,江苏省口岸管理工作以习近平新时代中国特色社会主义思想为指导,按照江苏省委、省政府决策部署和省口岸工作领导小组工作要求,紧扣全省商务发展中心工作,立足新发展阶段,贯彻新发展理念,构建新发展格局,着力强化口岸运行管理,完善口岸功能布局,优化口岸营商环境,推动口岸创新发展,各项工作取得了积极成效。

一 全省口岸基本情况

(一)口岸概况

江苏省拥有海岸线954公里,分布在连云港、盐城和南通3市,约占全国海岸线的1/10;长江江苏段全长418公里,素有长江"黄金水道"之称。丰富的海岸线和得天独厚的长江岸线,为江苏开设口岸、发展经济提供了优越的自然条件。全省拥有26个口岸,形成了全方位、立体式口岸对外开放格局,不仅为全省大部分货物出入境提供服务,同时也为中西部地区对外贸易提供优良通道。

(二) 口岸分布

截至 2022 年年底,江苏省共有 26 个口岸,其中空运口岸 9 个,水运口岸 17 个。水运口岸中,海港口岸 5 个,河港口岸 12 个(表1)。

表1 2022 年江苏省口岸分布情况表

口岸 (26个)	空运口岸(9个)		南京空运口岸(禄口国际机场)、无锡空运口岸(硕放国际机场)、徐州空运口岸(观音国际机场)、常州空运口岸(奔牛国际机场)、南通空运口岸(兴东国际机场)、连云港空运口岸(白塔埠国际机场)、淮安空运口岸(涟水国际机场)、盐城空运口岸(南洋国际机场)、扬泰空运口岸(扬泰国际机场)
	水运口岸 (17个)	海港口岸 (5个)	南通如东水运口岸、南通启东水运口岸、连云港水运口岸、盐城大丰水运口岸、盐城水运口岸
		河港口岸 (12个)	南京水运口岸、无锡江阴水运口岸、常州水运口岸、苏州张家港水运口岸、苏州太仓水运口岸、苏州常熟水运口岸、南通水运口岸、南通如皋水运口岸、扬州水运口岸、镇江水运口岸、泰州水运口岸、泰州靖江水运口岸

(三) 口岸运行

2022年,江苏省水运口岸共完成外贸货运量 53 779.63 万吨,同比下降 6.78%;外贸集装箱运量达到 10 173 994.50 标箱,同比增长 15.20%(表2)。空运口岸出入境旅客 165 090 人次,同比增长 4.91%;外贸货邮量 87 910.56 吨,同比增长 11.16%(表3)。

表2 2022年江苏省水运口岸外贸货运量和外贸集装箱运量情况表

	外贸货运量		外贸集装箱运量	
	自年初累计（万吨）	同比（%）	自年初累计（标箱）	同比（%）
全省合计	53 779.60	−6.76	10 173 994.5	15.20
南通如东水运（海港）口岸	715.76	−1.56	—	—
南通启东水运（海港）口岸	363.45	−19.89	—	—
连云港水运（海港）口岸	13 407.24	3.71	2 879 565	17.58
盐城大丰水运（海港）口岸	623.40	−36.88	27 826	−5.71
盐城水运（海港）口岸滨海港区	142.00	−18.86		
南京水运（河港）口岸	2 619.60	−16.19	878 000	−4.46
无锡江阴水运（河港）口岸	6 364.04	−4.42	26 821	21.32
常州水运（河港）口岸	1 149.14	−4.74	122 640	24.39
苏州张家港水运（河港）口岸	6 427.68	−2.52	560 045.5	−4.28
苏州太仓水运（河港）口岸	9 736.85	5.73	4 798 523.75	24.17
苏州常熟水运（河港）口岸	1 153.70	−11.06	136 335	−0.88
南通水运（河港）口岸	2 394.00	−28.60	259 675.5	−13.98
南通如皋水运（河港）口岸	894.05	−12.09	60 054	27.43
扬州水运（河港）口岸	1 376.72	0.70	163 262.75	22.43
镇江水运（河港）口岸	3 947.57	−16.55	151 709	11.33
泰州水运（河港）口岸	1 356.20	−7.44	109 537	1.59
泰州靖江水运（河港）口岸	1 108.19	−20.88	—	—

表3 2022年江苏省空运口岸出入境旅客及外贸货邮量情况表

	出入境旅客		外贸货邮量	
	自年初累计（人次）	同比（%）	自年初累计（吨）	同比（%）
全省合计	165 090	4.91	87 910.56	11.16
南京空运口岸	150 911	38.52	65 529.30	25.02
无锡空运口岸	1 495	−89.19	14 917.10	2.85
徐州空运口岸	—	—	—	−100.00

续表

	出入境旅客		外贸货邮量	
	自年初累计（人次）	同比(%)	自年初累计（吨）	同比(%)
常州空运口岸	10 011	−65.77	2.27	−99.68
南通空运口岸	2 673	−47.26	7 461.89	−1.13
连云港空运口岸	—	—	—	—
淮安空运口岸	—	—	—	−100.00
盐城空运口岸	—	−100.00	—	−100.00
扬泰空运口岸	—	−100.00	—	—

（四）口岸与码头（泊位）开放

2022年，江苏省新获批对外开放的码头（泊位）1个（表4）。

表4 2022年江苏省新获批对外开放的口岸和码头（泊位）

序号	新获批项目
1	连云港港徐圩港区128♯、129♯泊位

二 扎实有序推进口岸协调、开放和管理工作

（一）强化工作统筹，积极谋划口岸建设发展

一是聚焦领导关注。根据关于"要把连云港、太仓港的作用发挥出来，要谋划推动"的批示要求，重点分析连云港港、太仓港建设发展运营情况和存在问题，提出更好发挥连云港港、太仓港作用的工作思路和打算，形成批示反馈报告上报省政府。二是聚焦基层需求。围绕推动口岸创新发展，在全省口岸开展诉求建议征集工作，收到涉及口岸开放、功能载体建设、政策支持及其他类共54条诉求建议。对诉求建议分类梳理，分别提供给厅相关处室和省相关单位结合实际研究答复，同时对涉及口岸工作的17条诉求建议逐条回复，并选取1~2个重点诉求建议作为专题工作提交省口岸工作领导小组联络员

会议明确推动。三是聚焦运行发展。为清晰准确掌握全省水运口岸相关情况，做到高质量地开展工作，整理完善了全省各水运口岸基础资料，并探索建立全省口岸运行情况指标体系，清晰准确掌握全省口岸运行相关情况，提高工作的有效性和针对性。

（二）分类推进开放，有效拓展口岸功能布局

坚持规范管理与服务发展相结合的原则，努力提高水运口岸对外开放水平，全省水运口岸开放工作成效明显。一是积极对接国家口岸管理办公室，协调省级查验单位，将连云港水运口岸徐圩港区、南通启东港水运口岸吕四港区和启海港区、南通如东洋口港水运口岸洋口港区扩大开放3个项目列入国家2021/2022年度口岸开放审理计划，同时积极推进盐城港响水港区、射阳港区对外开放国家验收工作。二是督促推进连云港空运口岸扩大开放验收筹备工作。三是按照《江苏省港口口岸码头开放管理规定》，协调省级查验单位，开展了5个码头对外开放的验收、报批等相关工作。其中，已获省政府批复正式对外开放的码头1个。四是为支持地方经济发展和企业生产经营，对9批次还不具备正式开放条件的码头（泊位），开展了码头（泊位）临时启用的征求意见、审查、审批工作。五是按照相关文件规定要求，2022年共开展了4批次码头（泊位）临时开放的征求意见、审查、上报工作，交通运输部已批复1个。

（三）加强协调沟通，持续提升管理服务水平

大力推进口岸工作机制体系不断完善，积极加强与各方沟通协调。一是召开江苏省口岸工作领导小组联络员会议，请江苏省发展改革委、江苏省交通运输厅、江苏海事局、南京海关、江苏出入境边防检查总站、连云港海事局等相关部门介绍工作并针对基层口岸提出的诉求建议做出回应解答。二是深入贯彻落实江苏省委、省政府的决策部署，对连云港港徐圩港区和太仓港相关场所开展了实地走访和座谈交流，深入了解发展现状和地方诉求，明确了加快推进口岸跨境贸易便利化改革，增强重点口岸辐射带动能力，更好服

务国家战略的思路举措。三是围绕推动跨境贸易便利化,赴禄口国际机场、江苏省港口集团开展调研交流。总结交流疫情期间各水运口岸好的经验做法,对口岸营商环境遇到的问题和困难深入沟通讨论,通过搭建平台交流活动,增强各地口岸疫情防控的实际操作能力,统筹生产和疫情防控的关系,努力为企业解决实际困难,促进江苏口岸经营能力的复苏。

(四)加强组织谋划,着力强化口岸协调管理

一是印发江苏省口岸工作要点。会同江苏省口岸工作领导小组成员单位制定印发《2022年全省口岸工作要点》,从深化口岸功能拓展、持续优化口岸营商环境、提升口岸信息化水平、强化口岸运行管理、完善口岸工作机制等5个方面,提出了17项工作部署。二是推动落实国家"十四五"口岸发展规划。转发国家"十四五"口岸发展规划任务分工通知,推动江苏省口岸工作领导小组各成员单位和各地口岸办按要求落实。三是开展2021年度江苏省口岸运行情况评估。落实国家口岸管理办公室通知要求,按照各地口岸自评、省级层面初评、重点调研督导、形成评估报告等步骤,评估口岸运量达标情况,总结工作成效,分析存在问题,提出下一步工作举措,评估报告报送国家口岸管理办公室。四是召开江苏省口岸工作领导小组联络员会议。对接协调省市相关单位,认真完成会议筹备和会务保障工作。召开领导小组联络员会议,会同各相关单位围绕促进全省跨境贸易便利化改革,更好地发挥连云港港、太仓港等口岸服务跨境贸易作用等方面开展座谈讨论,研究推动解决存在问题,推动全省口岸创新发展。五是总结口岸联防联控阶段工作情况。根据《关于建立健全口岸安全联合防控工作制度的实施意见》工作安排,按照既定目标总结阶段性工作进展情况,提出下一步工作思路,有序推进建立层级分明、职责明晰、分工明确、协同治理、齐抓共管、运行有效的口岸安全联合防控机制。

(五)聚焦重点难点,持续优化口岸营商环境

一是开展促进跨境贸易便利化专项行动。落实国家专项行动工作要求,

开展为期5个月促进跨境贸易便利化专项行动,出台新一轮《促进跨境贸易便利化专项行动方案》,提出了19项工作举措,口岸通关流程持续优化,口岸收费进一步规范,口岸信息化建设加快步伐,便民利企工作更有力度。二是开展营商环境跨境贸易指标评价。对接江苏省财政厅和江苏省交通运输厅,分别汇总对全省13个设区市口岸收费目录清单公示情况和口岸生产作业时限公示评价的考核结果,报送江苏省发展改革委。三是积极做好涉企服务。落实省政府主要领导批示,报告国家口岸管理办公室,协调内蒙古口岸管理办公室,服务解决徐工集团大量机械设备滞压满洲里口岸问题,帮助企业600台滞压工作机械顺利出境。企业问题解决相关进展情况先后两次向省政府进行了专题书面报告。

(六)积极探索创新,有力提升口岸服务能力

一是研究制定江苏省电子口岸重点工作。主动对接国家口岸管理办公室、中国电子口岸,会同江苏省电子口岸有限公司,根据国家口岸管理办公室工作要点,研究制定了全省2022年电子口岸重点工作和配套项目建设安排。二是持续推进"单一窗口"建设运维工作。督促指导省电子口岸公司加强数据安全及运维管理,保持系统可用率高于国家口岸管理办公室要求的99.9%。按照国家口岸管理办公室部署,推进海运口岸通关物流全程评估系统建设,已完成省级平台系统建设并同步采集连云港、盐城、南通等海运口岸数据。利用"单一窗口"货物、运输工具、舱单等通关数据,为实现口岸通关物流全过程可视化、优化口岸作业流程提供分析工具。三是推进"电子口岸+"服务体系建设。上线中国国际贸易促进委员会(以下简称"贸促会")"FTA智慧应用公共服务平台",推进贸促会原产地证申报系统《区域全面经济伙伴关系协定》(RCEP)适应改造和海关检疫处理监督管理服务系统建设,防疫专区方案已完成评审,线上服务贸易综合服务平台建设方案已获得商务部相关司局认可,并与中国国际电子商务(EDI)中心确定了合作框架。连云港电子口岸信息发展公司与江苏省电子口岸有限公司完成系统对接测试,数据已基本实现实时下发。四是建立口岸运行数据监测分析机制。指导江苏省电子

口岸有限公司探索建立全省口岸运行情况综合管理系统,收集汇总江苏省26个口岸、江苏出入境边防检查总站、南京海关和中国(江苏)国际贸易"单一窗口"相关数据,初步建立江苏省口岸运行情况分析机制,全面摸清各口岸发展情况,定期研判全省口岸建设运行情况和发展趋势。五是积极参与长三角国际贸易"单一窗口"合作共建。探索长三角地区客服工单一体化,完善长三角区域"单一窗口"专区部分特色功能。

江苏省商务厅陆路空港口岸处、海港口岸处

2022年江苏省进出口公平贸易情况

2022年,江苏省认真贯彻落实中央和江苏省委、省政府的部署要求,加强部门协作,强化上下联动,聚焦预警防范和法律服务重点,精心组织做好国际经贸摩擦应对工作,全力以赴帮助企业纾困解难,为稳住外贸基本盘提供有力保障。

一 全省进出口公平贸易基本情况

2022年,江苏省遭遇国外新发起的贸易救济调查44起,同比减少22.8%;涉案金额6.1亿美元,同比减少71.4%。从年度趋势看,2022年江苏省遭遇国外贸易救济调查案件数为2010年以来最低值。从案件类型看,反倾销、反补贴"双反"合并调查减少,降幅为33.3%。从行业看,全省遭遇的贸易救济调查主要集中在化工、金属制品、光伏、专用设备、电气等19个行业。从发起国家(地区)看,江苏省遭遇的贸易救济调查来自13个国家(地区),发展中国家与江苏省摩擦加剧。印度已成为对江苏省发起贸易救济调查数量最多、涉案金额最多的国家。从特点看,调查手段持续升级,新型贸易壁垒层出不穷,并出现跟风效应,江苏省产品进入海外市场的难度和成本加大。

2022年,江苏省企业代表全行业参与发起2起贸易救济调查,分别是江苏亨通光纤科技有限公司、中天科技光纤有限公司对原产于美国和欧盟的进口非色散位移单模光纤发起的反倾销措施期终复审调查,以及双乐颜料股份有限公司参与中国染料工业协会发起的对原产于印度的进口钛菁反倾销调查。

2022年,江苏省新增14家企业被美国商务部列入出口管制"实体清单",10家被列入"未经验证清单"。

二 进出口公平贸易主要工作与成效

(一)全力应对美国出口管制,提高风险防范能力

一对一、面对面为企业提供专业技术支持,指导做好应对工作。带领企业赴商务部寻求专家指导,维护企业合法利益。经积极争取、多方配合,省内5家企业被美国商务部从"未经验证清单"移除,这是近两年来江苏省企业首次被移除,为企业恢复供应链稳定提供保障。

(二)多主体协同应对贸易摩擦,维护出口市场份额

针对大案要案,组织江苏省内重点涉案企业参与案件应诉协调会31场。组织发展改革委、财政、自然资源等政府部门以及南京、南通、泰州等地方人民政府完成4次国外反补贴调查问卷。2022年,江苏省企业参与应诉并获得单独税率的案件18起,居全国前列。2022年终裁并获得胜诉的案件36起,维护超18亿美元海外市场份额。

(三)协助实施贸易救济措施,维护企业权益和产业安全

针对已提出贸易救济调查申请的两起案件,与商务部主动沟通,积极推

动立案。针对已采取贸易救济措施的案件,积极跟踪上下游产业影响情况,做好措施效果评估,为国家采取下一步救济措施提供依据。针对原审措施即将到期的案件,积极推动复审立案,为新兴产业、幼稚产业争取保护期,推动行业发展壮大。

(四)建章立制提升工作站能级,夯实公平贸易工作基础

修订《江苏省进出口公平贸易工作站管理办法》,扩大承办主体,扩展承担职责,优化考核办法,进一步调动工作站主观能动性,更好地服务于江苏省对外经济贸易工作。2022年,经考核通过并增补的工作站28家,涵盖光伏、化工、钢铁、半导体、纺织服装、建筑建材等多个重点行业。

(五)探索开展相关工作,营造良好公平贸易环境

出台《江苏省商务厅公平竞争审查制度实施办法》,规范程序,明确责任,确保公平竞争审查制度有效实施。全年针对18个涉及市场主体经营活动的政策措施进行审查。持续做好合规性评估,对省级层面8项新制定的贸易政策提出合规意见。针对外方对全省具体补贴事项的质疑,配合商务部做好解释和应对工作。

江苏省商务厅进出口公平贸易处

2022年江苏自贸试验区建设发展情况

2022年,中国(江苏)自由贸易试验区(以下简称自贸试验区)坚持以习近平新时代中国特色社会主义思想为指导,深入贯彻习近平总书记关于自由贸易试验区建设和对江苏工作的重要指示精神,持续深化改革创新,建设发展取得明显成效。

一 坚持大胆试、大胆闯、自主改,全力推动重点改革任务落实

一是深化制度创新。始终坚持问题导向、目标导向、结果导向,持续深化首创性、集成化、差别化改革探索。截至2022年年底,总体方案113项改革试点任务总体落地实施率达到98%,三个片区累计总结形成制度创新成果279项:推进国际职业资格与国内职称资格比照认定、地下空间集成开发模式、健康医疗大数据转化应用项目、第三方监理辅助环境执法效能提高、帮扶促进企业在保税维修业务中获得更多实惠、建设跨行业数据集成的能源智慧管家共享平台、小微型生物医药企业(研发机构)危险废物标准化管理

试点等 7 项成果在全国复制推广（总数达到 15 项）；移动查验单兵集成知识产权商标智能识别应用、特殊监管区域木质进境货物包装检疫监管新模式等 2 项成果在国家部委完成备案（总数达到 8 项）；108 项成果在省内复制推广。二是深化系统集成改革。加快推进自贸试验区生物医药全产业链开放创新发展试点，江苏省自由贸易试验区工作办公室？会同省有关部门制定出台的 22 项支持政策全部落地，2022 年，江苏自贸试验区生物医药产业产值增速超过 20%，产业竞争力位居全国前列。江苏省科学技术厅支持自贸试验区创新主体申报立项 30 余个生物医药领域科技计划项目；江苏省卫生健康委员会支持南京片区成立区域医学伦理审查委员会，为生物医药企业开展涉及人的生物医学研究提供伦理审查服务。江苏省自由贸易试验区工作办公室、江苏省科学技术厅、中华人民共和国南京海关、江苏省药品监督管理局印发《中国（江苏）自由贸易试验区苏州片区生物医药研发用物品进口"白名单"制度试点方案》（苏自贸办〔2022〕7 号），将 2 家企业、6 种研发用物品纳入"白名单"试点；南京海关与上海海关合作开展特殊物品风险评估结果互认改革试点；南京片区上线"宁研通"参比制剂公共服务平台。江苏省地方金融监督管理局、江苏银保监局支持自贸试验区推广临床试验责任险等创新金融产品；支持 30 余家自贸试验区生物医药企业在境内外上市。

二 对标高标准国际经贸规则，积极探索高水平制度型开放

江苏省自贸试验区工作领导小组印发《关于支持中国（江苏）自由贸易试验区对标高标准国际经贸规则探索高水平制度型开放的政策措施》，江苏省政府印发《关于推进江苏自贸试验区贸易投资便利化改革创新的若干措施》，努力提升贸易便利化、投资便利化、运输物流便利化、金融服务实体经济和服务保障水平。2022 年，江苏自贸试验区完成外贸进出口额 5 836 亿元，占江苏省外贸进出口总额的 10.7%；实际使用外资额 22.6 亿美元，占江苏省实际使用外资总额的 7.3%，位居全国同批自贸试验区前列。一是提升贸易便利化水平。南京海关大力推广"提前申报""两步申报"改革，实施"船边直提"

"抵港直装"等监管方式创新,不断提升通关效率;南京海关会同上海海关共同实施长三角海关高新技术货物布控查验协同模式,将18家企业、122项商品纳入试点。江苏海事局施行沪苏一体化交通组织,推行诚信国际航行船舶"直进直靠、直离直出"。南京片区搭建FTA惠企"一键通"企业服务平台,苏州片区上线便利企业关税查询的"经贸规则计算器"。二是大力培育贸易新业态新模式。南京海关支持保税维修等外贸新业态新模式发展,19家综合保税区内企业和6家自贸试验区内企业开展保税维修业务,进出口货值超过130亿元。江苏省综合保税区和保税物流中心网购保税进口货值7.12亿元,跨境电商退货中心仓办理退货业务8 158票。连云港片区铜精矿保税混矿业务扎实开展,入区矿石10.3万吨、货值16.81亿元。中国人民银行南京分行支持自贸试验区发展新型离岸国际贸易,2022年共办理新型离岸国际贸易外汇收支便利化业务34.2亿美元。苏州片区深化高端制造全产业链保税模式改革,落地"关证一链通"等创新举措,建设保税监管区块链平台。连云港片区盛虹炼化(连云港)有限公司获批原油非国营贸易进口资格。三是推动服务业扩大开放。江苏省司法厅支持香港、澳门、台湾地区律所与内地(大陆)律所在自贸试验区开展业务合作,制定实施《香港特别行政区和澳门特别行政区律师事务所与内地律师事务所在江苏实行合伙联营的试行办法》和《台湾地区律师事务所与大陆律师事务所在江苏开展联营试点工作实施办法(试行)》。江苏省通信管理局推进自贸试验区增值电信业务开放试点。江苏银保监局支持渣打银行在自贸试验区设立支行,支持苏州银行与新加坡凯德基金共同设立江苏省首家公募基金。连云港海事局制定出台船舶登记便利政策,推动中韩轮渡公司"和谐云港""紫玉兰"号开展国际船舶登记。江苏自贸试验区获批建设外资总部经济集聚区,落地自贸试验区首家外商独资医疗机构,集聚60余家省级跨国公司总部和功能性机构。四是促进数据跨境有序流动。江苏省发展改革委支持苏州片区争取开展中新数字贸易合作试点。江苏省自由贸易试验区工作办公室制定出台《关于支持中国(江苏)自由贸易试验区推动数据跨境安全有序流动的若干措施》,江苏省互联网信息办公室制定出台《江苏省数据出境安全评估申报工作指引(第一版)》。南京片区焦

点科技"中国制造网外贸电商平台业务"通过国家互联网信息办公室数据出境安全评估,成为跨境电商领域全国首个数据合规出境案例。

三 完善市场化配置机制,加快集聚优质要素资源

一是促进资金跨境流动。中国人民银行南京分行(国家外汇管理局江苏省分局)扎实推进苏州片区资本项目外汇业务创新试点,截至2022年年底共办理信贷资产跨境转让试点业务10笔、金额3 545万美元,跨国公司本外币一体化资金池业务试点备案企业1家,跨境融资便利化试点业务5笔、金额15.14亿美元,一次性外债登记试点业务58笔、金额101亿美元,合格境外有限合伙人(QFLP)外汇管理改革试点业务2笔、金额9 868万美元。江苏省地方金融监督管理局、中国人民银行南京分行(国家外汇管理局江苏省分局)扎实推进合格境内有限合伙人(QDLP)对外投资试点,苏州片区元禾钟山私募基金管理有限公司设立江苏省首支QDLP专项基金。二是提升金融服务实体经济能力。中国人民银行南京分行、江苏省地方金融监督管理局引导金融机构加大对绿色企业和碳减排项目金融的支持力度,南京片区将52家企业纳入"金融重点支持绿色企业名录库"。江苏银保监局指导中国银行连云港分行为片区企业中欧班列铁路运单项下信用证提供融资31.31万欧元。江苏省地方金融监督管理局、江苏证监局支持自贸试验区企业通过资本市场融资,2022年新增境内上市公司7家,首发募集资金合计147亿元;支持符合条件的公司通过发行债券、资产证券化、不动产投资信托基金(REITs)进行融资,2022年共发行21只公司债券、发行规模295.5亿元。三是打造高端人才集聚区。江苏省公安厅、江苏省科学技术厅推动实施自贸试验区外国人工作许可和居留许可"一窗通办、并联办理",共办理外国人工作类居留许可近4 000人次,签发5年以内工作居留许可1.3万件。江苏省人力资源和社会保障厅向三个片区所在设区市下放石油化工工程高级职称评审权限,探索开展国(境)外职业技能比照认定,在全国率先制定发布国(境)外职业技能比照认定目录;支持苏州、南京片区开展国际职业资格比照认定试点。南京片区聚

焦数字科技、生命健康等领域集聚海外高层次人才、归国留学生万余人。苏州片区试行长三角外国高端人才互认。四是强化产业用地保障。江苏省自然资源厅将自贸试验区符合条件的生物医药产业项目用地纳入工业和生产性研发用地保障线范围；在符合产业功能导向和项目主导产业用途的前提下，在自贸试验区试点允许受让人自主确定土地产业用途比例。南京片区创新打造土地复合利用全流程模式，探索覆盖规划编制、土地供应、建设手续办理、不动产权登记的全流程操作路径。

四 强化科技和产业创新，加快培育新经济和新支柱产业

一是加强关键核心技术研发攻关。江苏省科学技术厅聚焦高端芯片、人工智能、纳米材料等特色领域，支持中国科学院苏州纳米技术与纳米仿生研究所、南京数脉动力信息技术有限公司牵头实施"基站用千瓦级 GaN 功率器件及毫米波收发前端芯片关键技术研发"等 20 余项产业技术研发和科技成果转化项目；在江苏自贸试验区实施"低碳节镍型超低温容器钢研发及产业化"等重大科技项目，支持苏州片区开展碳达峰碳中和区域重大科技示范工程。江苏省工业和信息化厅将南京片区集成电路设计服务、苏州片区微纳制造、连云港片区现代中药纳入省制造业创新中心培育名单；支持南京片区打造支持先进工艺的全流程 EDA 工具平台；支持苏州片区加快建设江苏省微纳制造创新中心。二是大力培育战略科技力量。苏州实验室揭牌成立，成为国家在江苏布局的规格最高、规模最大、产业影响力最广泛的大型综合研究基地。连云港片区康缘药业股份有限公司"中药制药过程新技术国家重点实验室"等国家重点实验室重组加快推进。国家集成电路设计自动化技术创新中心落户南京片区，国家生物药技术创新中心发布首批技术攻关项目榜单。苏州片区加快建设国家新一代人工智能试验区，获批建设语言计算国家新一代人工智能开放创新平台。江苏自贸试验区新认定高新技术企业 1 600 余家，总数超过 4 000 家。三是打造战略性新兴产业和先进制造业集群。南京片区、苏州片区生物药品制品制造入选科学技术部创新型产业集群。江苏省

发展改革委支持江苏自贸试验区打造战略性新兴产业集群,建设省级工程研究中心、产业创新中心。江苏省工业和信息化厅将南京片区集成电路和轨道交通、苏州片区生物医药和纳米新材料、连云港片区生物医药等产业纳入省先进制造业集群培育重点支持对象,连云港片区医药产业、苏州片区电子信息产业等国家级新型工业化产业示范基地参加国家发展质量考核评价获得五星级称号。四是强化知识产权保护运用。江苏省知识产权局支持南京、苏州知识产权保护中心获批新增节能环保、数字智能制造和电子信息产业领域专利预审权,两个中心全年受理专利预审 2 100 余件、授权 1 100 余件。深化知识产权金融创新,2022 年,江苏自贸试验区完成知识产权质押融资 124 笔、金额超过 50 亿元;发布知识产权证券化产品 4 笔,累计储架规模超过 10 亿元;南京片区发行全国首单交易所"特定信托"知识产权证券化项目。五是大力发展数字经济。江苏省工业和信息化厅支持苏州片区高标准建设国家新一代人工智能创新应用试验区,苏州华兴源创科技股份有限公司、艾信智慧医疗科技发展(苏州)有限公司、知行汽车科技(苏州)福分有限公司入围工业和信息化部"人工智能产业创新任务揭榜挂帅"潜力单位。南京片区加快建设江苏省区块链产业发展集聚区、江苏省区块链技术创新应用试验区。建设省级智能网联汽车先导区,苏州片区"苏州城市出行服务与物流自动驾驶先导应用试点项目"入围交通运输部试点项目。江苏省通信管理局支持南京、苏州、连云港建设国际互联网数据专用通道。

五 加快转变政府职能,营造市场化、法治化、国际化一流营商环境

一是优化审批服务。江苏省政务服务管理办公室持续深化江苏自贸试验区"证照分离"改革,推进照后减证和简化审批,南京片区"对外贸易、民办教育、医疗服务、药品经营、道路运输"等事项平均审批时限提速超过 50%,惠及企业 2 万户。江苏省市场监督管理局拓展"住所在线核验"和"一照多址"改革,支持连云港片区开展商事主体登记确认制改革试点,片区企业数较获批前增加 8.5 倍。江苏省自然资源厅支持连云港片区开展海域使用权与海

上建（构）筑物一体登记试点。江苏省住房和城乡建设厅指导苏州片区开展建设工程消防验收备案告知承诺制试点。江苏省税务局实施"非接触式"退税，所有出口退税事项均可线上办理。江苏海事局政务服务中心、船员考试中心进驻南京片区，创新海事"政务＋信用"便利化服务模式。二是强化事中事后监管。加快健全以"双随机、一公开"监管为基本手段、以重点监管为补充、以信用监管为基础的新型监管机制。2022年，三个片区制定双随机任务865项，检查市场主体2.3万余户，联合检查占比近一半。强化信用监管，连云港片区在江苏省率先出台《连云港市食品生产食品安全信用等级评定管理办法（试行）》。南京片区构建3级81项通用分类指标体系，对区内16万户市场主体进行分区分类分级监管。三是强化竞争政策的基础性地位。江苏省市场监督管理局支持江苏自贸试验区建立"大数据＋智库＋第三方评估"公平竞争审查外部监督机制。南京片区制定公平竞争审查第三方评估实施办法，面向全国聘请11名工作专家开展公平竞争审查。苏州片区出台涉公平竞争审查举报处理办法、公平竞争审查抽查工作办法。江苏省知识产权局开展对未在中国注册的驰名商标给予与注册商标同等的权利保护研究。南京片区入选全国第一批商业秘密保护创新试点，搭建全国首个商业秘密公证保护平台。江苏省政府国有资产监督管理委员会扎实推进国企改革三年行动，督促指导企业建立信息公开制度。四是完善商事纠纷多元化解机制。江苏省高级人民法院支持挂牌成立苏州自贸试验区法庭，实现三个片区审判机构全覆盖，向最高法院争取指定片区所在地基层法院集中管辖本市涉外民商事案件。苏州国际商事法庭"构建涉外商事多元纠纷解决新模式"入选最高人民法院"人民法院服务保障自由贸易试验区亮点举措"。江苏省高级人民法院、江苏省司法厅制定《关于建立诉讼与仲裁工作协调配合机制的意见》，促进诉讼与仲裁协调配合，提升仲裁公信力。五是强化风险防控。江苏省通信管理局依托国家工业互联网安全技术保障平台江苏分平台，对139个重点工业互联网平台企业、48个标识解析企业、5.6万规模以上工业企业开展数据安全监测，累计发现各类数据安全风险1万余条。

六 推动协同联动发展,更好服务重大国家战略

一是加快打造亚欧重要国际交通枢纽。连云港港30万吨级航道全面建成,上合组织(连云港)国际物流园铁路专用线和装卸场站项目、徐圩新区多式联运中心一期建成运营。中哈物流合作基地数字化调度中心建成投用,实现智能化、可视化、无人化作业,2022年,集装箱进出场量增幅超10%。二是大力发展多式联运。江苏省交通运输厅支持连云港片区打造"新亚欧大陆桥集装箱多式联运示范工程",大力发展多式联运,在兰州通道新增"一单到底"模式,在"徐州—连云港"推广应用海铁联运"一单制",完成集装箱运输量2 440标箱。连云港片区建设"蓝宝星球"多式联运信息平台,初步形成以港口为核心、服务多式联运各环节的业务协同和信息共享平台。三是支持与省内高水平开放平台联动发展。加大改革试点经验复制推广力度,持续推动国家前六批278项制度创新成果在省内复制推广。江苏省自贸试验区工作领导小组制定出台《关于进一步支持中国(江苏)自由贸易试验区联动创新发展的若干措施》,支持江苏自贸试验区与省内57个国家级开发区、国际合作园区等重点开放平台联动改革、联动开放、联动创新。江苏省科学技术厅推动苏南自创区和自贸试验区联动发展。江苏省交通运输厅支持南京禄口国际机场与自贸试验区联动开放,优化布局国际客运货运航线网络,提升国际航空货运保障能力。四是推动长三角自贸试验区联动发展。加强与上海、浙江、安徽等长三角自贸试验区互学互鉴,牵头举办长三角自贸试验区制度创新论坛,发布长三角自贸试验区第二批制度创新案例,江苏省3项案例入选。围绕对标高标准国际经贸规则、推动实体经济转型升级、打造一流营商环境、发展数字经济等开展交流研讨。

江苏省商务厅自由贸易试验区综合协调处、自由贸易试验区制度创新处

2022年江苏省商务领域"放管服"改革情况

2022年,江苏省商务厅坚持以习近平新时代中国特色社会主义思想为指导,全面贯彻落实国务院和江苏省人民政府关于"放管服"改革优化营商环境的决策部署,聚焦市场主体关切,持续推动简政放权,着力推进助企纾困,不断提升投资贸易便利化水平,服务质效和群众满意度不断攀升。

一、系统推进"放管服"改革,持续助企纾困跟踪问效

一是落实国家"放管服"改革工作部署。落实第十次全国深化"放管服"改革持续优化营商环境电视电话会议重点任务分工,细化全省商务条线贯彻落实具体举措。持续推进商务领域"证照分离"改革,总结改革一周年工作,开展全省商务领域"证照分离"改革评估。二是成立江苏省商务厅助企纾困工作专班。江苏省商务厅主要负责同志高度重视"放管服"改革工作,要求成立江苏省商务厅行政权力事项(行政许可)助企纾困工作专班,专题研究出台《省商务厅关

于优化行政许可服务进一步助企纾困的若干措施》,共提出 4 方面 12 条工作举措,全面推动国家和江苏省委、省政府稳定经济大盘一揽子政策举措落地见效。三是开展专项调研督导。江苏省商务厅开展全省商务条线深化"放管服"改革专项调研督导,采取地方自查、省厅实地督查、企业座谈和满意度调查等方式,深入排查整改基层商务部门政务服务方面存在的问题,持续巩固商务领域"放管服"改革成效。四是开通紧急办证绿色通道。为受物流、防疫隔离等原因影响,需要紧急办理、变更许可证的企业开通绿色通道,提供"即申即办""双同时"等个性化贴心服务,2022 年共通过绿色通道办理 330 余批次的 600 余份证书,全力支持外贸涉证企业复工复产。五是升级免费寄证品牌服务。针对部分进出口办证企业因疫情影响无法收寄许可证书的困难,为有证书转寄需求的企业免费将证书文件寄至指定报关机构,2022 年免费寄送证书近 700 批次,总数达到 1 000 余份,有力保障企业经营活动连续畅通。

二 积极推动商务领域简政放权,促进投资贸易便利化

一是推进商务领域政务服务事项标准化建设。联合江苏省发展改革委转发《市场准入负面清单(2022 年版)》,指导各地严格落实"全国一张清单"要求。编制全省商务部门行政许可事项清单,完善行使层级、法定依据、事项类型、办事指南,指导基层做好政务服务事项认领和承接,推进商务领域政务服务事项标准化、规范化、便利化建设。二是下放境外投资备案权限。进一步扩大自贸试验区境外投资备案权限至 3 亿美元,充分发挥自贸试验区促进投资便利化的政策高地引领作用,提高制度型开发水平。三是深入推进开发区区域评估。会同江苏省 10 部门印发 2022 年度区域评估工作要点、区域评估改革第一批 9 个实践案例,区域评估成果应用的企业或项目超过 9 000 个,平均每个开发区约 57 个企业或项目免费享受区域评估成果。四是完善成品油、汽车流通管理。报请江苏省人民政府出台《江苏省成品油流通管理办法》及实施细则,规范成品油流通市场秩序。协调公安、税务等部门,全面实现全省小型非营运二手车交易登记"跨省通办"。出台《江苏省商务厅等 17 部门

关于搞活汽车流通扩大汽车消费若干举措的通知》，取消二手车限迁政策，延长摩托车强制报废年限，优化报废机动车回收资质认定，加大用地支持，缩短现场验收时限，完善资质变更流程，新增材料预审服务，提高企业现场验收通过率。

三 牵头自贸试验区"放管服"改革，充分发挥平台制度优势

一是推进苏州片区"审管执信"改革试点。苏州工业园区出台《苏州工业园区审批监管执法信用闭环管理办法》，梳理涉企许可审批"全链条"事项587项，由审批、监管、执法等部门共同建设"审管执信"信息化交互平台，上线"全链条"事项47项。建成8个监管数据库并对接省监管数据库，汇聚监管事项、监管对象、信用评级数据20余万条。二是推进"免证园区"改革。各片区通过直接取消、数据调用、部门核验、告知承诺等方式，减免收取户口簿、身份证等高频证明材料。南京片区累计减少申报材料1 800余份，推出"新区e办事"小程序方便市民"指尖办理"。苏州片区发布"免证园区"工作方案，实现幼儿园、小学入学报名"网上办、掌上办、一次办"，电子验证户口簿、身份证超过50万次。连云港片区压缩国际标准集装箱运输车辆核验、危险化学品经营许可证核发等事项时限80%以上，企业开办登记、公共场所卫生许可等事项实现"当场办、不见面办、刷脸办"。

四 强化事中事后监管，多措并举提升监管效能

一是加强"双随机、一公开"和"互联网＋监管"。商务领域18个"互联网＋监管"行为数据覆盖率100%，7个"双随机、一公开"事项全部完成检查，共涉及企业46 000余家，抽查企业1 400余家。二是推进信用监管。开展商务信用监管试点，印发《江苏省商务信用监管试点工作方案》，选定淮安、盐城、连云港等3个市试点。三是强化联合监管。牵头成立成品油市场综合整治等工作专班，会同有关部门开展全省加油站(点)"百日安全隐患排查整治专

项行动"、报废机动车回收行业危险化学品使用安全专项治理行动、报废机动车回收行业规范提升专项整治行动、报废机动车回收行业危废回收处置整治行动、违规非法外派人员专项整治等市场整治行动。四是创新智慧监管。推广运用"江苏成品油智慧监测云平台""江苏加油"安全APP等智慧化监测手段。优化外派劳务人员管理和服务系统,推进数据开放共享。

五 不断优化政务服务,提升企业满意度和获得感

一是加快数字政府建设。构建智慧商务数据中心,将商务厅业务系统部署在江苏省政务云,初步实现"一朵云、一张网、一部门、一系统",推送办件、好差评数据,2022年在江苏省公共数据开放平台登记12个政务信息系统、14项数据资源目录,累计推送共享30多万条数据。二是推广境外投资备案、成品油零售等电子证照应用。按照商务部境外投资备案电子证照推广要求,联系江苏省大数据管理中心做好电子证照生成工作。三是做好全省成品油经营零售许可实体证照电子化改造、归集应用等工作。推动"简材料、缩时限"。简化含有多种易制毒化学品的混合物进口审批材料,缩短机电类自动进口许可审批时间、对外劳务合作经营资格审批时限,鼓励地方商务部门提高境外投资备案、拍卖等事项即办件比例。打造线上线下融合一体化服务。规范窗口服务准则,建立"双岗双审、轮岗轮训、定期抽查、退证复核"等许可证审核制度,完善企业咨询和特殊事项处理机制。定期举办进出口许可证线上培训,确保商务部、海关总署最新政策及时传达至企业末端。四是为新申请企业提供手把手、肩并肩定制服务。节假日、工作日休息时段实行值班制,确保窗口服务"不打烊、不掉线"。创新咨询电话多路递次并联转接,确保商务厅综合咨询电话"不断档"。

江苏省商务厅审批处

2022年江苏省商务重点领域改革工作情况

2022年,江苏省商务厅坚持以开放促改革、促发展、促创新,纵深推进商务领域重点改革工作,圆满完成了江苏省委、省政府确定的年度改革任务,为商务高质量发展持续注入强劲动力活力。

一、坚持高位谋划统筹推进,体制机制保障稳步夯实

一是强化组织领导。江苏省商务厅主要负责同志带领厅领导班子深入学习贯彻中央改革决策部署和省委有关要求,以13个专项行动和14个工作专班为抓手,多次召开商务领域改革工作专题会议,做到任务清单化、责任具体化、时间节点化,有力推动各项任务落地落实。二是强化政策支撑。坚持目标导向、问题导向、结果导向相结合,围绕市场主体和群众的急难愁盼,报请省政府出台"跨周期调节稳外贸14条""加快发展外贸新业态新模式16条""推动外贸保稳提质12条""自贸试验区贸易投资便利化改革措施17条""促进内外贸一体化若干措施",联合江苏省发展改革委

等部门印发全省"高质量实施 RCEP16 条"等一系列促进商务改革的政策文件。三是强化改革宣传。注重改革经验总结,充分发挥改革示范带动作用,积极打造江苏商务改革品牌。全省开放型经济发展成效、多措并举促进外贸外资平稳较快增长、高技术外资项目加速落地、《区域全面经济伙伴关系协定》(RCEP)实施情况走在全国前列、"一带一路"跨境电商产业园等改革成效做法被央视《新闻联播》《朝闻天下》报道 8 次。"一刻钟便民生活圈"经验做法被《人民日报》报道。组织开展江苏自贸试验区设立三周年专题新闻发布会,持续营造浓厚商务改革氛围。

二 持续深化内贸流通领域改革,内需潜力稳步释放

坚持供需两端发力,持续打响"苏新消费"四季主题购物节活动品牌,加快构建城乡现代商贸流通体系,梯度培育一批商贸流通主体,持续激发消费潜力。江苏省社会消费品零售总额 4.3 万亿元,规模居全国第二。一是精心办好"苏新消费"四季主题购物节。累计开展超 10 万家商家参与的 3 900 余场各具特色的消费促进活动,工作成效多次获部、省领导肯定性批示。在全国率先开展绿色节能家电促消费专项活动,带动绿色家电销售数量增长超过一倍。举办 2022 江苏电商直播节,成功打造消费新场景。二是加快建设现代商贸流通载体。持续推动南京、苏州、徐州、无锡开展国际消费中心城市以创促建。初步建立由 5 个现代商贸流通体系建设示范区和 8 个示范创建区、7 个国家级一刻钟便民生活圈试点、15 条江苏省示范步行街、10 个省级县域电商产业集聚区组成的现代商贸流通体系平台载体框架。三是着力培育商贸流通主体。2 家商场入选全国示范智慧商店,新培育 21 家省级数字商务企业、30 家省级优秀供应链企业,其中 8 家入选国家数字商务企业,5 家入选国家供应链创新与应用示范企业。新增 3 家国家电子商务示范基地,总数全国第一。梯度培育省市两级重点零售企业,建立重点商贸企业联系制度。

三 大力发展新业态新模式，外贸增长动能稳步激发

江苏省货物贸易进出口总额5.5万亿元，同比增长4.8%，规模创历史最好水平。新业态、新模式发展成效明显，跨境电商和市场采购贸易进出口增速均超过50%，数字贸易位次提升。一是货物贸易新业态新模式提速发展。全面推进国家级跨境电商综试区建设，全省跨境电商进出口额同比增长57.7%。在全国前五批105个国家跨境电商综试区首次考核评估中，南京入选全国前10强。"市采通"平台在全国成功打造市场采购贸易"江苏模式"，推广应用至云南、广西等地，全年出口同比增长72%，累计服务企业近8 000家，获海关总署肯定。新增培育8家省级公共海外仓，省市培育的公共海外仓达到81家。支持江苏省国际货运班列有限公司在重要物流节点地区建设海外仓，打造"中欧班列＋海外仓＋跨境电商"模式。二是服务贸易创新发展步伐加快。印发《江苏省推进数字贸易加快发展的若干措施》，认定培育5家省级数字贸易基地，探索构建数字贸易特色发展路径。新增4个基地入选新一批国家级特色服务贸易载体，国家级服务贸易载体增至17个，总量居全国第一。全面深化服务贸易创新发展试点121项，任务完成率达91%，较2022年初提升25个百分点，新增1项试点经验案例在全国推广，总量达22个，居全国前列。

四 深入推进外资提质增效，全球高端要素引力场稳步构建

实施外资补链延链强链行动和外资企业利润再投资三年行动计划，鼓励存量外资深耕江苏、增资扩产。江苏省实际使用外资305.0亿美元，同比增长5.7%，规模保持全国第一；制造业外资和外资利润再投规模均居全国首位，制造业外资第一大省地位稳步确立。一是创新举办多层次投资促进活动。江苏省委、省政府主要领导出席的全省外资项目"云签约"暨外资总部企业"云授牌"活动、东盟—中日韩(10＋3)产业链供应链合作论坛暨东亚企业家太湖论坛等有力传递了江苏高质量发展信心。聚焦欧盟等重点地区，开展

德资、法资等专题"连线全球"活动12场,支持南京、无锡、苏州、南通等市包机出海招商,获意向投资近30亿美元。二是加强要素保障推动项目落地。充分发挥外资工作专班作用,建立100个重点外资项目库,加大用地、用能、环保等要素保障。推动金光纤维素纤维等58个项目纳入商务部重点保障外资项目清单,8个入选商务部制造业标志性项目,9个入选国家重大外资项目,数量均居全国第一。三是不断完善常态化政企沟通交流机制。举办省政府与英中贸易协会视频对话会、欧盟企业政策交流会等4场外资企业政企沟通圆桌会议、10场"外企与部门面对面"活动,各级商务系统累计举办各类外企沟通会800余场。四是深入推动外资融入全省开放创新体系。支持南京市成功获批国家服务业扩大开放综合试点。苏州工业园区外资总部经济集聚区示范效应逐步彰显。新认定35家跨国公司地区总部和功能性机构,总量达366家;57家外资研发中心企业享受进口税收政策。

五、全力推动平台载体创新提升,开放新高地建设稳步推进

支持自贸试验区、开发区等省内重点开放平台联动改革、联动开放、联动创新,持续打造开放新高地。一是自贸试验区建设深化拓展。全年形成制度创新成果83项,其中7项在全国复制推广,1项在国家部委完成备案,发布《中国(江苏)自由贸易试验区制度创新蓝皮书》。江苏省自贸试验区工作领导小组第四次会议成功召开,江苏省委、省政府主要领导出席会议并讲话。推进生物医药全产业链开放创新发展,省级层面支持22项政策实施率过半,集聚生物医药企业近3 000家,产值年均增速保持在20%以上。举办长三角自贸试验区制度创新论坛,发布长三角自贸试验区第二批制度创新案例,全省3项案例入选。三大片区累计新增市场主体8万家,开放度和竞争力居全国前列。二是开发区体制机制创新扎实推进。坚持"一特三提升"发展导向,全省6家开发区位列国家级经济技术开发区考核评价前30位,苏州工业园区实现"七连冠"。深入推行区域评估改革,会同江苏省发展改革委等10部门印发第一批9个实践案例,为各地提供参考借鉴,区域评估成果已为9 000

个企业或项目降低制度性交易成本。会同省有关部门印发第二批开发区体制机制改革 7 个实践案例,推动有条件的开发区因地制宜开展体制机制改革。三是口岸建设取得新成效。持续开展全省促进跨境贸易便利化专项行动,推动口岸收费目录清单和生产作业时限公示,营造公开透明的口岸营商环境。截至 2022 年三季度末,南京关区进口、出口通关时间较 2017 年分别压缩 70.19%、92.93%,达历史最好水平。加快建设江苏特色电子口岸,上线"FTA 智慧应用公共服务平台",累计有效税则查询超 12 万次。探索建立口岸数据监测运行分析机制。四是境外合作园区发展态势良好。深入对接境外园区发展需求,支持柬埔寨西哈努克港经济特区中柬(锡西)协作平台 2.0 版建设和中阿(联酋)产能合作示范园等招商工作,组织园区参加各类经贸活动,开展宣传推介,拓宽合作渠道,提升产业集聚水平。

六 稳步扩大制度型开放,高质量发展活力稳步增添

持续深化商品和要素流动型开放,稳步拓展规则、规制、标准、管理等制度型开放。一是高质量实施 RCEP 工作走在全国前列。会同江苏省发展改革委等 7 部门出台《江苏省关于高质量实施〈区域全面经济伙伴关系协定〉(RCEP)的若干措施》,召开省级工作推进会,建立部门联动助企融入 RCEP 工作机制。全省 RCEP 签证出口货值 483.4 亿元,居全国第一。二是对标《全面与进步跨太平洋伙伴关系协定》(CPTPP)等高标准经贸规则开展先行先试。对标 CPTPP 等高标准国际经贸规则,出台江苏自贸试验区探索高水平制度型开放 38 条措施,聚焦数据跨境安全有序流动、公平竞争等重点领域探索先行先试和压力测试。三是提升投资贸易便利化水平。全面落实外资准入前国民待遇加负面清单管理制度,严格落实"非禁即入",推动《江苏省外商投资条例》加快出台,完成草案起草工作。深化"放管服"改革,将自贸试验区境外投资备案权限由中方累计投资额 1 亿美元扩大到 3 亿美元。

江苏省商务厅综合处

2022年江苏省商务厅机关党建工作情况

2022年,江苏省商务厅在江苏省委、省级机关工作委员会的大力指导下,始终坚持以习近平新时代中国特色社会主义思想为指导,深入学习宣传贯彻党的二十大精神,以持续推进新时代江苏基层党建"五聚焦五落实"行动、巩固拓展"三个表率"模范机关建设成效为着力点,不断深化党建与业务双融合,全力构建"政治型""学习型""战斗型""服务型"政府机关,认真落实党中央"疫情要防住、经济要稳住、发展要安全"重大要求,坚持稳字当头、稳中求进,加快推动中央和江苏省系列稳增长政策举措落地落实,千方百计为各类市场主体纾困解难,全力以赴稳住外贸外资基本盘、促进消费回暖恢复,为全省稳住基本盘、当好"压舱石"提供了有力支撑和坚强保障。

一 持续推进"政治型"机关建设,不断提升政治领导力

(一)筑牢对党忠诚的政治品格

坚持政府机关第一属性是政治属性、第一功能是政治

功能的鲜明导向,聚焦修好"永恒课题""终身课题",制定《省商务厅党组党史学习教育整改措施落实方案》,直面问题立行立改、即知即改、真抓实改。完整准确、全面系统学习贯彻习近平新时代中国特色社会主义思想,结合习近平总书记系列重要讲话重要指示精神,围绕党的十九届六中全会、二十大等重大时间节点,组织开展形式多样的学习教育活动,教育引导机关党员干部深刻领悟"两个确立"的决定性意义,进一步增强"四个意识",坚定"四个自信",坚决做到"两个维护",进一步涵养政治定力、炼就政治慧眼、恪守政治规矩,把讲政治要求贯穿于党性锻炼全过程,不断提高政治判断力、政治领悟力、政治执行力,始终在政治立场、政治方向、政治原则、政治道路上与以习近平同志为核心的党中央保持高度一致,对党忠诚、听党指挥、为党尽责。

(二)压实管党治党的政治责任

深入学习贯彻《党委(党组)落实全面从严治党主体责任规定》和《省级机关部门单位党组(党委)落实机关党建领导责任实施办法(试行)》,在压紧压实各级主体责任中,推动压力层层传导、责任层层落实、工作层层到位,落实落细《党组工作条例》《党和国家机关基层组织工作条例》和《党支部工作条例》,直达末端"最后一公里"。2022年初,厅党组书记、分管厅领导逐一与机关处室(单位)签订该年度《全面从严治党主体责任清单》和《全面从严治党责任书》,下发《党风廉政建设任务分解》,形成厅党组书记是"第一责任人"负总责,厅领导班子成员落实"一岗双责"负主要领导责任、机关党委是直接责任人、各党支部书记是具体责任人的责任体系和"谁主管谁负责""一级抓一级""一级对一级负责"的工作机制。制定2022年度机关党建三级责任清单,推行"三级联述联评联考",打通厅党组、机关党委、各党支部责任链条,明确责任分工,强化责任落实,严肃问责倒逼,有效防范化解了管党治党"中阻梗""一头热"的倾向性问题,大力推进全面从严治党向纵深发展、向基层延伸。

(三)营造风清气正的政治生态

坚持在严格的党内政治生活中锤炼党性,严格执行新形势下党内政治生

活若干准则,严肃党内政治生活,认真落实"三会一课"、主题党日、民主评议党员等在内的组织生活制度,厅党组成员落实双重组织生活制度,带头参加所在党支部的活动,为分管单位的党员干部上党课。坚持扭住领导班子这个龙头,贯彻执行民主集中制,充分发扬党内民主,认真落实集体领导、民主集中、个别酝酿、会议决定的原则,规范党组议事规则和决策程序,健全有效的督查、评估和反馈机制,提升科学决策、民主决策、依法决策的能力水平。坚持开好党员领导干部民主生活会、专题组织生活会,积极开展谈心谈话,围绕主题逐一对照检视,自我批评直指问题、深挖根源,相互批评开诚布公、较真碰硬,对查摆出来的问题逐项列出详细整改清单,明确整改责任和具体时限。坚持把纪律和规矩挺在前面,落实"严"的要求,突出"治"的重点,强化"管"的责任,着眼抓早抓小式源头治理,在履行责任上下真功,推动机关内部政治巡察规范化、常态化;在正风肃纪上见真章,开展酒驾醉驾专项整治、"清风廉韵"话清廉等活动,厚植清廉文化底蕴,助推"廉洁机关"建设。坚持锲而不舍纠"四风"树新风,围绕省级机关作风办反馈的意见建议,制定整治落实清单,年中组织检查督查,制定下发《关于进一步加强和改进省商务厅机关作风建设的工作方案》,组织学习《江苏历代贤吏为官之道》《清风传家》《严以治家》等辅导读本,巩固深化形式主义、官僚主义整治成果。

二 持续推进"学习型"机关建设,不断提升思想引领力

(一)聚焦主题主线

春节上班后第一个工作日即召开专题会议,把学习宣传贯彻党的二十大精神摆上厅党组重要议事日程,作为站稳政治立场、增强政治自觉、展现政治担当的关键抓手,作为引领商务工作、激发组织活力、创新工作举措的中心环节,贯穿年度各项工作始终,超前谋划做准备、精心部署早落实,就抓好教育培训、宣传宣讲、交流研讨、调查研究、跟踪督办等具体工作列出时间表、路线图。党的二十大召开后,第一时间组织全省商务系统以电视电话会议形式收

听收看习近平总书记在党的二十大上做的报告,以及中央宣讲团成员、商务部部长王文涛宣讲党的二十大精神专题辅导报告,订购发放《党的二十大文件汇编》《党的二十大报告辅导读本》《党的二十大报告学习辅导百问》《二十大党章修正案学习问答》等 7 套学习材料,推动读原著、学原文、悟原理、知原义。厅党组先后 4 次召开(扩大)会议,专题传达学习中央、省委和省级机关工作委员会关于学习宣传贯彻党的二十大精神的通知要求及工作部署,研究制定《省商务厅关于学习宣传贯彻党的二十精神的工作方案》,明确 8 项具体工作安排,细化任务清单,列出完成时限,明确责任单位,强调要在全面学习上下工夫,做到入脑入心、融会贯通;在全面宣传上下工夫,做到广泛覆盖、走深走实;在全面落实上下工夫,做到落地落细、务实有效。江苏省商务厅党组书记为全厅做专题党课辅导,其他领导班子成员为分管处室党支部上党课,邀请专家学者解读精髓要义,不断拓展延伸学习宣传的广度、理论阐释的深度、联系实际的力度。各党支部围绕党的二十大报告中提出的新思想、新观点、新论断、新方略,活化形式显特色、创新载体重实效,结合当前形势和业务工作实际,认真谋划未来发展思路、目标任务、工作重点,及时把学习成果转化为补短板、锻长板、树样板的具体举措。

(二)坚持"四学联动"

建立厅党组以上率下"引领学"—机关党委系统组织"集中学"—党支部联系实际"自主学"—个人沉浸互动"立体学"相结合的"四学联动"机制。厅党组发挥"头雁"示范带动作用,坚决落实"第一议题"制度,围绕党的十九届六中全会、二十大等重大政治活动,以及习近平总书记在省部级主要领导干部专题研讨班上的重要讲话精神、《习近平谈治国理政》第四卷、《习近平经济思想学习纲要》等学习重点,围绕党的二十大关于推进高水平对外开放的决策部署,紧密结合全省开放发展实际,分 6 个专题深入调研、撰写专题报告,谋划贯彻落实二十大精神的思路举措。机关党委针对中共党员与党外人士不同需求、领导干部与普通党员不同要求、在职党员与离退休党员不同情况、机关工作人员与驻外经贸代表不同特点,制定学习宣传贯彻党的二十大精神

的目标任务和阶段安排,理论实践相结合、线上线下两手抓,组织形式丰富多样、群众喜闻乐见的宣教活动,介绍推广厅机关经验做法、特色亮点,将各党支部落实情况作为年度考评重要依据,以学促知、以考提效。各党支部在规定动作之外,结合"三会一课"、主题党日等形式,开展支部共建共学、特色实践课堂、"乡情微调研"等生动活泼、各具特色的组织活动,积极打造"一支部一品牌""一品牌一示范"的特色亮点,形成了商务大讲堂、四度学堂、青年读书班、党建知识课堂、商务银辉大讲堂等学习品牌,作为培根铸魂、夯实政治基础、推动各项工作高质量发展的重要抓手,引领带动党员群众聚共识、谋发展、勤履职、增效能。紧扣个人自学基础环节,构建立体化学习模式,用好党员书屋、"学习强国""江苏党建云"等线上线下平台,在常学常新中推动学深悟透、融会贯通;探索沉浸式红色教育实践,组织团员青年赴恽代英纪念广场、瞿秋白纪念馆、张太雷纪念馆等红色教育基地现地教学,厚植爱党爱国情怀;开展读书沙龙、研习会、"共话二十大"等活动,个人选题、自主备课,结合工作实际学理论、讲故事、谈感悟。

(三)筑牢意识形态阵地

紧盯意识形态领域的新变化、新动向,在多元社会思潮和多样文化激荡中,始终坚持以习近平新时代中国特色社会主义思想为指导,弘扬伟大建党精神,深入开展社会主义核心价值观宣传教育,特别是进一步加强和改进网络意识形态工作,把马克思主义意识形态理论与商务工作实际、网络信息工作实践紧密结合,努力构建"江苏商务""江苏自贸试验区"微信公众号、政务微博等富有吸引力、感染力的大众话语体系,全方位、多角度、分层次教育引导党员群众充分认识党的二十大的重大意义和丰富内涵,深刻领悟"两个确立"的决定性意义,深刻领悟"三个务必"政治要求和"五个必由之路"规律性认识,切实把党员群众的思想和行动统一到党的二十大精神上来。及时传达学习中共中央、省委办公厅关于意识形态领域情况通报及2022年全省意识形态工作任务清单,专题学习《总体国家安全观学习纲要》,审议修订厅机关《意识形态工作责任制实施方案》,从"最前沿""最大变量"和"维护国家政治安全"等角度不断推进网络意识形态安全治理现代化,研究部署2022年厅网络安全和信息化工作,针对个人思想动态、处室工作职能、机关制度机制、网络安全监管、新闻宣传发布、涉商舆情回应等方面可能存在的风险隐患,完善机关内部联防联控联动的管理体系和响应机制,定期进行分析研判和排查整治。

三 持续推进"战斗型"机关建设,不断提升组织战斗力

(一)强化监督执纪

坚持把握好监督执纪"四种形态",按照《江苏省纪委监委派驻省级机关纪检监察组工作规定》,明确职责定位,健全保障机制,配合驻厅纪检监察组落实廉政谈话和谈话提醒、问题线索管理、工作信息报送、工作协作等工作制度。严格监督,扎实做好依法确权、规范用权、阳光示权各项工作,强化程序意识,对于重大改革事项、重要人事任免、重大项目安排、大额资金使用等重大事项,坚持合法性审查,报送《重大事项提前告知单》,提前征求驻厅纪检监察组的意见建议。严格管理,要求各级领导干部严格遵守《领导干部报告个人有关事项规定》,增强纪律意识、规矩意识和组织观念,切实做到忠诚老实,自觉接受组织监督。严格教育,经常性开展廉政谈话,提醒大家自觉执行各项廉政规定,主动接受组织和群众监督,坚决执行党风廉政规范,抓好职责范围内党风廉政建设。

(二)激励担当作为

坚持党管干部原则,坚决贯彻执行党的干部路线、方针和政策,认真履行党管干部主体责任,树立新时代选人用人导向,激发干部干事创业活力。明确正确选人用人导向。坚持德才兼备、以德为先,坚持事业为上、任人唯贤,客观公正评价干部,精准科学选拔干部。一批优秀年轻干部得到任用,一批勤奋敬业的同志得到晋升,干部队伍结构持续优化,干部干事创业积极性不

断提升。提升干部担当作为本领。着力加强实践锻炼和岗位历练,上半年出台《加强优秀年轻干部培养选拔工作的实施办法》《关于选派年轻干部赴基层挂职锻炼的实施办法》,鼓励干部到发展一线、艰苦地区磨练意志、提升本领,干部专业素养和履职能力持续提升,干事创业本领进一步夯实。持续加大正向激励力度。

(三)推动党群工作一体化

坚持以党建带群建,把群建作为党建的有效延伸和有力支撑的工作思路,推进机关工会、团委的标准化、规范化建设,及时做好换届选举,配齐配强专兼职干部队伍,依托党的政治优势和组织优势充分发挥统战、群团组织桥梁纽带作用,更好地把干部、职工、青年、妇女紧密团结在党的周围。紧抓"听党话跟党走"的根本原则,把《中国共产党统一战线工作条例》贯彻落实到践行群众路线、推动商务工作的各个环节和整个过程,加大党外代表人士培养、选拔、使用工作力度,政治上充分信任、思想上主动引导、工作上大力支持、生活上关心关爱;加强马克思主义理论武装和思想引领,开展理想信念、爱国主义、法纪法规、反面警示、廉政文化、形势政策等教育,不断提高干部职工的政治判断力、政治领悟力、政治执行力;加强机关人文关怀和心理疏导,了解掌握干部职工思想动态和工作生活情况,多维度关心关爱干部职工身心健康,组织疗养体检,开展群众性文体活动,做好职工困难帮扶服务,协调解决入园入学难题,走访慰问援青援藏和挂职干部家庭,不断激发干部职工用心想事、激情干事的内生动力;推动与中心工作紧密结合、互相促进,开展"工人先锋号""青年文明号""巾帼文明岗"选树和无偿献血、"慈善一日捐"等活动,加大与行业协会、学会、商会等社会组织的融合共建力度,深入街道社区企业,以志愿者身份积极参与基层社会治理,为推动商务高质量发展、服务构建新发展格局凝心聚力。

四 持续推进"服务型"机关建设,不断提升发展推动力

(一)准确把握当前面临的风险挑战与战略机遇

坚持学思用贯通、知信行统一,把党的二十大精神落实到做好今年各项工作和安排好今后工作之中,从战略上看问题、想问题,从全局、长远、大势上做出判断和决策。当前,世界百年未有之大变局加速演进,江苏省商务发展风险与机遇并存。风险挑战:一是全球经济下行压力持续加大,国际货币基金组织(IMF)连续4次下调全球经济增长预期;二是中美博弈不断升级,对江苏省纺织服装、集成电路等重点行业持续产生短期冲击和深远影响;三是全球产业链重构加速,欧美发达经济体的"断链""脱钩"风险持续攀升,东南亚新兴经济体产业链的"替代"压力持续加大。战略机遇:一是超大规模消费市场带来的发展空间。江苏省消费市场规模居全国第二,占全国总量的9.9%。2021年江苏省人均地区生产总值高于全国人均GDP 69.1%,江苏人均消费支出高于全国人均消费支出30.7%,消费市场潜力巨大。二是区域经贸合作带来的发展机遇,随着深入推进高质量实施《区域全面经济伙伴关系协定》(RCEP),江苏省与东亚区域合作空间广阔。三是雄厚实体经济和完备产业链带来的发展支撑。江苏省制造业发达,产业链供应链相对完备,制造业增加值占地区生产总值比重居全国首位,为有效化解外部市场不稳定性风险提供有力支撑。

(二)聚焦增强国内大循环内生动力和可靠性,扩消费促流通

重点推进三项工作:一是加快完善现代商贸流通体系。载体方面,加快提升南京、苏锡常和徐州"三大商圈"集聚效应,深化一刻钟便民生活圈、步行街等城市载体建设;推进县域商业体系建设,健全县乡村三级物流配送体系,推动县域电商集聚发展。主体方面,加快商贸流通数字化转型,培育现代商贸流通企业,加强老字号传承保护和创新发展。环境方面,持续优化商贸流

通环境,探索商务领域信用监管。二是促进内外贸一体化发展。深入推进江苏省内外贸一体化试点工作,力争用3年时间培育一批内外贸一体化经营企业,打造一批内外贸融合发展平台,形成一批具有国际竞争力、融合发展的产业集群。三是更大力度抓好消费促进。持续打响"苏新消费"四季主题系列购物节、江苏电商直播节等活动品牌。用好中国国际进口博览会、国家进口贸易促进创新示范区等平台,扩大优质消费品进口。

(三)聚焦提升国际循环质量和水平,推进高水平对外开放

重点推进六项工作:一是加快贸易强省建设。以81个国家级、省级外贸转型升级基地和421个省级重点出口品牌为抓手,全力提升江苏省出口产业集群和出口品牌的国际竞争力。加快跨境电商、海外仓等新业态新模式发展,扩大先进技术、设备和关键零部件进口,推动形成外贸新增量。深化服务贸易创新发展试点,争创国家级示范区。加快完善数字贸易政策体系,培育一批省级数字贸易基地和公共服务平台,建设国际贸易"单一窗口"数字贸易版块,办好贸易促进活动,探索在境外自主举办江苏国际文化贸易展览会,帮助企业开拓国际市场。持续优化口岸开放布局,提升跨境贸易便利化水平。二是深化"一带一路"经贸合作。深入实施丝路贸易促进和重点园区提升两大计划,用好《区域全面经济伙伴关系协定》(RCEP)等自由贸易协定,扩大与"一带一路"沿线贸易投资合作。支持柬埔寨西哈努克港经济特区、中国以色列常州创新园等境内外合作园区加快产业集聚,实现高质量发展。三是落实国家自贸试验区提升战略。持续提升人才、数据、金融等优质资源要素集聚能力,推进生物医药等优势特色产业全产业链开放创新发展,培育壮大战略性新兴产业和先进制造业集群,促进自贸试验区开放能级、产业竞争力、资源要素集聚能力和营商环境系统优化提升。四是积极参与全球产业分工与合作。鼓励外资深度参与江苏省先进制造业集群建设,进一步加大制造业外资、利润再投资和外资总部、研发机构的引资力度。支持有实力、有意愿的企业稳妥开展跨境产业链合作。充分发挥国际合作园区作用,打造一批国际合作标杆项目。用好东亚企业家太湖论坛、新加坡—江苏合作理事会、苏港合

作联席会议等机制性平台,深化江苏省与重点国别产业合作。五是营造市场化法治化国际化世界一流营商环境。深入实施外资准入负面清单,高标准落实外资准入后国民待遇,加快出台《江苏省外商投资条例》,持续完善常态化政企沟通交流机制,保障外资企业依法依规平等享受支持企业发展的各项政策。六是积极探索制度型开放。对标《全面与进步跨太平洋伙伴关系协定》(CPTPP)、《数字经济伙伴关系协定》(DEPA)等高标准国际经贸规则,重点聚焦数据跨境安全有序流动、提升贸易便利化水平和强化竞争政策基础性地位3个重点领域,争取首先在自贸试验区三大片区开展先行先试和压力测试。健全部门联动机制,帮助企业有效应对"长臂管辖""实体清单"等管制措施。

江苏省商务厅机关党委

第二部分
各设区市及直管县（市）商务发展情况

南京市

2022年以来,南京市商务系统积极应对超预期因素影响,聚焦服务构建新发展格局,聚力高水平开放,扎实保住商务市场主体,稳住商务经济大盘,扎实推进高质量发展各项工作,为加快建设服务构建新发展格局先行示范区提供有力支撑。

一 主要商务经济指标完成情况

2022年,南京市实现社会消费品零售总额7 832.4亿元,同比下降0.8%;实现外贸进出口总额6 292.1亿元,同比增长0.3%;新增实际使用外资额48.5亿美元,同比增长10.5%;新增对外直接投资额9.7亿美元,同比增长23.4%;实现对外承包工程营业额21.1亿美元,总量保持江苏省第一。

二 商务发展工作情况

（一）全力攻坚服务业扩大开放综合试点申报工作，把握高水平开放新机遇

国务院于 12 月 3 日正式批复同意南京、沈阳、杭州、武汉、广州、成都等 6 个城市开展服务业扩大开放综合试点，从国家层面赋予南京高水平开放新使命、新机遇，将放宽南京服务业领域外资准入、给予更多开放功能、拓展先行先试空间，推动南京更好集聚全球服务业先进资源，提升城市开放能级。本轮试点，国家层面赋予南京 104 条高含金量先行先试政策，支持南京在科技创新、产业特色、平台示范等方面放宽行业准入限制，深化重点领域改革，为国家全方位主动开放和服务业开放创新发展发挥示范作用。同时，加强自贸试验区与服务业扩大开放综合试点协同，加快自贸试验区制度创新，出台生物医药全产业链开放创新试点方案，推出"海外仓离境融"等改革试点，首创国际贸易 FTA 惠企"一键通"智慧平台、出口纺织品碳中和标识解决方案。FTA 惠企"一键通"智慧平台注册使用企业超 8 800 家，签发 RCEP 原产地证书 11 798 份，享受进出口关税减免近 600 万美元。

（二）抢先发力数字贸易新赛道，塑造国际竞争新优势

坚定瞄准数字贸易发展方向，加快提升南京服务贸易、服务外包国际影响力和竞争力，数字贸易进出口总额 782.9 亿元，同比增长 17.0%，在服务外包示范城市综合评价中获评全国第二，在跨境电商综试区中获评全国十佳。在全省率先出台数字贸易纲领性行动文件《南京市数字贸易发展行动方案（2022—2025 年）》，引领数字贸易发展方向，构筑产业生态。成立国内首个专注研究《数字经济伙伴关系协定》（DEPA）的高端智库——扬子江国际数字贸易创新发展研究院，全面深化国际经贸规则对接、治理探索和制度创新。

联合商务部举办 2022 全球服务贸易大会暨首届国际数字贸易峰会,权威发布《全球服务贸易发展指数报告 2022》,向全球展示南京数字贸易领域涌现的新消费、新业态。优化贸易促进政策推动产业集聚,推进跨境商场、进口消费品集散中心、公共海外仓建设,已获评 5 个国家级服务外包示范区和 5 个国家级特色服务出口基地,建成 3 家跨境电商产业基地,总数位居全省第一。构建公共服务平台赋能企业出海,重点打造"数字贸易·宝船计划"、中小服务贸易企业统保等 10 个公共服务平台,为出海企业提供通关物流、跨境商务、金融财税、数字技术等全方位服务。

(三)聚力市场开拓和供应链畅通,稳住外贸外资基本盘

一是启动外贸护航行动。举办百场线上贸易促进活动和数字营销培训,引入 5 家保险公司扩大出口信用保险覆盖面。62 家企业获得高级认证企业(AEO)认证,位居南京关区第一。高效办理 247 家企业 RCEP 原产地证书 4 394 份,享受关税减免约 0.2 亿元。疫情防控"新十条"后及时开航南京国际商务班机,帮助 361 个外贸团组出海、签约订单超过 40 亿元。二是保障跨境人员和货物流动。推进"防疫泡泡"工作机制,办理外国人来华邀请函 1.3 万人次,恢复 20 条国际客运航线、3 条全货机航线,新开中老铁路(自贡—万象)国际班列,优化远欧回程班列。国际班列开行量创历史新高,增速位居全省第一,打造跨境贸易投资新通道。三是攻坚重大外资项目。开展云推介、云签约,签约 7 个重大外资项目,总投资额超 10.6 亿美元,做好爱尔集新能源(南京)有限公司、塞拉尼斯(南京)化工有限公司等的增资项目服务,全年实际使用外资实现两位数增长。四是搭建高层次开放合作平台,高规格承办东盟—中日韩(10+3)产业链供应链合作论坛暨东亚企业家太湖论坛之区域全面经济伙伴关系协定(RCEP)实施论坛,举办中国·南京金秋经贸洽谈会、中国国际进口博览会招商专场等重大活动,推动产业链供应链开放融合发展。

(四)创新推进国际消费中心城市建设,加速提振消费市场活力

一是打响国际消费节品牌,结合冬季奥林匹克运动会、618、中秋国庆、元

旦等时点办好南京国际消费节四季活动，与阿里、美团、抖音、小红书等头部平台开展深度合作，发放 2 亿元消费券，开展千余场商文旅体融合活动，撬动企业释放各类优惠让利百亿元，整体网络曝光超过 50 亿次，疫情前后消费品零售额、商圈客流量呈现"V"字形增长。二是重磅推出小店计划，实施引流聚气、数字升级、降本增效、便民服务、示范引领五大行动，联合平台企业免除小店线上开店费、运营培训费和指定时段佣金 1.5 亿元，全力帮助小店聚人气添能量、增活力，让城市"烟火气"加速回归。小店计划推出 249 家小店进行直播推广，直播场次超 270 场，直播间曝光量超 700 万次，累计线上销售额超过 2 000 万元。三是推动消费供给品质升级，在全国率先出台支持汽车后备箱文化市集发展的政府文件，举办首届中国汽车后备箱文化市集论坛，引进商业品牌首店近 300 个，推进一刻钟便民生活圈建设，赋予城市低碳、绿色、潮流"烟火气"，得到新华社、人民日报等央媒关注报道。四是促进汽车、家电大宗商品消费，抢抓国务院部分乘用车减征车辆购置税和江苏省绿色节能家电促消费等政策窗口期，叠加出台刺激汽车、家电消费措施，带动汽车、家电销售额分别增长 13.3%、9.8%，其中新能源汽车销售额增长 171.3%。

（五）统筹商务经济安全和发展，筑牢商务领域安全防线

一是保物资供应和城市运行。疫情期间，激活应急保供资源，更新 122 家重点生活必需品保供企业及 96 家生活必需品市场应急供应点网络，加强市场供应动态监测跟踪，确保全市不断供不脱销。制定《南京市应对突发规模性公共卫生事件生活必需品市场应急保供预案》，提升大规模疫情下"菜篮子"保供能力。落实 4 500 吨冻猪肉、100 吨冻牛肉和 3 000 吨在库蔬菜、10 000 吨在田蔬菜储备任务。牵头组建城市运行保障专班，实施保障基本医疗服务和社会正常运转人员白名单管理制度，协调解决快递外卖企业运力不足等突出问题，及时协调南京医药优先向 30 家邮政快递、网约配送企业发放 5 400 盒退烧药，有效保障全市平稳运行和社会秩序稳定。二是筑牢疫情防控防线。把好重点商贸流通场所、进口货物、国际航班等商务领域防疫关口，持续开展督查检查和问题整改，妥善处置进口货物相关样本核酸阳性事件，开展 8 轮集中督查及重点时段专项督查,累计督查 600 余家企业。落实国际航班"旅客、机组、货物"三条动线的闭环管理,创新性制定国际客货运入境航班防疫保障"四个清单",严格执行海外企业境外人员疫情"日报告""零报告"制度,指导企业抓细防控措施,协调落实物资保障,有序组织人员外派和回国。三是抓牢抓实安全生产。南京市商务局党委会议、局长办公会议专题调度安全生产工作 8 次,印发全市商务领域安全生产工作要点,突出经济技术开发区、大型商超、加油站等重点场所,开展城镇燃气安全整治和"百日行动"检查,出动 150 多次检查组,发现并整改隐患问题 283 处,为全市商务经济安全运行提供支撑。

三 商务改革推进情况

(一)服务构建新发展格局取得新成绩

国际消费中心城市建设步伐不断加快,南京新街口商圈入选全国示范智慧商圈,金鹰国际南京购物中心和苏宁易购南京新街口店入选全国示范智慧商店。南京成为全省唯一有商圈和商店入选的城市。江宁区和江苏舜禹信息技术有限公司分别成功获批国家知识产权服务出口基地、国家级语言服务出口基地,全市目前已拥有 5 个国家级特色服务出口基地,数量居全省第一。在 2021 年度中国服务外包示范城市综合评价中,南京排名全国第二。"打造知识产权交易融资服务运营平台"案例被国务院服务贸易发展部际联席会议办公室评为最佳实践案例进行全国推广。

(二)创新开放型经济体制取得新进展

开发园区体制机制和营商环境改革持续深化,南京市开发区"深化区域评估改革"和浦口经济技术开发区"环境影响评价"入选江苏省区域评估改革第一批实践案例。自贸试验区改革创新深入推进,省级改革任务实施率超过 96%,"海外仓离境融"等 6 项制度创新成果在全省复制推广,3 项获评全省十佳。对标《区域全面经济伙伴关系协定》(RCEP)、《全面与进步跨太平洋伙伴关系协定》(CPTPP)等高标准经贸规则提升制度型开放水平,全国首创出口纺织品碳中和标识解决方案,推动外商投资负面清单制造业条目清零。推动生物医药全产业链开放创新,建立"试点清单"制度,3家生物医药企业获评外资研发中心。

南京市商务局

无锡市

2022年,面对复杂多变的国内外经济形势,无锡市商务系统以习近平新时代中国特色社会主义思想为指导,坚持稳中求进总基调,坚持新发展理念,坚持深化市场化改革和扩大高水平开放,千方百计稳外贸、稳外资、扩消费,狠抓重点指标和任务的推进落实,主要商务指标和重点工作均取得较好成效,高质量发展迈出新步伐。

一 主要商务经济指标完成情况

2022年,无锡市累计实现社会消费品零售总额3 337.6亿元,同比增长1.0%;实现外贸进出口总额7 373.1亿元,同比增长8.0%;完成实际使用外资额38.3亿美元,同比增长3.6%;完成对外直接投资额17.1亿美元,居江苏省第二,同比增长20.8%;完成中方协议投资额40.3亿美元,同比增长220.5%,总量居全省第一。

二 商务发展工作情况

（一）强政策优服务，稳定市场主体预期

一是全面推动国家和省一揽子稳经济政策措施落地见效。先后出台"促消费10条""稳外贸10条""稳外资10条"等政策，助力企业提振信心、应对风险。统筹落实中央、省、市各项稳增长政策，全年累计兑现商务发展资金14批，惠及外贸、外资、服贸、商贸等各类市场主体超过2 900家。二是统筹市级层面稳增长服务专班和"两链"护航专班，深化市开放型经济工作领导小组、外贸服务专员、重点外资项目工作专班、社零攻坚专班机制作用，做好企业精准服务。面对多轮疫情冲击，在巩固现有韩国仁川—无锡—美国芝加哥空中货运航线基础上，着力开拓无锡—大阪、敦豪（DHL）无锡—德国莱比锡货运航线，鼓励企业借助中欧班列、海铁联运、二类口岸"水水联运"等多种模式快进快出，有效打通物流运输瓶颈，保障企业产业链供应链稳定。

（二）提动能育新机，推动外贸稳中提质

一是抢抓开放机遇，积极争取平台试点。无锡市新吴区获批国家进口贸易促进创新示范区。二是出台并高质量落实无锡市《区域全面经济伙伴关系协定》（RCEP）行动方案。2022年，无锡市对RCEP成员国进出口同比增长9%，高于全市平均1个百分点，占全市外贸比重的43.2%。三是深入贯彻长三角一体化战略，扎实推进长三角电子元器件国际分拨中心建设。完善工作机制，出台配套政策，培育和挖掘外贸新增量，分拨中心实现进出口总额5.4亿美元。四是助力开拓市场，认真实施2022年贸易促进计划。累计组织675家企业参加131～132届中国进出口商品交易会（广交会）、"江苏优品·畅行全球"无锡专场、"三线联动"RCEP国际展会等重点展会，支持企业稳订单拓市场。成功组织新冠肺炎疫情发生后省内首个国际经贸包机，共计搭载128人次赴日本开展贸易投资洽谈活动，签订订单3 000万美元，对接项目12个，

涉及金额8亿美元。组织第五届中国国际进口博览会,无锡交易分团意向成交金额12.8亿美元,居全省第二。五是加快发展新业态新模式。推动跨境电商提速发展,出台并落实《中国(无锡)跨境电子商务综合试验区高质量发展三年行动计划(2022—2024年)》,在全省率先建立RCEP跨境电商专业服务平台、跨境贸易数字化公共服务平台,全方位助力企业跨境出海。大力推进海外仓新业态,新增9家公共海外仓,总数跃升至49家,其中省级公共海外仓总数8家,居全省第一。六是提升服务贸易发展水平。成功举办第十三届中国大学生服务外包创新创业大赛,两个国家文化出口基地建设工作案例被选中全国推广。

(三)促改革求实效,提升双向投资水平

一是优化招商引资机制。突出"板块为主、强化统筹",推动招商资源整合和流程优化,出台《全市"1+N+1"招商工作架构改革方案》,统筹推动市投资促进中心改革发展工作,初步形成全市一盘棋、更具战斗力的"1+N+1"招商工作格局。强化重大项目招引,坚持"一把手"抓招商,围绕产业链、创新链抓招商,务实加强与重点央企、世界500强、实力民企、大院大所、头部基金的对接合作,大力招引区域总部、子公司和产业项目。与日本、韩国等重点国别合作的多个重量级大项目落地,SK海力士半导体(中国)有限公司七期技术改造项目成功签约,村田电子无锡陶瓷电容器新工厂百亿项目正式落户无锡高新区。二是精心组织经贸促进活动。成功在上海举办"携手无锡国际化现代化建设"圆桌会,推出"无锡会客厅"招商引资品牌,现场9个项目集中签约,投资总额约12.4亿美元。成功举办中日(无锡)产业供需合作对接会、东亚企业家太湖论坛分论坛之一的共建经贸创新发展示范园区论坛,成功组织无锡(澳门)经贸招商活动。三是加强重点企业服务。发挥好招商护商工作领导小组作用,积极帮助外资企业解决环保、土地、安全生产等问题。村田电子无锡陶瓷电容器新工厂、SK海力士半导体(中国)有限公司七期技术改造等11个项目被列入商务部重点外资项目清单,项目数量居全省第一。

（四）畅循环扩内需，加快商贸流通发展

一是加快培育创建国际消费中心城市，项目化、清单化推进重点工作。抓好消费促进，持续打响"太湖购物节"消费活动品牌，围绕综合体、汽车、餐饮、家电四大消费类型举办5场启动仪式和系列消费促进活动，累计发放惠民消费券6 000万元，撬动限额以上消费超过22亿元。二是推进商贸流通体系建设。成功入选国家级一刻钟便民生活圈建设试点城市，编制出台《无锡市区"十四五"农贸市场布局规划》，探索推进农贸市场集中运营管理改革，完成13家农贸市场国有平台托管签约，切实守护市民群众"米袋子""菜篮子"。扎实推进民生实事，完成115个社区智慧"菜篮子"网点，建成1个睦邻中心。梁溪区获评全省现代商贸流通体系建设示范区。三是推动高品位步行街建设。推荐梅里古镇步行街和无锡小娄巷历史文化街申报省级高品位步行街第二批改造提升试点，清名桥历史文化街区获评全省首批"江苏省示范步行街"。四是打造线上线下随心购物场景，完成地铁数字商圈建设。组织商场综合体争创国家级绿色商场，无锡苏宁广场、百乐广场两家商场成功入选。举办首届无锡老字号创新设计大赛，老字号品牌影响力进一步提升。五是加快发展电子商务。梁溪区电子商务产业园获评国家级电子商务示范基地，惠山区阳山镇荣获江苏省首批县域电子商务产业集聚区。承办2022江苏电商直播节暨首届江苏电商直播技能大赛，举办无锡市第二届直播电商达人赛，营造电子商务发展新生态。2022年，无锡网络零售额1 205亿元，总量位居全省第三。

（五）抓载体优环境，推动开放平台建设

推动开发区高质量发展。深度融入粤港澳大湾区，挂牌成立无锡深港协同创新中心、无锡惠山（深圳）创新中心，展示无锡引资引才最优最新政策，积极承接产业项目，提升服务功能。制定下发《加强与自由贸易试验区联动创新发展的任务清单》，统筹协调市级相关部门，指导各联创区围绕能复制尽复制目标，全面开展联动创新。口岸开放水平不断提升，新安、宜兴水路二类口

岸与上港集团内陆集装箱枢纽(ICT)项目合作正式落地。国际邮件互换局建设稳步推进,推动完成无锡苏南硕放国际机场离境退税代办点软硬件建设。成功举办首届长三角跨境电商行业发展峰会及交易会,"五大公共服务平台"集中发布,20个重点项目集中签约,提升跨境电商行业区域辐射力和全国影响力。

(六)防风险除隐患,提升商务领域安全水平

一是全面落实"疫情要防住"。面对多轮疫情,迅速启动应急响应机制和工作专班,开展驻点联合督查,推动商务领域疫情防控各项工作落细落实,有力保障全市生活必需品供应平稳有序。纵深推进商务领域疫情防控"百日攻坚"行动,不折不扣落实八大类40项任务措施清单,坚决筑牢疫情防控屏障,守护群众健康安全。坚持高位统筹推动,编制出台商场超市、餐饮、农贸市场、美容美发、加油站疫情常态化防控工作指南,深入开展行业监管行动,推动"七个一"责任制全面落实。二是抓好安全生产工作。全力做好商务领域安全生产大检查,深化专项整治三年行动,聚焦经济技术开发区、加油站、商贸场所、餐饮燃气等重点领域,分级分类开展行业监管,有效防范和化解风险,商务领域安全生产形势稳定向好。

三 商务改革推进情况

(一)加快推动各类经济开发区转型发展

聚焦"465"现代产业体系,按照"产业集群+特色产业园"发展思路,推动省级特色创新示范园区、智慧园区等功能园区建设。无锡市开发区获批省级特色创新(产业)示范园区11家,涵盖了无锡市建设"465"现代产业体系的70%产业;获批省级智慧园区7家;获批省级国际合作园区2家。大力推动开发区数字化、低碳化转型发展,邀请专家面对面指导,组织开发区参加"智慧园区建设思考与实践"线上主题培训,探索数字园区、低碳园区建设路径。

牵头组织开发区开展区域评估工作,优化营商环境,降低项目落户成本,提高审批效率,累计完成区域评估51项,应用于132个项目。

(二)加快推动外贸创新发展

高质量建设跨境电子商务综合试验区。印发跨境电子商务综合试验区高质量发展三年行动计划,大力实施"八大工程",持续扩大B2B出口份额,推动跨境电商发展量质齐升。成功举办2022长三角跨境电商行业发展峰会暨2022长三角跨境电商交易会、2022江苏电商直播节暨首届江苏电商直播技能大赛颁奖典礼等2个省级重大活动。推进跨境电商服务平台提质增量,首家RCEP跨境电商专业服务平台、跨境贸易数字化公共服务平台签约落户,首家中国(无锡)跨境电商综试区研究院揭牌落地。圆满举办了2022年无锡市第二届直播电商达人赛、"创响无锡"第七届跨境电商创新创业大赛。积极发展市场采购贸易,拓宽全市中小企业进出口"新通道"。提升保税维修业务发展水平,积极争取医疗器械、集成电路设备纳入保税维修试点。

(三)加快推进柬埔寨西哈努克港经济特区中柬(锡西)协作平台2.0升级版建设

围绕提升特区产业化,聚焦上市公司、龙头企业,通过多种方式加大对五金机械、橡胶轮胎等行业企业的招商宣传,新招引江苏通用科技股份有限公司和澳韦德无锡国际贸易有限公司两家无锡企业入园,累计引入来自中国、欧美、东南亚等国家及地区的企业170家,创造就业岗位近3万个。2022年,柬埔寨西哈努克港经济特区企业已累计实现进出口总额24.9亿美元,同比增长12.0%,持续保持稳中向上的发展势头。

无锡市商务局

徐州市

2022年,徐州市围绕"建设开放强市、打造消费中心"目标,深入落实国家和江苏省稳定经济增长政策措施,克坚攻难、扎实工作,保持消费市场逐步回暖,外贸、外资大盘基本稳定,全市商务经济呈现企稳回升、质量优化良好势头。

一 主要商务经济指标完成情况

2022年,徐州市社会消费品零售总额4 102.7亿元,增长1.6%,总量增幅继续保持江苏省前三;实现外贸进出口总额1 291.0亿元,同比增长2.9%,总量居全省第六;实际使用外资量质调优,总额12.2亿美元,居全省第七,其中制造业占比80.0%以上;完成服务贸易进出口额9.8亿美元,增长22.0%,总量、增幅位次分别居全省第十、第三;完成对外实际投资额5 600万美元,增幅14.6%,总量居全省第十三,增幅居全省第十。

二 商务发展工作情况

（一）持之以恒抓好招商，项目招引稳步攀高

聚焦产业拓增量，盯紧项目提质量，招商项目整体呈现量质齐升、加速见效的良好态势。一是顶层设计持续加强。完善了招商引资领导高位推动、主导产业活动促进、重点区域驻点招商、重大项目部门联审、入库项目全生命周期管理五项机制，系统构建统筹协调、运转顺畅、务实高效的招商引资工作体系。二是招商氛围积厚成势。牵头举办2022中国徐州第二十五届投资洽谈会、8场专题招商活动，组织市领导带队招商15批次，形成了市县联动、部门协同的全域招商新格局。三是招大引强势头向好。全年落地协议投资10亿元以上重大项目39个，协议总投资1 630亿元，50亿元以上项目22个，其中百亿元级项目3个。四是招商能力显著提升。围绕"343"创新产业开展研究分析，建成徐州智慧招商系统，组织多部门开展重大项目联审和储备项目预审专题会。

（二）多措并举提振消费，消费市场持续恢复

以高水平建设国际消费中心城市为引领，积极对冲疫情冲击影响，加快推动消费市场加速回补。一是商业网点布局完善。城市东、西、南、北以及新城区五大商圈竞相发展的格局基本形成，中心商圈辐射半径由2015年的100公里扩展到2022年的150公里，成为省内仅次于南京新街口的第二大城市核心商圈和淮海经济区消费地标。二是消费载体平台优化。户部山步行街和彭城商业步行街通过省级高品位步行街验收，全国一刻钟便民生活圈试点地区成功获批，12个商品交易市场完成搬迁关停或业态提升，13场专业展和消费展有序推进，消费载体基础设施和服务环境不断改善，流通循环效率和消费承载能力持续提升。三是促消活动品牌升级。打造"淮海新消费"活动品牌，围绕"食、住、行、游、购、娱"等要素，先后开展"冬季购物节""夏日生活"

"金秋购物节""销售竞赛"等主题活动,有力激发消费活力,促进消费市场回暖。四是消费市场潜力释放。贯彻落实国家、省绿色节能家电专项补贴政策,促进汽车、家电等重点传统消费品市场回暖。积极发展消费新业态、新模式,睢宁县入选首批江苏省县域电商产业集聚区。

(三) 更高水平扩大开放,开放型经济企稳提质

在对外贸易方面,做好了"四个聚力"。一是聚力保障企业运营。密切跟踪监测 200 家重点外贸企业经营情况,安排商务发展资金帮助企业降低运营成本。落实"苏贸贷""徐贸贷"普惠金融政策,先后为 400 多家企业提供金融、信保支持。二是聚力发展贸易新业态。推动陆港数字贸易产业园、选品中心和出口监管仓建设,加快提升 5 个省级跨境电商园区运营效能,在商务部开展的全国前五批 105 个跨境电子商务综合试验区建设评估中,徐州市进入"成效较好"档次,位居全省第三。发展市场采购交易,通过"市采通"平台完成出口总额 6 800 万美元。三是聚力拓市场保订单。精心组织企业参加中国进出口商品交易会、中国国际进口博览会,开展"2022 彭城优品·畅行全球"主题线上对接活动,组团参加中东五大行业展线下展会,累计帮助企业争取意向订单超过 5 000 万美元。四是聚力提升发展质量。加强贸易风险防范,引导各地脱虚向实,优化外贸质量。成功入选全国首批 8 个重点产业外经贸提质增效示范试点,连续 3 年每年获得亿元以上资金支持,助力工程机械产业延链补链,推动外经贸高质量发展。

在双向投资方面,一是外资项目招引取得新进展。瞄准境内外重点地区,先后引进思路迪抗肿瘤药创新药研发生产、韩国晓星集团炭纤维新沂产业基地、普达特科技高端半导体设备制造、金阳硅业异质结基体材料等一批重大外资项目。二是增资扩股成效良好。推动外资企业多形式增资扩产,2022 年,徐州市外资企业增资到账 6.2 亿美元,占实际使用外资总量的 51%。三是服务机制逐步完善。建立完善重点外资项目服务机制,为项目搭建高层次协调对接平台,力促金阳硅业异质结基体材料、蒂森克虏伯罗特艾德(徐州)环锻四期等 4 个重点项目纳入全国重点外资项目库,蒂森克虏伯罗

特艾德（徐州）环锻四期、思路迪抗肿瘤药创新药研发生产等 9 个重点项目纳入江苏省重大外资项目库。四是"走出去"合作保障有力。加大境外投资推动力度，针对徐州工程机械集团在美投资计划、徐州矿物集团孟加拉巴拉普库利亚煤矿包产四期项目，实行重点跟踪和服务，加快办理各项手续。

（四）集聚资源做强平台，开放发展支撑有力

按照"整体化联动、体系化建设、项目化推动"的思路，夯实开发区主阵地作用，推动平台资源整合、联动发展，平台支撑作用不断增强。一是开发区支撑作用更加凸显。已逐步形成 2 个千亿级产业（工程机械、新能源）、一批百亿级产业（智能制造、高端纺织、安全消防等）的新发展格局。2022 年，全市 12 家经济开发区共完成进出口额占全市比重为 73.0%；实际使用外资占全市比重为 77.6%。二是枢纽通道平台体系逐步构建。着力构建东西双向铁路枢纽通道，徐州中欧班列先后开通新线路 3 条，常态化班列线路 18 条，已形成经六大口岸出入境至欧亚 21 个国家、50 多个城市的国际班列通道体系。着力打造铁海联运新通道，班列已开通徐州—宁波舟山港、上海洋山港、连云港港三条铁海联运线路以及徐州—青岛港铁海联运测试班列。国际邮港即将启动运营，国际邮件互换局海关监管场地通过海关验收。三是海关监管平台建设初见成效。2022 年，徐州综合保税区完成进出口总额 200 亿元，同比增长 29%。新沂保税物流中心完成进出口总额 25 亿元，同比下降 17%。徐州保税物流中心双楼作业区进境肉类指定监管场地通过海关总署验收，完成外贸进出口总额 8.7 亿元，同比增长 4.5%。

徐州市商务局

常州市

2022年,常州市商务系统在江苏省商务厅和常州市委、市政府的坚强领导下,认真贯彻落实中央、省市各项决策部署,克难求进,主动作为,统筹做好疫情防控和"两稳一促"工作,推动地区商务经济高质量发展。

一 主要商务经济指标完成情况

2022年,常州市实现社会消费品零售总额2 856.2亿元,同比下降1.9%;实现外贸进出口总额3 228.5亿元,同比增长7.5%,进出口增幅高于江苏省平均2.7个百分点;确认实际到账外资28.3亿美元,同比增长9.8%;新增境外投资项目54个,同比增长14.9%,完成中方协议投资额11.2亿美元,同比增长105.9%。

二 商务发展工作情况

（一）外资招引有新突破

一是招商活动成效明显。有序开展常州与深圳及上海的经贸活动、东盟—中日韩（10＋3）产业链供应链金融合作论坛等，推出10场"云联五洲"云招商，举办市长咨询会议和招商咨询机构座谈会，在全省率先开展境外小分队招商，制定出台引育优质外资、外资股权投资等多项政策，深入开展产业研究，全力以赴抓项目、拓渠道，全市外资招引成效明显。全年实际到账外资总额28.3亿美元，同比增长9.8％。二是重大项目硕果纷呈。全年新增协议外资额超过3 000万美元的项目59个，总投资超过亿美元的项目22个，新增世界500强投资项目3个。总投资超过10亿美元的美敦力康辉常州科技园项目和常州药明康德高端创新药研发和生产基地项目分别获江苏省委、省政府主要领导签约见证；总投资60亿美元的理想汽车零部件产业园项目落地。三是引资质效持续提升。全年新增省级跨国公司地区总部和外资研发中心各2家，创新引资方式，出台外商投资股权投资企业（QFLP）试点办法，两支QFLP基金完成注册。提升引资质效，制造业和生产性服务业到账外资占比同比提升10个百分点。

（二）外贸发展有新举措

一是贸易规模稳步提升。出台《关于做好跨周期调节进一步稳外贸的若干措施》，成立开放型经济党建联盟，聚合相关部门在政策、数据、服务等方面的资源，持续开展外贸强基、创新、护航行动，全年实现外贸进出口总额3 228.5亿元，同比增长7.5％。二是贸易结构持续优化。全市高新技术产品出口增长26.9％；对《区域全面经济伙伴关系协定》（RCEP）成员国进出口占比达34.1％；凭借新能源产业发展风口，动力电池出口异军突起，出口同比增长30.4％；光伏产品持续向好，出口同比增长30.7％；服务贸易进出口总额增长10.5%。三是外贸服务不断完善。优化信用保险专项扶持政策,率先实现出口3 000万美元以内外贸企业信用保险全覆盖;开展中小微外贸企业汇率避险扶持专项行动;协调帮助80多家企业完成吴淞海关滞留货物提货,积极组织企业以小分队方式组团出海抢订单、稳市场,全力保障企业供应链畅通;新增省级公共海外仓2个。

(三)商贸流通有新亮点

一是提振社会消费信心。制定刺激消费10条新举措,积极参与省"苏新消费"活动,开展"品质生活·常享消费"第三届龙城嗨购节、网上年货节、以旧换新等消费促进活动,累计发放2 000万元各类消费券,带动社会消费2亿多元;青果巷、三堡街等成为网红打卡地,一批传统商圈也在推陈出新、转型提升,供需双向激发市场活力。二是提升商贸流通水平。常州市获批全国一刻钟便民生活圈试点地区;常州西太湖电子商务产业园获评国家级电子商务示范基地;新北区获评"全省现代商贸流通体系示范创建区";南大街、青果巷获评首批"江苏省示范步行街";获评2家省级县域电商产业集聚区。三是提高生活服务品质。围绕"食美常州"品牌,成功创建"江南美食之都",成立江南美食研究院,编撰江南美食书籍,常州餐饮打出一张新的城市名片;推行"平价菜摊"试点,升级改造"颜值""内涵"双提升菜市场20家;全力做好生活必需品保供稳价工作,组织实施"常有爱心、共同守沪"援沪保供,历时39天向上海援送19批次950吨生活物资,将援沪保供做成标杆项目。

(四)开放水平有新提升

一是开发园区高质量发展。积极落实《关于推进全市开发区高质量发展的实施意见》(常发〔2021〕7号),完善《常州市开发区争先创优专项考核办法》,引导各开发区做好产业布局,提升投资贸易便利化水平,推动开发园区高质量发展;2022年开发区规模以上工业总产值、工业开票销售金额、实际到账外资分别占全市的79.5%、73.9%和84.6%,市、区两级开发区工作连续三年受到江苏省政府督查激励,两个开发区改革实践项目入选江苏省开发

区体制机制改革实践案例。二是外经合作稳步推进。支持企业高水平"走出去",2022年新增境外投资项目54个,中方协议投资额同比增长105.9%,江苏省高质量考核指标——人均对外直接投资额列全省第一。三是口岸功能持续完善。制定《水路、铁路进出口运输保供稳链相关指引》,协调口岸物流畅通;加快推进常州港新能源整车及动力电池出口;常州港集装箱运输和"常州—上海港"海铁集装箱联运效能不断提升,常州至上海芦潮港的海铁联运集装箱发送量同比增长17.3%。

常州市商务局

苏州市

2022年,面对复杂严峻的外部环境、超预期的压力挑战,苏州市商务系统坚持以习近平新时代中国特色社会主义思想为指导,在江苏省商务厅的关心指导下,在苏州市委、市政府的坚强领导下,高效统筹疫情防控和经济社会发展,统筹发展和安全,扎实做好稳外贸、稳外资、促消费各项工作,商务发展取得显著成绩,为苏州切实扛起"勇挑大梁"重大责任提供了有力支撑。

一 主要商务经济指标完成情况

2022年,苏州市实现社会消费品零售总额9 010.7亿元,占江苏省社会消费品零售总额的21.1%,位居全省第一;实现外贸进出口总额25 721.1亿元人民币,增长1.6%,其中出口额15 475.0亿元,增长4.0%,进口额10 246.1亿元,下降1.9%;完成实际使用外资额74.2亿美元,同比增长35.9%,规模创近年来新高;新增对外投资项目381个,实现中方境外协议投资额25.6亿美元,分别占

全省总量的44.8%、26.5%；新增对外承包工程新签合同额4.9亿美元,完成营业额4.6亿美元,同比上涨10.0%。

二 商务发展工作情况

（一）消费市场加速复苏

一是突出活动开展塑品牌。先后举办"苏新消费·笑拼苏州"2022夏季购物节、2022"苏新消费·夜ZUI苏州"秋季购物节、2022江苏电商直播节、"双12苏州购物节"等系列促消费活动,持续打造苏州消费品牌,提振消费信心。二是突出重点行业强支撑。全年举办超百场汽车促消费活动,累计推出超过20亿元让利优惠；组织家电龙头企业推出各类补贴让利超亿元；线上线下结合开展餐饮促销活动200余场。三是突出助企纾困添活力。出台苏州市《商贸服务业纾困政策专项帮扶实施细则》,支持各地发放消费红包,推动头部平台疫情期间降低困难中小商户佣金,加大苏州商户线上经营扶持力度。四是突出高端消费提品质。举办2022苏州首店经济发展大会,制定《苏州市品牌首店综合评价办法》,推动成立苏州市首店经济促进联盟,精准刺激高端时尚消费发展。五是突出便民利民补短板。扎实推进一刻钟便民生活圈建设,出台《关于推进苏州市一刻钟便民生活圈建设的实施意见》（苏府办〔2022〕84号）、《苏州市一刻钟便民生活圈建设标准（试行）》,全年建成一刻钟便民生活圈64个。召开全市农贸市场改造推进大会,新建、改造农贸市场26家。六是突出载体建设强供给。持续加强商贸载体建设,观前商业步行街和大渔湾湖滨风情商业街入选首批"江苏省示范步行街",一批中高端消费载体落地运营,提升发展。同时,全力做好疫情期间市场保供工作,保障南环桥农批市场正常运行,及时启用上高路农批市场,构建大型企业、末端商业网点和生鲜电商平台三方协同保供体系,相关做法得到商务部表扬并在全国推广。

（二）对外贸易量质齐升

一是制定出台《苏州市推动外贸保稳提质的若干措施》，成立稳外贸稳外资工作专班，疫情期间先后与超过 500 家外贸外资企业开展视频连线。组织开展"外企服务月"活动，帮助企业解决具体问题 400 余项。建立与在华外资商协会沟通机制，有效增强外资企业深耕发展的信心和预期。二是高质量落实 RCEP 政策措施，持续深入开展企业培训。会同中国人民银行、海关和税务部门举办金融、通关和税务等系列专题助力外贸企业发展活动。三是持续扩大高端消费品进口，举办多场次进口贸易促进大会，张家港市获评国家进口贸易促进创新示范区。推动太仓港加强与自贸片区联动合作，进一步提升进口服务能力。四是加快发展外贸新业态，设立苏州（高新区）、苏州（常熟）两个跨境电商企业服务中心，引进落地全省首家盒马 X 会员店、阿里巴巴全球速卖通（常熟）跨境电商产业园、全省首个菜鸟中心仓等优质项目，B2B 交易平台企业大健云仓成功赴美上市成为纳斯达克海外仓第一股。2022 年，全市跨境电商进出口额 167.2 亿元，同比增长 41.0%。服务贸易、市场采购贸易发展提速，2022 年，全市实现服务贸易额 211.0 亿美元，增长 4.4%，占全省比重为 36.6%；"市采通"平台实现出口额 27.0 亿美元，其中省内联动出口额 6.4 亿美元。五是在全国率先组织大型包机赴欧洲和日本招商抢订单，受到新闻联播、人民日报和新华社等国家级媒体关注和报道。2022 年，苏州再次入选国务院"推动外贸稳定和创新发展成效明显"督查激励名单。

（三）利用外资较快增长

一是制定出台鼓励支持赴境外开展招商工作的意见，重点加大对中国港台地区、新加坡及欧美有合作项目源的地区开展招商。举办"相聚进博·2022 苏州进口贸易促进大会暨跨国公司开放创新合作交流会"等系列重点投促活动。充分利用承接东盟－中日韩(10＋3)产业链供应链合作论坛暨东亚企业家太湖论坛契机，强化对日韩和东盟的招商引资。二是持续开展与跨国企业总部沟通交流活动，常州市委主要领导会见霍尼韦尔国际、三星集团、韩国浦项钢铁集

团、三菱化学、松下电器、伊藤忠商事株式会社等世界 500 强总部高层,常州市政府主要领导与瑞士罗氏集团、德国费森尤斯集团等跨国公司总部高层视频连线。三是大力发展外资总部经济,苏州工业园区获评江苏唯一的省级外资总部经济集聚区,新引进空客中国研发中心、飞利浦家电创新研发中心、友达光电新产线及 5G 工业互联创新中心、西门子电气产品中国及东亚总部等一批总部经济项目。四是出台外资利润再投资支持政策,推动各地利用好外企未分配利润这一存量资源,积极引导存量外企向研发中心、投资性总部开展再投资。

(四)对外投资和经济合作稳定有序

一是境外投资地域延伸拓展。2022 年,苏州在全球各大洲 43 个国家和地区均有投资,累计境外投资项目遍布全球 100 多个国家和地区。二是民营企业加快转型升级,全年民营企业赴境外投资 298 家,中方协议投资额 17.38 亿美元,占全市中方协议投资总额的 67.81%,是苏州"走出去"主力军。三是积极融入"一带一路"建设,在沿线 20 个国家地区投资 116 个项目,同比上涨 34.88%,中方协议投资额 10.84 亿美元,同比上涨 62.64%。其中,制造业投资项目 56 个,中方协议投资额 7.43 亿美元,占比 68.56%。四是境外经贸合作区稳步推进。截至 2022 年年底,埃塞俄比亚东方工业园完成基础设施投资 2.68 亿美元,吸引入园企业 134 家(其中中资控股企业 124 家),园区累计实际投资金额达 9.09 亿美元,实现总产值 19.61 亿美元,带动国内货物出口额 7.35 亿美元,上缴埃塞政府各项税收 1.78 亿美元。五是优化提升对外工程承包结构。2022 年,全市对外工程承包新签合同额 4.95 亿美元,完成营业额 4.62 亿美元,同比上涨 10.02%。苏州对外工程承包完成了由土木工程分包转向各种类型总承包的战略性结构调整,总承包工程、非土木工程的新业态工程占比均超过 90%。

(五)服务外包健康稳定发展

一是业态结构持续向高端攀升。苏州离岸服务外包已形成信息技术服务、研发服务、设计服务等三大服务外包优势业态,合计占比达到 72.6%。二是离岸市场多元化发展。苏州服务外包企业参与国际化程度较高,外包业务以离岸为主导，承接了84个国家和地区的离岸外包业务，全年离岸执行额占合同执行总额的56.2%。三是推动服务外包载体建设。截至2022年年底，全市共有8家省级服务外包示范区，数量位居全省首位；苏州工业园区在省级服务外包示范区综合评价中排名第一，苏州国家高新技术产业开发区排名第五。四是企业技术服务水平向高层次提升。新认定豪雅微电子（苏州）有限公司、软视软件（苏州）有限公司、苏州晶云药物科技股份有限公司、苏州科睿思制药有限公司等15家省级技术先进型服务企业，近三年累计认定64家，数量位居全省第一。

（六）开放载体增创发展新优势

一是自贸片区制度创新成果丰硕。新增1项国务院全面深化服务贸易创新发展试点"最佳实践案例"，新增7项创新案例在全省示范借鉴。累计形成全国全省首创及领先的制度创新成果170余项，其中6项获评国务院全面深化服务贸易创新发展试点"最佳实践案例"，38项在全省示范推广。二是持续推进开发区创新发展，积极复制推广工业园区经济发展、社会治理"两条线、两手抓、两促进"管理架构，推动各开发区理顺与所辖镇街道关系。推动全市开发区加强市场化招商运营机制探索，强化专业化招商队伍建设。苏州工业园区实现国家级经济技术开发区综评七连冠，全市有4家经济技术开发区进入全国前30，占全省的2/3。三是中新、海峡两岸、中德、中日平台建设持续深化。苏州工业园区持续深化中新合作，加快共建"国际化走廊"，新加坡国际商务合作中心、新加坡苏州商务中心集聚各类项目73个。海峡两岸方面，昆山加快落地第九次部省际联席会议成果，昆山市金融支持深化两岸产业合作改革创新试验区建设加快推进，全省首笔两岸银行间跨境人民币融资业务落地。中德合作创新高地太仓累计集聚德国企业470多家，落地中国—德国商务理事会江苏联络办公室。苏州高新区签约落地太阳油墨中国区研发中心、三菱化学共享服务中心等一批高质量总部型、产业类日资项目；相城举办中国苏州·日本九州经济合作交流会暨中日（苏州）地方发展合作示范区推介会，青苔国际工业设计村开工建设。

苏州市商务局

南通市

2022年,南通市商务系统坚持以习近平新时代中国特色社会主义思想为指导,在江苏省商务厅大力支持下,全力以赴招商引资,狠抓外资外贸稳中提质,供需两端双向发力释放消费潜力,推动开放口岸与开发园区转型升级,加快对外经济合作、服务贸易创新发展,牢牢守住安全与疫情防控的底线,为江苏省商务系统服务新发展格局贡献南通力量。

一 主要商务经济指标完成情况

2022年,南通市社会消费品零售总额3 956.9亿元,同比增长0.5%,增幅高于江苏省0.4个百分点;实现外贸进出口总额3 665.3亿元,总量规模创历史最好水平,同比增长8.1%,分别高于全国0.4个百分点、全省3.3个百分点;完成实际使用外资额29.5亿美元,同比增长7.5%,其中制造业实际使用外资额16.3亿元,居全省第三,同比增长52.2%;完成对外直接投资额3.5亿美元;新增对外承包工程营业额16.7亿美元,居全省第二。

二 商务发展工作情况

（一）聚力招商引资，利用外资成效显著

开展"招商引资突破年"活动，旗帜鲜明树立招商为先、项目为王的导向，全年新签约注册总投资超过3 000万美元的外资项目101个。开展"云洽谈""云签约"等线上招商活动1 500多场次、线下投资促进活动300多场次。上线运行"万事好通"投资合作热力图。在日本东京成立南通首个驻外经贸代表处。总投资120亿元的懋略储能系统用锂电池项目、总投资100亿元的林洋高效光伏电池项目、总投资2亿美元的南光澳门中心等一批重大项目落户。江苏如皋斯堪尼亚商用车项目作为我国放开汽车制造外资股比限制后首批外商独资项目正式启动。中国国际进口博览会期间，南通市政府与德国默克公司签署战略合作备忘录。

（二）坚持综合施策，对外贸易稳中提质

出台四季度"稳外贸12条""跨境贸易便利化30条"和"发挥出口信保作用稳外贸10条"等政策措施，资金免申即享、快申快享，1 309家外贸企业享受扶持资金1.2亿元。将新一轮中小微外贸企业出口信用保险赔偿额度提高到40万美元，实现3 000万美元以下企业出口信用保险全覆盖。组织企业参加5场"江苏优品·畅行全球"、2场名品海外行和中国进出口商品交易会、中国国际进口博览会等展会。102家企业286人赴澳大利亚、德国、日本、印度尼西亚等国家参加线下展。开展《区域全面经济伙伴关系协定》（RCEP）规则解读轮训15场，培训外贸业务人员超过1 000人次。全年签发RCEP原产地证书3.29万份，签证金额10.1亿美元，930家企业享受进口国关税减让超过1 400万美元，签证量与签证金额占全省过半，签证量居全国地级市第一。对重点外贸企业开展精准监测，协调口岸通关快进快出，实现外贸企稳回升。

（三）供需两端发力，消费潜力加速释放

积极克服疫情反复的不利影响，千方百计促进消费加快回补。举办第二届"双12购物节"、网上年货节、咖啡文化节、夏季购物节等系列促消费活动。南通啤酒嘉年华被中央电视台等多家省级以上媒体报道，成为具有重要影响力的地标性活动。出台《关于搞活汽车流通扩大汽车消费的若干举措》，开展汽车博览会、家电以旧换新等活动，带动大宗消费。出台"四大商圈、两大集群"建设方案，不断出新精品酒店、精致餐饮，推进南通中心（奥特莱斯名品馆）签约。一刻钟便民生活圈入围商务部试点，新增社区试点20个和改造商业网点801个。成立商贸企业服务专班，深入企业送政策、送服务，帮助餐饮、汽车、农贸市场、商业综合体等企业解决困难，培育新增入库企业超过700家，数量居全省第一。

（四）完善保障体系，外经合作走在前列

省内率先搭建市级"走出去"统保平台，2022年累计承保境外投资和对外承包工程项目28个，总保障金额超过17.2亿美元。经验被写进省"一带一路"交汇点建设2022年工作要点。对统保平台扩面升级，省内率先增加"境外人员雇主责任险"。走出去外派项目和人员实现"不见面"审核、即来即办。发挥走出去市级部门联席会议机制，与税务局、外汇管理局联合开展"护航走出去"活动。外派劳务市场平稳有序，开展为期4个月的对外劳务市场专项整治行动。

三 商务改革推进情况

（一）开发园区体制机制改革进一步深入

瞄准经济发展主战场、招商引资主力军、改革开放主阵地的定位，省内率先开展开发园区区域评估，283个项目线上免费应用区域评估成果574项次，项目审批时间和费用"双下降"。相关做法被写入江苏省商务厅等10部门印

发的《关于2022年度江苏省区域评估工作要点》，在全省复制推广。海门经济技术开发区"区街分设、联动发展"管理模式入选江苏省开发区体制机制改革第二批实践案例。海门经济技术开发区高端海洋重工产业园、启东经济开发区生命健康产业园获批全省特色创新（产业）示范园区。

（二）服务外包示范城市建设进一步加强

制定《南通市服务外包繁荣发展三年行动实施方案（2022—2024年）》，2022年实现服务外包执行额89.9亿美元，同比增长10.2%，新增服务外包企业52家，新增服务外包从业人员超过6 200人。累计建成省级以上众创空间100家，省级以上科技企业孵化器57家，科创平台200多个。东丽纤维研究所（中国）有限公司、江苏华滋能源工程有限公司等6家企业成功入选省级服贸重点企业，链睿信息服务（南通）有限公司、南通纽康数研网络科技有限公司成功入选省级技术先进型服务企业，南通海泰生物科技有限公司、江苏联发纺织股份有限公司入选省双创计划，江苏中天科技股份有限公司入选商务部全国首批信息技术外包和制造业融合发展重点企业。链睿信息服务（南通）有限公司"基于隐私优先的数据协作及应用平台LiveRamp在国际市场营销的创新应用"成功入选江苏省数字贸易首批创新案例。

（三）跨境电商综试区建设进一步提速

举办全省首个跨境电商选品博览会，启用全省首个跨境电商选品展示中心。培育5家市级跨境电商综试区产业园，其中3家跻身省级跨境电商产业园。南通小生信息科技有限公司（美国仓）入围新一批省级公共海外仓，江苏德菲猫信息技术有限公司（沙特仓）通过江苏省商务厅综合评估，省级公共海外仓总数全省第一。深化"跨境电商＋产业带"协同推进模式，招引雨果跨境、南通炬商通跨境电商有限公司、中国电子商会跨境电商工作委员会等头部平台及正远海运、佳裕达物流等配套服务企业落户。完善政策扶持体系，从集聚区、产业园、海外仓、头部企业、公共服务平台、参展等多个环节加速跨境电商发展。

南通市商务局

连云港市

2022年,连云港市商务系统围绕"疫情要防住、经济要稳住、发展要安全"重要要求,强化务实担当、积极主动作为,有力统筹疫情防控和商务发展,较好完成了年度各项目标任务,商务运行实现稳中提质,有力促进了全市经济社会发展。

一 主要商务经济指标完成情况

2022年,连云港市实现社会消费品零售总额1 197.7亿元,同比下降0.5%;网络零售额突破900.0亿元,同比增长25.0%,增幅居江苏省第二;完成外贸进出口总额161.2亿美元,同比增长11.2%;完成实际使用外资额7.8亿美元,同比增长5.7%;完成对外直接投资额2.2亿美元,同比增长134.0%,增幅居全省第三。

二 商务发展工作情况

（一）招商引资精准推进

印发《关于进一步加强招商引资工作的实施意见》，实施项目招引"321"计划。绘制重点产业链精准招商路径图，梳理产业链重点企业和骨干企业上下游配套企业"两项清单"，排定一批现有链主企业、重点招引企业和主攻项目。赴兰州、西安、上海、无锡等地开展产业招商活动，务实推进一批项目签约落地。组建与无锡市级联合招商中心，全年签约项目11个。引导县区围绕北京、上海、深圳等地设立29个驻点招商机构。全市新增签约亿元以上项目822个，同比增加532个，实现翻番。新签约100亿元以上项目11个，取得历史性突破，徐圩新区投资115.6亿元的江苏虹景新材料有限公司高端共聚新材料项目等6个项目实现当年签约、当年开工。建立六类项目推进清单，推进项目到资、落地，年内3个外资项目列为商务部、江苏省重点项目，6家外资企业列为江苏省重点企业，全年完成实际使用外资额确认10亿美元。"走出去"投资实现倍增，全年完成对外直接投资额2.2亿美元，同比增长134.0%，增幅居全省第三。

（二）对外贸易稳定增长

全年完成外贸进出口总额161.2亿美元，同比增长11.2%。制定《关于做好跨周期调节稳定全市外贸的若干措施》等系列稳外贸政策。开展"稳外贸、促发展、解难题"系列活动10余场，解决外贸企业相关问题47条。开展"金融促外贸"专题活动，累计帮助企业获得贷款1.5亿元。优化出口信用保险支持政策，进一步降低企业投保成本。承办"江苏优品·畅行全球"线上展会，组织企业参加各类线上线下展会，重点支持企业开拓《区域全面经济伙伴关系协定》(RCEP)和"一带一路"国家、地区市场。支持125家跨境电商企业载体发展，推动成立跨境电商行业协会，开展培训活动60余场。2022年获批省级跨境电商产业园3家、省级公共海外仓1家，跨境电商纳统外贸额实现翻番。徐圩新区油气化工品交易平台挂牌运营。

（三）社会消费加快复苏

在江苏省内率先出台"促消费10条"措施，提振消费信心，繁荣消费市场，带动消费8.7亿元。落实稳住经济政策，争取助企纾困解难资金，惠及近6 000家市场主体。建立批零住餐业高质量发展联席会议制度，推进新增批零住餐限额以上企业入库659家，占全市新增"四上"企业的55%，占比居全省最高。推进打造海州区新浦街道万润社区等5个一刻钟便民生活圈。陇海步行街获评首批"江苏省示范步行街"。打造连云港特色直播电商地标，全市网络零售额突破900亿元，同比增长25%，增幅排名全省第二。出台《关于培养引进电子商务人才的若干政策意见》，举办6期电商"云课堂"，培训人数1万余人。举办第三届518网络购物季。东海水晶产业集聚区、赣榆区海鲜电商产业集聚区成功入选"省级县域电商产业集聚区"，康济大药房连锁有限公司成功获批"省数字商务企业"。

（四）自贸区建设加快推进

印发自贸片区深化改革创新实施方案，全面启动实施新一轮170项深化改革创新事项。持续深化首创性、集成化、差别化改革探索，形成33项独具连云港特色的制度创新案例。其中，1项获国务院自由贸易试验区工作部际联席会议办公室推广，1项入选长三角自贸试验区十大制度创新案例，3项入选江苏省"十佳制度创新成果"，10项入选江苏省改革试点经验和创新实践案例。加快生物医药全产业链开放创新，推进南京海关12条政策专项支持"中华药港"建设。推动片区油品贸易全产业链开放，培育油品贸易企业近500家。全国率先试点铜精矿保税混配项目落地投运，完成进口铜精矿8万吨。连云港综合保税区发展绩效评估全国排名提升12位，全省排名提升5位。

（五）口岸开放稳步推进

港区扩大开放取得新成效，徐圩港区顺利列入国家口岸开放年度审理计划；盛虹炼化一体化码头5个泊位首次临时开放获得交通部批复；徐圩港区

128♯、129♯泊位对外开放顺利获批。印发《关于进一步深化跨境贸易便利化改革优化口岸营商环境的实施意见》，开展促进跨境贸易便利化专项行动，进一步优化口岸营商环境。排定连云港口岸通关便利化整改问题清单20条，督查推进整改，提升口岸通关便利化水平。推广连云港口岸设备交接单电子化平台系统，船货代企业使用超过500家。

（六）园区运行趋势向好

2022年，连云港市12家开发区完成地区生产总值1 517.6亿元，实现税收收入204.7亿元，一般公共预算收入149.5亿元，工业应税销售收入3 525.7亿元，制造业增加值923.6亿元，外贸进出口额147.5亿美元，实际使用外资额9.3亿美元，创造了全市38%的地区生产总值、50%的税收收入、70%的一般公共预算收入、80%的工业应税销售收入、77%的制造业增加值、91%的外贸进出口额和93%的实际使用外资，各项指标占全市比重均有提升。全市经济"主阵地"、高质发展"火车头"的地位进一步凸显。徐圩新区举办"云签约"活动，4个签约项目总投资额约170亿元。连云港经济技术开发区获批国家级知识产权强国建设试点园区。连云港市高新技术产业开发区成功获批首批省级现代服务业高质量发展集聚示范区。上合组织（连云港）国际物流园获批全市首家江苏省国际合作园区，开行全省首列中吉乌公铁联运国际货运班列。

（七）统筹好安全生产与疫情防控工作

建立餐饮燃气、商场超市、加油站（点）、开发园区等4个重点领域安全生产工作组，在全市范围内率先开展百日攻坚行动。印发专项整治文件13个，聘请各类专家40余人次，赴县区、企业开展督查161批次，发现并整改各类大小隐患11 993个，全市商务领域安全生产形势持续稳定。在全市疫情防控指挥机制下，全面落实生活物资保障工作组职责，以"外保货源、内保畅通、末端保供"为目标，坚持常态化市场监测预警，全力以赴保物资采运畅通，千方百计稳市场主体运行，全市生活必需品始终价格稳定、供应充足，提振了广大市民的防疫信心。

连云港市商务局

淮安市

2022年,淮安市商务局坚决贯彻中央"疫情要防住、经济要稳住、发展要安全"的重大要求,坚持稳字当头、稳中求进,凝心聚力攻坚重特大项目招引,全力以赴稳住外贸外资基本盘,促进消费持续复苏回暖。

一 主要商务经济指标完成情况

2022年,淮安市实现社会消费品零售总额1 820.2亿元,同比下降0.4%;实现外贸进出口总额428.3亿元,同比增长12.4%,增速居江苏省第六,高于全国4.7个百分点,高于全省7.6个百分点;实现服务贸易进出口额2.9亿美元,同比增长9.7%,其中知识密集型服务进出口额6 907.0万美元,同比增长35.7%,增速居全省第二;完成实际到账外资额10.2亿美元,同比增长7.1%,增速居全省第七;完成对外直接投资额7 869.0万美元,同比增长249.0%,增幅全省第二;累计新签约亿元以上项目789个,协议引资额4 045.6亿元,分别完成年度目标任务的109.3%、133.6%。

二 商务发展工作情况

(一)坚持"项目为王",重特大项目招引总数苏北前列

一是制度更加完善。第一年统筹推进全市招商工作,制定全市招商引资工作方案,成立市招商引资工作领导小组,成立5个驻外招商局,定期召开领导小组、驻外招商局会议,建立在外招商人员日报、每周工作动态、每月工作简报等信息通报。二是氛围更加浓厚。精心推进"3+7"重点招商活动,扎实推进举办深圳投资环境说明会、苏州投资环境说明会、上海城市推介月、第二届淮河华商大会、第五届中国(淮安)国际食品博览会暨首届金秋经贸洽谈会等。各地党政主要领导积极发挥"一号招商员"示范作用,带头"走出去"招项目、谈项目。三是基础更加坚实。开展线上、线下多种形式招商业务培训,邀请专家授课,赴杭州组织产业链招商专题培训,举办环保、发展改革、台资专题线上培训,组建300人招商"狼之队",提升全市招商队伍素质。首次编印全市招商热力图,梳理项目签约至竣工验收全流程,编制29个审批事项办理流程并印发全市招商人员。四是成效更加突显。2022年全年签约、开工工业项目数占全部开工工业项目数的73.5%,特别是50亿元以上重特大项目中,天合光能高效光伏电池和大功率光伏组件、中天钢铁150万吨超高强精品钢帘线、理士新能源智造园区、南高齿(淮安)高速齿轮制造、比亚迪新能源商用车及零部件等11个项目实现签约、开工,为全市项目建设稳步推进、经济持续发展打下坚实基础。

(二)聚焦"提质增效",实际利用外资量质提升

一是重大项目取得突破。全市完成实际到账外资10.2亿美元,同比增长7.1%,增速排名较上年提升1位;新设及增资3 000万美元以上外资项目67个,其中超亿美元外资项目5个。二是外资结构不断优化。认真落实商务部等6部门出台的《关于以制造业为重点促进外资扩增量稳存量提质量的若干政策措施》,全市完成制造业利用外资3.6亿美元,同比增长39.0%,占全

市到资总量35.2%,较上年提高13.7个百分点;高技术产业利用外资2.6亿美元,同比增长67.5%,占全市到资总量25.5%,较上年提高9.4个百分点。三是外资品牌逐步扩大。江苏和兴汽车科技有限公司、江苏施塔德电梯有限公司被认定为2022年第一批江苏省外资研发中心;淮安威灵电机制造有限公司被认定为江苏省第十三批跨国公司功能性机构。四是经验做法交流推广。在全省率先出台《关于深挖外资存量促进利用外资高质量发展的实施意见》,指导县区立足盘大盘活盘、优存量外资企业,鼓励外资企业再投资。2022年,全市实现利润再投外资企业22家,新增外资到账1.9亿美元,同比增长30.2%,相关做法被江苏省商务厅作为典型案例在全省做经验交流。

(三)融入"开放战略",双边经贸往来逆势增长

一是外贸规模再创新高。实施重点外贸企业"日监测、周会办、月统筹、季考核"推进问效机制,制定出台跨周期调节稳外贸实施方案等文件。组织300余家次企业参加国内外重点展会41场,全市200多家外贸企业承保金额9.5亿美元,居苏北前列,新增有进出口实绩的外贸企业91家。全年实现外贸进出口428.3亿元,同比增长12.4%,首破400亿大关。二是跨境电商创新发展。深入实施跨境电子商务综合试验区建设三年行动方案,招引头部企业和专业服务商,淮安区盘古跨境电商产业园建设初见成效,联合Shopee、eBay等知名跨境电商平台举办跨境电商培训活动10余场,新增跨境电商企业50户,全市跨境电商交易额近16亿元,增长29倍,在全国105个综试区首次评价中位列第2档次,初步形成"1+1+4+5"的全市域跨境电商产业总体布局。三是服务贸易稳步提升。邀请专业人员赴县区开展业务知识及工作方法专题培训,提高服务能力水平。调研指导江苏韩泰轮胎有限公司、江苏共创人造草坪股份有限公司等企业创新发展服务贸易,完成服务贸易进出口总额2.9亿美元,同比增长9.7%。四是对外投资步伐加快。举办《区域全面经济伙伴关系协定》(RCEP)、"一带一路"等政策宣传会,鼓励企业用好国内、国际两个市场加快"走出去"步伐,新设对外投资企业7家,江苏盛弘包装有限公司成为全市首家入驻柬埔寨西哈努克港经济特区企业。全年完成对

外直接投资额7 869万美元,创历史新高,同比增长249%,增速居全省第二,苏北第一。

(四)做好"牵头抓总",开放载体平台建设步伐加快

一是开发区改革纵深推进。持续落实"1+N"制度体系,涵盖15个市级部门的95个审批事项下放到位,淮安高新技术产业开发区获商务部"对外贸易经营者备案"市场准入类赋权,江苏涟水经济开发区在省级产城融合开发区土地集约利用评价中位列苏北第二。14项省级管理事项在自贸联创区优先落实。淮安改革经验做法在全省推广。在全省经济开发区考核评价中,8家省级以上开发园区平均进位1.25位。二是口岸能级持续提升。推广"海河联动、沪淮同城"作业模式,成立上港(淮安)国际集装箱码头有限公司,推进"抵港直装""内外贸集装箱同船运输"等惠企改革措施落地。2022年全市二类水运口岸外贸集装箱吞吐量14 342标箱,同比增长129.5%;全市进口平均通关时长16.3小时,出口平均通关时长0.4小时,排名居于全省前列。三是食品博览会更显国际范。坚持"安全、精彩"原则,22个国家和地区的305家企业参展,境外企业占30%,居全国同类展会前列。现场成交1.2万单,签约亿元以上项目41个,总投资903.6亿元。举办第二届RCEP成员国食品产业合作圆桌会议等活动,市政府与中国国际商会签订共建RCEP产业合作备忘录。新华社等21家省级以上媒体宣传报道,全网阅读量超过1.7亿次。

(五)打造"国际名片",消费促进获省政府督查激励

一是打好美食之都建设"组合拳"。着力将"对外展示名片"转变成"富民强市产业",出台《淮安市"世界美食之都"建设实施方案》,明确5个方面18项工作任务,评选21家示范店、特色店,改造提升御码头等3条特色美食街区。参与"中华美食荟"等交流活动,承办联合国教科文组织"世界美食之都"城市创新发展大会,发布《2022年"世界美食之都"城市绿色健康可持续发展淮安宣言》。二是打响淮安特色消费品牌。举办"幸福满淮·安心消费"四季购物节,策划十城百企万店让利优惠活动,推动消费回暖复苏。组织和指导各县区开展"一县一特"形式多样的促消费活动,其中清江浦区、淮安经济技

术开发区围绕"游购娱、吃住行"等9大领域,发放1 300多万元惠民消费券。全年实现社会消费品零售总额1 820.2亿元,限额以上批零住餐业营业额(销售额)增幅位居全省前列,中央电视台《新闻联播》、江苏省电视台《江苏新时空》等报道淮安市消费促进工作。三是抢滩预制菜产业新风口。举办淮安预制菜产业投资环境说明会,推动世界中餐业联合会预制菜专业委员会在淮安成立。淮扬菜集团研发的软兜长鱼等4款淮扬菜预制菜,在全国36座城市的万达酒店推广。引进和培育苏食品牌预制菜、江苏百斯特预制菜项目、益海嘉里预制菜项目、利群集团预制菜中央厨房工程等预制菜龙头项目,规划建设预制菜选品中心和直播基地。

(六)秉持"人民至上",商贸流通体系建设更加便民利民

一是城乡商业网络体系加速融合。在全省率先出台《淮安市县域商业体系建设实施方案》。获批第二批省级一刻钟便民生活圈试点培育城市,印发《淮安市一刻钟便民生活圈试点建设三年行动方案》。获批全省首批商务信用监管试点地区。二是现代商贸流通体系加快畅通。高标准落实创建要求,指导淮安金鹰国际购物中心获评"2022年绿色商场创建单位",助推江苏理士电池有限公司、江苏汉邦科技有限公司等12家企业入选江苏省内外贸一体化试点企业名单,盱眙於氏龙虾餐饮服务连锁有限公司、清江浦区周大拿养生堂等12家企业获批"淮安老字号"品牌;金湖县农村电商三级物流配送体系经验做法获江苏省商务厅宣传推广。三是商贸企业加紧蓄势赋能。联合美团为100个社区商家提供免费网络营销辅导,推动社区商业模式转型升级;推进商贸企业数字化转型,江苏爱特福84股份有限公司成功获批省级数字商务企业,盱眙全球龙虾交易中心电商产业集聚区入选省县域电商产业集聚区。四是文明城市建设亮点纷呈。对标对表文明典范城市建设要求,成立5大商业综合体专班,配合落实34个其他类市场专班,高标准完成"国测""省测"相关任务。辅导江苏奥帆科技有限公司获批商务部重点联系再生资源回收企业,金湖县亚轩石油机械有限公司获批江苏省报废机动车拆解资质。

（七）树牢"底线思维"，安全发展基础有效夯实

一是市场保供平稳有序。把疫情防控和市场保供作为"国之大者"紧抓在手，在商贸流通、进口非冷链货物等领域落实新阶段疫情防控各项举措，建立应时农产品产销对接机制，与30家连锁超市签订保供协议，采取"龙头农批市场＋超市＋菜市场＋电商平台"的配送服务模式，让基层"菜园子"直通市民的"菜篮子"。二是安全生产扎实有力。制定印发商务领域安全生产工作要点等文件，创办"淮安商务安全"工作简报32期。组织商贸企业参加"万企同宣誓、全员筑安全"活动，工作做法被《人民日报》报道。会同消防支队对全市17家大型商业综合体开展专项检查；委托成品油行业协会对首批142座加油站进行专项检查；配合市住建部门，在工业园区开展"无瓶社区"试点。省督导组交办4个问题、市督导组反馈87个问题全部整改到位。三是法制建设积极有效。研究制定《2022年全市商务系统法治政府建设工作要点》，印发《淮安市商务局公职律师管理办法》《淮安市商务局法律顾问管理办法》，推动淮安市商务局成功获批江苏省公职律师单位。强化单用途预付卡监管，开出商务执法行政指导书19份。对"八五"普法工作进行部署安排，赴民营加油站、大型商超、社区广场等开展普法宣传，发放成品油流通、对外劳务等法制宣传单800余单。创新建设RCEP成员国"一小时法律服务圈"。

淮安市商务局

盐城市

2022年，盐城市商务系统认真贯彻落实中央和省、市部署要求，全力稳外贸、稳外资、促消费，取得了一系列突破性进展和标志性成果，全市商务经济总体呈现"稳中有进、进中提质"的发展态势。

一 主要商务经济指标完成情况

2022年，盐城市实现社会消费品零售总额2 700.6亿元，增长0.6%；实现外贸进出口总额206.4亿美元，增长19.7%；完成实际使用外资额11.8亿美元，增长9.0%；实现对外直接投资额1.9亿美元。

二 商务发展工作情况

（一）聚集动能更新，开放型经济实现新跃升

一是固本培元企业主体，外贸实现量质提升。出台《关

于做好跨周期调节进一步稳外贸的实施意见》,落实高质量落实《区域全面经济伙伴关系协定》(RCEP)等15条工作举措,为外贸稳定增长提供有力政策保障,全年实现外贸进出口总额206.4亿美元,同比增长19.7%,增幅全省第三;积极帮助企业抢订单拓市场,第132届中国进出口商品交易会参展企业达到109家,创历史之最;加快发展外贸新业态新模式,推进跨境电商产业园"1+4+N"整体布局,新认定大丰盐城港跨境电商园等市级跨境电商产业园5家、孵化基地2家,跨境电子商务综合试验区线上综合服务平台正式上线运营,外贸新业态新模式进出口同比增长132%。二是对外招商持续突破,外资结构不断提优。深入开展"外资大招商"行动,实际使用外资12亿美元,同比增长11%,增幅居全省第五;全年开展各类境内外外资项目招商活动20场次,邀请日本国驻上海总领事馆、新加坡国际企业发展局来盐城考察对接,招商渠道更加多元;3个项目参加全省外资项目"云签约",总投资56亿美元占全省42%;亭湖立铠精密电子结构件及智能制造等3个项目列入国家制造业领域标志性外资项目库,数量居全省第一。推进企业利润再投资专项促进活动,拓宽外资来源渠道,培育外资产业生态。持续开展"项目大推进",56个年度重点外资项目全面开工,盐城经济技术开发区SKI动力电池盐城基地一期等项目已实现竣工投产。正大丰海研发中心被认定为江苏省跨国公司功能性机构。三是对韩合作抢抓机遇,开放窗口得到拓展。在全省率先组团赴韩招商,拜访对接现代汽车集团、SK集团等集团负责人和中国驻韩国大使馆、韩国产业通商资源部等政府机构,强化对韩经贸合作;联合盐城经济技术开发区成功举办第四届中韩贸易投资博览会暨江苏—韩国经贸合作交流会,首次采用盐城、首尔双会场实时直播连线,成为中韩经贸合作的标志性活动之一;积极推动江苏省商务厅、盐城市政府、盐城经济技术开发区签署继续共建江苏省驻韩国经贸代表处协议。四是全面融入"一带一路",对外投资效益提升。全市新批境外投资项目11个,中方协议投资额2 279.9万美元,其中"一带一路"项目7个;全力服务江苏德龙镍业有限公司印度尼西亚德龙工业园四期冶炼项目建设,德龙集团受邀参加二十国集团工商峰会(B20)及闭幕式,润阳泰国4GW电池片项目正式投产,工程承包业务和援外项目稳步推进,引导企业持续深耕"一带一路"市场。

（二）坚持系统推进，内贸创新发展取得新进展

一是促消费工作矩阵初步形成。精心组织第二届"515盐城消费节"暨"盐城网上消费节"，开展"1+6+N"系列消费促进活动1 273场次，活动影响力较首届大幅提升；"促消费9条"政策持续发力，累计发放核销各类消费券和补贴7 500万元，带动消费超过10亿元，消费市场迅速回暖；出台考核办法推动批零住餐限额以上企业"应统尽统"，2022年累计新增入库845家，阜宁、射阳、建湖等7个县（市、区）完成年度目标任务，批零住餐4个行业限额以上销售（营业）额增速位居全省前列。二是消费流通体系逐步完善。联合16个部门出台《盐城市县域商业体系建设实施方案》，指导各地补齐基础设施短板。加快推进一刻钟便民生活圈国家级试点项目建设，农贸市场新改提三年行动计划圆满达成，累计建成标准化农贸市场222个；积极开展商务信用体系建设，盐城市成功获批江苏省商务信用监管试点地区；盐都区成功申报江苏省现代商贸流通体系建设示范创建区，盐城吾悦广场创成国家级绿色商场，盐南欧风花街被认定为首批"江苏省示范步行街"，新评选10家盐城市特色夜市街区；评选新一批"盐城老字号"7家，促进老字号企业传承推广。三是服务业招商成绩显著。服务业招商专班多次赴上海、南京、长沙拜访对接知名服务业品牌，推进7-11便利店、乐乐茶等超50家品牌首店和旗舰店落户盐城，与美团、阿里巴巴本地生活等大型电商平台签订战略合作协议，服务业招商成效逐步显现，区域消费中心城市基础得到加强。四是数字化转型步伐加快。出台《盐城市商务局统筹推动商务领域数字化转型实施方案》，东台咖妃电子商务有限公司成功创成省级数字商务企业；扎实推进4个国家电子商务进农村示范县建设任务，加快全市农村地区电商服务站（点）的建设；组织开展邮乐杯"直播带货王"2022年盐城市电商直播大赛，举办电商知识普及和创业培训班25期，培育电商人才队伍。

（三）聚力改革创新，开放载体平台再上新台阶

一是聚焦机制改革，打造一流营商环境。编制《开发区体制机制创新典型案例汇编》，盐城经济技术开发区"外国人来华一站式服务专窗"成功入选

江苏省开发区体制机制改革第二批实践案例;深入推进开发园区区域评估工作,已完成区域评估项目76个,503个建设项目应用了区域评估成果;制定自贸区盐城联创区年度工作要点,形成进一步支持联创区发展若干措施清单,复制推广自贸区创新成果超200项。二是坚持对标对表,园区考核稳步进位。编制《盐城市省级以上开发区"十四五"总体发展规划》,确定园区争先进位目标和错位发展方向;完善2022年园区"等级创建"评价指标体系,树立绿色低碳发展导向,指导园区对标赶超;打造园区特色产业,加快推进石油机械产业链培育,建立专班工作推进机制,制定"两图三清单",联合建湖组织石油机械专场活动,服务企业参会参展成效显著,产业发展后劲进一步增强。三是拓展出海通道,开放格局全面提速。持续指导推进响水港区、射阳港区做好对外开放国家验收各项准备工作,滨海港区中海油江苏滨海液化天然气(LNG)接收站码头完成临时启用;新开通至日本、南美、南非等国际直达航线5条,为全市外贸企业提供更多出海通道;开展促进贸易便利化专项行动,国际贸易"单一窗口"应用率达到100%,口岸营商环境持续优化,全市水运口岸完成运输量1.35亿吨,同比增长20%,集装箱吞吐量55万标箱,同比增长超40%。

三 商务改革推进情况

(一)深化供给侧结构性改革,激发消费活力

组织第二届"515盐城消费节"暨"盐城网上消费节",打响做优盐城市消费品牌;加快培育消费新动能,组织评选出10家第二届特色夜市街区,全市特色夜市街区总数达到30家;大力发展假日经济,指导商贸企业开展有节日特色的促销活动;制定《关于进一步帮助商务领域市场主体纾困解难的十条政策措施》,推动纾困政策细则落地落实;以市政府办公室名义出台《2022年度盐城市批零住餐行业限上企业入库工作考核办法》,以考核强化工作导向,推动批零住餐行业高质量发展。牵头出台《盐城市关于促进消费持续恢复快速发展的措施》,从促进餐饮、购物、汽车、家电、旅游消费等方面提出9条措

施,培育壮大新型消费,更好地发挥消费对经济发展的稳定器作用。加快县域商业体系建设,帮扶农村消费提质扩容,牵头联合17部门出台建设实施方案,健全县域商业三级网络体系,促进农村电商和物流融合发展,提升农产品流通效率,培育头大新型市场主体等。积极开展一刻钟便民生活圈建设工作,盐城列入全国第二批城市一刻钟便民生活圈试点名单。

(二)积极开展江苏省商务信用监管试点工作

牵头起草全市商贸流通领域、电子商务领域、再生资源回收企业等信用等级评价管理办法,制定《盐城市商务信用监管试点工作方案》,推动认定10家家政机构和19家电子商务企业的信用等级,提升商务领域企业主体的市场竞争力。盐城市获批江苏省商务领域信用监管试点地区。加强与相关部门的对接联络,推动26个相关部门签署了《盐城市对商贸流通领域严重失信相关责任主体实施联合惩戒的合作备忘录》,依法依规实施联合惩戒。与市消防救援支队共同起草《大型商业综合体消防安全标准化管理等级评定办法》,将商务诚信与星级评比挂钩。积极引导行业协会参与信用监管,依托盐城市家庭服务业行业协会、盐城市电子商务协会开展家政机构和电子商务企业的信用等级评价认定工作,初步形成协同共治的商务信用体系监管格局。组织开展诚信兴商活动,指导全市商业综合体、大型商超、商贸流通企业、家政服务机构等商业场所和服务机构加强诚信宣传教育,经常性组织开展诚信兴商教育活动,普及信用政策法规,引导企业争做诚信典范,江苏雅家乐集团有限公司和盐城市盐南文旅发展有限公司作为全省十大诚信兴商典型案例在江苏省商务厅诚信兴商专栏进行宣传展示。

(三)深化沿海开放开放体制创新

贯彻全市对外开放大会精神,出台《关于推进高水平对外开放的若干意见》,并对重点工作任务进行分解细化。构建高水平开放体系,搭建高层次开放平台,发展高质量开放经济,建设高能级开放通道,打造高品质开放环境。出台《关于做好跨周期调节进一步稳外贸的实施意见》,提出15条重点举措。制定《关于高质量实施〈区域全面经济伙伴关系协定〉(RCEP)的行动方案》,

提出16条工作措施。出台《盐城沿海开放合作三年行动计划》，从6个方面提出18条工作要点，持续推动全市沿海开放发展水平，外贸外资水平再创新高。牵头负责优势产业中的石油机械产业链培育工作，全面深入了解全市石油机械产业发展情况，分析存在问题，提出5个方面17条针对性的推进措施。全力推进响水港区和射阳港区口岸开放，做好国家口岸办验收前各项准备。精准助力中海油江苏滨海液化天然气（LNG）接收站码头建设与开放工作，提供规范高效的指导，发挥桥梁纽带作用。

（四）深化开发园区改革

以江苏省商务厅发布开发区改革创新典型案例为契机，推动各省级以上开发区围绕招商引资、产业基金、优化整合、科技创新和体制改革等方面，梳理形成具备自身特色的特色亮点做法和典型案例，在报送江苏省商务厅争取在全省范围推广的基础上，印发至各开发区共同学习借鉴。深入推进开发园区区域评估工作，截至2022年年底，已有116个区域评估项目已经完成或正在进行中，315个建设项目应用了区域评估成果。建设项目压覆矿产资源区域评估、地质灾害危险性区域评估和环境影响评估等3个区域评估事项已经全部完成。"外国人来华一站式服务专窗"改革案例被列为江苏省开发区体制机制改革第二批实践案例。

（五）复制推广自贸区改革经验

一是推动中韩（盐城）产业园改革。推广复制32条江苏自贸区联创区创新实践案例，全面承接落实14个省级赋权联创区事项。推行"容缺＋信用承诺"，287个服务事项下沉一线"就近办"，时限压缩80%，提供企业开办、工程建设项目审批等全流程"一站式"服务。建设外国人来华工作"一站式"服务专区。依托省市共建的中韩（盐城）产业园发展基金，支持园区重大项目和重点工程建设，累计成功投资项目28个，项目落地总规模146亿元。

二是推动盐城高新区改革。制定出台"联创区重点改革任务清单"36条，"联创区争取政策措施"10条，加快形成联创区未来建设蓝图。大力推进行政审批制度改革，改革前后审批时限压缩近66%，企业开办6个环节全部实现"并联办理","半日办结"率达91%。推动"拿地即开工、交房(地)即发证"改革常态化,实现项目在拿地后2个工作日内完成土地证办理到施工许可证签发全流程,一批工业项目相继实现"四证联发"。借鉴和复制中国(上海)自由贸易试验区、中国(江苏)自由贸易试验区苏州片区经验,简化外商投资相关程序,落实外商投资准入前国民待遇加负面清单管理制度,推进"登记备案一表制"准入新模式,支持外资投向电子信息、高端装备、新能源与汽车配件等先进制造业。

盐城市商务局

扬州市

2022年,在江苏省商务厅和市委、市政府的坚强领导下,扬州市商务部门坚决贯彻"疫情要防住、经济要稳住、发展要安全"决策部署,高效统筹疫情防控和商务发展,认真落实一揽子稳经济措施,扎实推进各项重点工作,全市商务经济总体呈现"稳中有进、进中向好"的发展态势。

一 主要商务经济指标完成情况

2022年,扬州市实现社会消费品零售总额1 518.9亿元,同比增长2.6%,增幅居江苏省第一;实现外贸进出口总额1 101.2亿元,增长13.9%,增幅居全省第五,首度迈入千亿级行列;完成实际使用外资额15.3亿美元,总量跃居全省第六,取得近十来年最好位次;完成对外投资总额4.5亿美元,增长47.2%。

二 商务发展工作情况

(一) 消费动能加快复苏

一是出台系列扶持政策。出台扩大商贸流通促进消费增长若干措施和支持商贸企业、接触性居民服务业市场主体纾困解难"双8条"措施,高质量编制扬州市商贸流通领域促消费活动方案。全年新增批零住餐限额以上法人企业1 452家,位列全省第二。二是打造本市消费品牌。创设"好地方·好生活"扬州惠民消费节,推出"发现宝藏"精品好物展销节、"淮扬味道"舌尖美食品鉴节、"指上功夫"沐浴足疗休闲节、"扬州制造"电子商务文化节4大主题购物活动。引导全市商家开展重点促消费活动1 000多场,通过办活动实现"兴市场"。三是积极发放惠民券。精准聚焦消费重点行业、重点领域,市县联动"多轮次"发放各类惠民券6 000多万元,有效激活消费潜能。汽车惠民券撬动比达1∶100以上,全年乘用车销售额123.2亿元,同比增长7.5%。四是精准聚焦大宗消费。着眼汽车、家电等大宗商品的支撑作用,落实阶段性减半征收车辆购置税和绿色节能家电补贴政策,创新开展购车抽奖、家电让利促销等活动,汽车、石油及制品类商品全年累计占全市限额以上大类商品零售额的43.9%,分别增长17.3%、19.0%。

(二) 商贸流通更新转型

一是商贸业态推陈出新。积极培育夜间经济、网红经济等新业态、新场景、新品牌。支持京华城、中集等商圈举办夜市、后备箱市集50多场,"扬州的夏日"夜市影响力不断扩大。推动大润发全国首家M会员店落子扬州、山姆会员店苏中首店加快入驻。二是电子商务加快发展。联合扬州大学成立"扬州市电子商务(跨境电商)人才培训中心",组织开展各类跨境电商培训及赛事活动20多场,助力传统商贸企业"触电上网"。全年实现网络零售额295.9亿元,同比增长10.8%,增幅全省第二。三是品牌示范不断加强。推动江都区入选江苏省现代商贸流通体系示范创建区,维扬经济开发区、江都商贸城电子产业集聚区入选省级县域电商产业集聚区,方广集团入选省级数字商务企业,东关街获评首批"江苏省示范步行街",扬州金鹰国际购物中心获批国家级绿色商场,扬州宏信龙物流有限公司入选全国商贸物流重点联系企业。四是持续擦亮美食之都品牌。成功举办中国(扬州)淮扬菜美食节暨第四届中国早茶文化节、2022中国(扬州)国际创意美食博览会等美食促消费活动,开展中国早茶品鉴周、中意美食品鉴周,增添城市烟火气,全市餐饮营业额增幅居全省第一。评选中国早茶(早餐)地标美食及代表性企业、代表性传承人,发布扬州早茶地图,提振餐饮特色消费。

(三)招商外资加速发力

一是着力招商谋划推进。牵头完成对2022年新招引重大产业项目任务分解,会同相关部门制订《2022年全市招商引资擂台赛方案》,逐季开展招商引资"擂台赛"。印发《招商引资工作简报》9期,通报各地招商动态。二是强化活动组织实施。全年组织开展2022中国·扬州"烟花三月"国际经贸旅游节重大项目云签约、江苏省外资项目云签约暨外资总部经济集聚区揭牌仪式扬州分会场、各季度重大项目签约、中国国际进口博览会等一系列重点招商活动,提请市委、市政府主要领导先后5次带队赴北京、上海等地专题招商拜访,推动各地主要负责人带队外出招商92批次,拜访企业168家,推进项目151个。三是重大项目集聚落户。全年新招引正式合同重大产业项目446个,其中,先进制造业重大项目205个,100亿元、50亿元项目各9个,创历史新高。新落户韩国绿色世界株式会社感光IC封装及智能终端产品项目、美国科霸生物科技项目、圣戈班高科技新材料项目增资等世界500强及跨国公司项目6个。四是优化利用外资结构。出台《市政府关于进一步推动全市开放型经济高质量发展的政策意见》(扬府发〔2022〕86号)。定期召开稳外资稳外贸暨招商引资工作督查会,实施利用外资板块、园区双线考核。全市制造业、高技术产业利用外资分别增长318.0%、387.6%。

(四)外贸外经稳中有进

一是外贸总量持续增长。建立115家重点外贸企业数据信息库,每月定时更新进展情况,及时掌握企业诉求和建议,帮助企业纾困解难。支持存量企业技术改造、扩大产能,推动重点增量项目按序时达能达效。二是外贸主体质态优化。深入实施外贸"破零"行动,组织企业参加各类线上线下展会。江苏嘉和热系统股份有限公司海外仓获评江苏省级公共海外仓,实现全市零的突破。全年新增外贸市场主体600多家。创成省级服务贸易基地2家,获评省级内外贸试点企业21家,并列全省第一。三是跨境电商蓬勃发展。成功获批国家级跨境电子商务综合试验区,推动综合保税区建成保税仓库、跨电监管场站等软硬件设施,有序推进"3大中心"建设,推动阿里巴巴投资项目落地广陵。四是"走出去"坚定有力。健全"走出去"企业常态化走访机制和"一站式"专业化服务平台,加大走访调研力度,积极组织100多家企业参加线上线下洽谈对接和实务培训。

(五)载体平台提档升级

一是体制机制改革深化。出台《关于更大力度赋能全市开发园区"二次创业"高质量发展的若干措施》,"1+7+N"赋能政策、"1+1+1"组织推进机制更加健全。全面推行"拿地即开工",实现园区事园区办,8家园区构建形成"一区多园"管理格局。二是争先进位成效显著。8家省级以上经济开发区在国、省综合考评中广泛进位(5升1平2降)。维扬经济开发区、广陵经济开发区进入全省同类园区前10,取得历史性突破,维扬微电子产业园获批省级特色创新(产业)示范园。盘活存量土地7 561亩(1亩≈667平方米),提前1年完成3年任务。三是口岸开放能级提升。完成仪征海事监管权划转回归,长江引航中心扬州办事处揭牌。指导成立扬州市口岸协会。全年扬州港完成外贸吞吐量1 377万吨,外贸集装箱吞吐量16万标箱,同比增长22%。进出口、进口货物平均整体通关时间进一步缩减,口岸提效降费效果明显。

三 商务改革推进情况

（一）全力推进跨境电子商务发展

一是加强跨境电商综试区建设。2022年2月国务院批复同意在扬州设立跨境电子商务综合试验区，同年6月实施方案获省政府批准。推动综合保税区建成保税仓库、跨电监管场站等软硬件设施，数字出海孵化推广、跨境电商全产业链发展、外贸数字化转型促进"3大中心"初具雏形。阿里巴巴信息服务产业基地项目成功签约。二是积极发展外业态新模式。持续推进"产业带＋跨境电商"模式，鼓励企业在主要出口市场设立公共海外仓。超过千家外贸企业通过各类跨境电商平台拓展国际市场，跨境电商贸易规模同比增长20%以上，成为全市新的外贸增长点。三是加快跨境电商人才培养。联合扬州大学成立"扬州市电子商务（跨境电商）人才培训中心"。市、县（区）联动举办"新外贸、新动能、新机遇"等10多场跨境电商培训，助力企业提升国际化运营能力，培育外贸发展新动能。四是着力提升营商环境。制定出台《关于进一步推动全市开放型经济高质量发展政策意见》（扬府发〔2022〕86号），从开拓国际市场、发展跨境电商、助力外贸"破零"、加大信用保险支持、推动品牌建设等多方面对外贸企业加以扶持。充分发挥市、县两级领导班子重大项目挂钩联系服务推进机制，进一步优化口岸通关效率，持续擦亮"好地方事好办"营商环境金字招牌。

（二）全面推进开发园区转型升级创新发展

一是政策配套支持有力。2022年初，扬州市委、市政府印发《关于更大力度赋能全市开发园区"二次创业"高质量发展的若干措施》，高标准谋划，高起点定位，提出"省级以上开发园区围绕'千亿'抓进位，工业集中区围绕'百亿'创特色"目标导向，明晰工作责任，加快高质量发展。二是推进工作全面有力。先后召开全市开发园区"二次创业"工作推进会和领导小组座谈会，全面分析推进开发园区相关工作，牵头组织相关园区和部门赴苏州、常州、南

通、江阴等地学习考察。三是重点改革积极推进。开展园区存量土地盘活专项巡察,联合相关部门出台《2022年度扬州市开发区区域评估行动方案》,全年盘活存量土地7 561亩。全面推行"蓝红章"预审批制度,实现"拿地即开工",提升跨部门协作效率,促进开发区企业投资项目快落地、快建成、快投产,全面向各省级以上开发园区赋予经济管理权限,实现园区事园区办。四是主要经济指标快速增长。全市11家省级以上开发园区(核心区)累计完成工业开票销售4 451.1亿元,同比增长11.6%(市均6.7%);实现工业入库税收133.7亿元,同比上升7.5%(市均0.7%),以不足全市15%的国土面积,创造了56.3%的工业开票销售和57.8%的工业入库税收;新招引50亿以上重大项目15个(其中100亿以上重大项目8个),占全市比重83.3%。各开发园区成为全市抵御新冠疫情和国际形势叠加不利影响、奋力实现高质量发展的有力支撑。

扬州市商务局

镇江市

2022年,面对复杂严峻的内外部环境,镇江市商务系统认真贯彻落实中央、江苏省委省政府各项决策部署,坚持统筹疫情防控和商务发展,克难求进,积极作为,推动商务运行保持稳中有进。

一 主要商务经济指标完成情况

2022年,镇江市实现社会消费品零售总额1 364.0亿元,增长1.3%,增幅列江苏省第三;实现外贸进出口总额1 038.8亿元,突破千亿元大关,创历史新高,增长24.5%,增幅列全省第二;确认实到外资额5.7亿美元,同比增长2.9%,增幅列全省第十;新增对外实际投资额1.7亿美元,增长70.0%;高技术产业实际利用外资额同比增长148.3%,占全市总量的44.8%,占比稳居全省前三。

二 商务发展工作情况

（一）对外贸易高位运行

一是积极培育外贸新增长点。开展外贸"培优扶强"三年行动,获批设立国家级跨境电子商务综合试验区,跨境电子商务出口额增长20%以上,外贸增幅提升到全省第二。二是助力企业开拓外贸市场。签发RCEP原产地证书超过2.6万份,帮助企业减免关税超过3 000万美元,组织2 000多家次企业参加各类线上线下对接会。三是挖掘服务贸易发展特色。金斯瑞生物科技股份有限公司"柔性化定制DNA合成技术服务"入选"业态创新服务示范案例",镇江矽佳测试技术有限公司、镇江苏惠乳胶制品有限公司获评省级重点服务贸易企业。

（二）双向投资稳中有进

一是狠抓利用外资。实施项目招引提质增效行动和外资扩量提质三年行动,对重大外资项目落户、存量企业增资、省级外资总部入库培育企业给予奖励,成功举办日韩汽车零部件产业专题招商、赴欧小分队招商等活动,外资增幅排名前移3位。二是扩大对外投资规模。助推企业抱团取暖、联合"出海",境外投资额同比增长70%,"一带一路"沿线国家和地区的境外投资额占比超过50%,生物医药、新材料、新能源等成为投资新亮点。

（三）民生消费扩容提质

一是积极提振消费。成功举办"苏新消费·夏夜生活"暨2022镇江·金山消费节等系列活动,江苏恒顺集团有限公司新品推广经验做法入选商务部守正创新典型案例,润州区西津渡街区荣获首批"江苏省示范步行街"称号,社零增幅列全省第三。二是办好民生实事。编制市区商业网点规划,创成省级一刻钟便民生活圈试点培育城市,优选4个代表性社区,对社区菜市场及周边商业网点升级改造,全力打造"一刻钟便民生活圈"。三是抓好安全保障。有力有序做好群众生活物资保供,疫情期间及时向涉疫地区调拨生活物资,商贸流通领域安全生产平稳有序。

(四)平台能级不断提升

一是提升口岸开放水平。推进通关便利化,创新开发智慧监管线上平台,帮助企业节约成本2 000万元,支持中国储备粮管理集团有限公司申报进境粮食指定监管场地。二是促进园区整合优化提升。将全市现状园区整合至10个,积极推进区域评估,累计形成近700个项目运用评估成果,为项目提速,为企业减负;制定出台支持综合保税区高水平开放高质量发展政策措施,镇江综合保税区进出口额同比增长130%,增幅列全省首位。

三 商务改革推进情况

(一)依托国家级跨境电子商务综合试验区试点,加快发展外贸新业态模式

印发《中国(镇江)跨境电子商务综合试验区扶持资金实施细则》(镇商外贸〔2022〕163号)。成功复制"跨境电商+市采通"模式,已推动10家企业在市采通平台成功注册,帮助镇江更多的小微企业获取做国际贸易"大生意"的机会。积极向上对接"江苏优品·畅行全球"活动,创新举办云上展和"镇江产品丝路行"线上对接会,2022年以来已组织10场线上展会(对接会),合计参展企业超过1 000家次、参展超过2 000人次开展"屏对屏"洽谈,利用网络展会发展新客户、承接新订单,提高参展实效。搭建镇江市跨境电商线上孵化平台,举办跨境电商培训会(对接会)5场,参训企业近300家,参训人员超过千人。

(二)实施扩大内需战略,组织开展"金山消费节"等系列促消费活动

制定《2022年金山消费节消费促进行动方案》并正式发文。举办"苏新

消费·夏夜生活"暨 2022 镇江·金山消费节启动仪式,并分两轮累计发放价值 500 万元的消费券,活动参与商户 1 800 余户,累计参与市民近 8 万人,累计发放消费券超 20 万张,核销近 12 万张,发放券面总额 650 万元;实际产生交易 11.5 万笔,累计核销优惠金额 389 万元,核销率为 77.7%。举办交通银行杯 2022 镇江锅盖面大赛,评出"镇江味道·十佳金牌锅盖面馆""镇江味道·十佳网红锅盖面馆""镇江味道·锅盖面馆"。在第二届中华老字号创新发展大会上,恒顺香醋被列入"中华老字号守正创新十大案例",是全省唯一列入企业。

镇江市商务局

泰州市

2022年,面对严峻复杂的国际国内形势,泰州市商务系统坚持稳中求进工作总基调,全力做好"两稳一促",实现商务平稳发展、稳中提质。

一 主要商务经济指标完成情况

2022年,泰州市完成社会消费品零售总额1588.4亿元,同比增长0.7%,高于江苏省平均0.6个百分点,增速列全省第五;实现外贸进出口总额196.2亿美元,同比增长4.9%,高于全省3.2个百分点;完成实际使用外资额11.4亿美元,其中,制造业实际使用外资7.4亿美元,占全市总量的65.2%,高于全省平均25.0个百分点;新增高技术产业实际使用外资额4.1亿美元,同比增长12.4%;实现累计对外直接投资额1.7亿美元,同比下降23.0%;累计实现外经营业额4.8亿美元,列全省第四,同比增长1.0%。

二 商务发展工作情况

（一）全力以赴稳外资，利用外资结构优化

一是推进开展招商活动。制定出台《泰州市招商引资工作绩效管理评价办法》，指导推动市（区）每月"招商周"活动，组织举办上海专题招商活动。加强招商队伍专业化建设，联合普华永道会计师事务所开展重点园区招商业务骨干培训。建设用好在线招商投资服务平台，全市亿元以上新签约项目全部实现在线跟踪管理，市（区）、重点园区招商管理人员定期通过平台报送签约项目信息，更新项目实施进度。二是扎实做好项目推进。深入落实重点外资企业和重大外资项目联系服务机制，建立健全市（区）、园区"旬推进、月评估"工作机制，有效推动外资项目快落地、早见效。组织8个重大外资项目参加"江苏省外资项目云签约暨外资总部企业授牌仪式"集中签约，项目总投资8.5亿美元。蓝思精密（泰州）有限公司、新浦化学（泰兴）有限公司、上海合全药业股份有限公司、顶峰油脂化工（泰兴）有限公司等实际使用外资1 000万美元以上的项目31个，合计实际使用外资9.2亿美元，占全市实际使用外资总量的81.1%。三是推动优化外资结构。围绕特色主导产业和战略性新兴产业，定期摸排全市"利润再投资"重点企业库及项目情况，促进外资提质增效。全年利润再投资方式到账外资2.7亿美元，占全市总量的23.9%，较上年同期提升13个百分点。

（二）积极主动稳外贸，对外贸易稳中提质

一是持续推动市场开拓。积极组织企业参加线上中国进出口商品交易会、中国国际进口博览会、"江苏优品·畅行全球"等重点展会，举办2022美国阿纳海姆国际乐器及音响展览会江苏企业远程参展及数字对接会，助力企业抢抓更多国际订单。泰州市有进出口实绩的企业已经超过2 000家，年进出口额1 000万美元以上企业近200家。二是强化惠企政策落地。深入贯彻落实国家和省、市推动外贸保稳提质各项惠企政策措施，全年落实各级外贸

发展资金超过3 000万元。推动出口信用保险扩面降费,500多家小微企业参加小微信用保险,承保金额增长近20%。制定2022年度《区域全面经济伙伴关系协定》(RCEP)实施计划,累计签发RCEP原产地证书161份,惠及22家企业,减免关税约9.6万美元。三是加快推进转型升级。加快生物医药、新能源、船舶等国家级外贸转型升级基地建设。全年药品进出口5.1亿美元,同比增长34.6%;船舶出口25.3亿美元,占全市进出口总额的18.8%,同比增长1.3%。主办泰州跨境电商发展论坛和大健康产业线上对接会,上线"泰嗨淘跨境购"跨境电商综合服务平台,为跨境电商企业提供报关、仓储、支付、物流等全流程服务,引导企业发展"跨境电商+新零售"、公共海外仓等新模式,增强外贸发展新动能。

(三)安全规范"走出去",外经合作平稳有序

一是积极开展对外投资合作。建立"走出去"重点企业和项目库,组织企业参加中国兰州投资贸易洽谈会和中国—泰州投资合作研讨会,鼓励和引导重点企业积极开展对外直接投资和合作。全年对外直接投资额1.66亿美元,新批境外投资项目13个,增资项目4个,其中在"一带一路"沿线国家新设项目8个,在RCEP成员国新设项目10个。二是规范管理对外劳务合作。联合开展全市对外投资合作领域专项整治和"回头看"行动,排查处理一批违规非法外派人员行为,督促整改7家企业违规行为,进一步规范对外劳务合作市场秩序。跟踪督促靖江市广宇海外建设有限公司、泰兴市环宇劳务合解有限公司、江苏海通建设工程公司等相关对外劳务合作企业及时续交风险处置备用金,切实维护海外劳务人员权益。三是全面抓好境外风险防范。制定《泰州市境外企业疫情防控应急处置预案》,编制发放《境外企业疫情防控指南》,完善境外企业疫情防控协调机制,加强联防联控应急处置协调能力,动态落实"三清两稳一到位",进一步指导境内企业主体提升境外企业疫情处置能力。组织企业参加"走出去"企业风险发布会,帮助企业规避境外投资风险;及时排查全市在境外高风险地区项目,提醒企业做好安全风险评估和防范;开展境外投资合作企业"三防"(防疫情、防绑架、防打砸)综合演练,助力境外企业安全稳定运营。

（四）持之以恒抓改革，开放载体特色发展

一是园区改革创新再提速。泰州市和姜堰区获江苏省政府通报"真抓实干督查激励"园区转型升级成效明显地区。顺利完成省级以上经济开发区安全专项整治三年行动工作任务。进一步深化园区改革，深入总结已改园区成效和存在问题，"两高融合"园区改革方案获市委、市政府批准。二是口岸码头建设再突破。强化开放口岸管理，组织开展开放码头规范化运营核查，帮助泰州众航船舶有限公司、泰兴市金燕仓储有限公司、中铁建港航局集团泰兴港务有限公司等企业申请码头开放。破解引航瓶颈，帮助泰州外贸企业向镇江引航站申报引航计划超过 500 个；推动泰州引航站建设，实现挂牌筹建。三是自贸区建设稳步推进。强化自贸片区制度创新评估指标体系研究，积极申报自贸区生物医药全产业链试点。加快推进自贸区经验复制推广和自贸联创区自主创新，推广复制江苏自贸区第三批先进经验，梳理国家和省自贸区制度创新成果 278 项。组织召开重大项目建设"送服务、解难题"泰州综合保税区建设发展专题协商会、保税研发政策研讨会，破解综合保税区发展难题。

（五）多措并举促消费，居民消费回暖向好

一是扎实开展消费促进活动。牵头制定出台"促消费十四条"，进一步释放消费潜力。落实省"苏新消费"四季系列主题购物节总体部署，组织开展"活力泰州""惠享泰州""乐购凤城"三大主题促消费系列活动，指导市（区）开展"靖享人生""惠在泰兴""活力水乡"等"一市（区）一主题"消费促进活动超百场，持续推动消费回暖复苏。二是有序推进商贸载体建设。组织编制《泰州市区商业街区建设与发展专项规划》，开展静安路步行街、东方小镇商业步行街申报第二批省级步行街改造提升试点。积极开展国家级绿色商场创建工作，金鹰国际购物中心（泰州店）、泰州万象城获批国家级绿色商场。全面推进"祥泰"系列创建品牌，授牌 31 家"祥泰商超"和 30 家"祥泰酒店（宾馆）"。三是城乡商业体系建设成效明显。加快推进泰州市金融商贸片区建设，牵头制定商业总体策划、商业业态提升、交通组织优化等"1＋4"详细规划

设计。推进编制市区商业网点布局规划,全面启动县域商业体系建设。实现国家级电子商务进农村综合示范县全市覆盖,泰州获批省级便民生活圈建设试点城市,靖江电商创业中心获批国家电子商务示范基地,兴化绿色健康食品产业集聚区入选第二批江苏省县域电商产业集聚区,海陵区被认定为全省现代商贸流通体系示范创建区。

(六)唯勤唯实强服务,营商环境持续优化

一是扎实做好疫情防控。落实疫情防控片区"包保"机制,督促指导商场、超市、餐饮单位、加油站(点)等商贸场所全面落实疫情防控主体责任。推动企业强化产销衔接,畅通应急保供投放网络,建立快速应急反应机制,完善市级生活必需品应急保供预案,保证紧急情况下生活物资调得动、用得上。二是切实保障安全生产。持续抓好大型商业场所、餐饮场所、报废机动车拆解、再生资源回收等重点商贸流通企业和场所的安全生产工作。组织餐饮燃气用户开展安全培训,建成市餐饮燃气安全信息管理平台,推动全市餐饮经营单位全面安装并规范使用餐饮燃气使用安全保护装置。加强成品油市场和加油站事中事后监管,推进加油站经营安全管理一企一档。三是持续提升服务效能。开展商务领域营商环境"大走访、大排查、大整治、大提升"百日攻坚行动,聚焦六大重点领域对标找差、整治提升,有效打通商务政务服务难点堵点。进一步深化"放管服"改革,实现成品油零售经营资格审批"一窗受理、一窗发证"和要件材料精简,推行"技术进出口合同登记"全过程无纸化,取消对外贸易经营者的许可准入管理,实行拍卖业务许可"告知承诺"。加快建设商业预付卡管理服务平台,督促推广"先备案、后发卡",确保商业预付卡市场健康发展。

三 商务改革推进情况

(一)开放载体建设不断提升

泰州国际合作园区实现从无到有的突破,泰兴经济开发区中日(泰兴)新

材料产业园获批江苏省国际合作园区,目前已有日本三菱瓦斯化学株式会社、住友商事株式会社、森田化学工业株式会社、栗田株式会社等多家世界知名的日资企业已落户,总投资超过10亿美元,在手洽谈日资项目超过20个,日资企业集聚效应日益凸显。泰州综合保税区实现排名跨越的突破,海关总署于2022年9月公布2021年度全国综合保税区绩效评估结果,泰州综合保税区在参与考核的137个特殊监管区域中排名比上年度大步前进6位,首度排进前70位。

(二)项目招引活动提质增效

市级招商活动方面,泰州(上海)城市及产业投资环境推介会,于2022年11月如期举行,30个项目现场签约,总投资超325亿元。其中,先进制造业项目20个,现代服务业项目5个,科技人才项目5个,涵盖了生物医药、新能源、高端装备制造等领域。线上招商平台方面,自泰州市招商投资服务平台上线以来,Web端访问量超过58万人次,微信小程序用户超过1.2万人,累计发布招商项目需求信息141条、土地和厂房招商信息204条,一批招商需求和招商信息得到了投资客商的积极回应。

(三)跨境电商服务更加完善

2022年1月27日,国务院正式设立泰州在内的27个跨境电子商务综合试验区。泰州在实现与海关总署跨境辅助系统、金关二期辅助系统对接的基础上,实现了9610、1210、9710、9810等跨境电商通关模式的全覆盖。截至2022年年底,泰州市开展跨境电商企业已超千家,占全市有外贸实绩企业数近五成,涌现出泰州润元机电科技发展有限公司、融亿纺织科技(江苏)有限公司、泰州捷锋帽业有限公司、泰州海达塑胶包装有限公司等一批骨干企业。据统计,全市累计跨境电商进出口额超过5亿美元(含线上成交线下交易)。

泰州市商务局

宿迁市

2022年,宿迁市商务系统坚持以习近平新时代中国特色社会主义思想为指引,以学习贯彻党的二十大精神为主线,坚持"稳中求进"工作总基调,坚持改革创新、项目引领,系统推进招商引资、开放型经济、商贸流通、开发区建设、电子商务等重点工作,商务经济运行"稳中有进、稳中向好"。

一 主要商务经济指标完成情况

2022年,宿迁市实现社会消费品零售总额1 465.9亿元,增长0.4%;实现外贸进出口总额83.9亿美元,增长25.9%;实现服务贸易进出口总额1.3亿美元,增长14.7%;新增实际使用外资额11.8亿美元,增长48.2%;实现对外直接投资额6 036.0万美元,增长51.0%。

二 商务发展工作情况

（一）胸怀大局，书写招商答卷

一是推动机制完善。建立统筹管理、调度推进、督查考核三项机制，定期召开工作推进会，全面加强6个驻外招商局日常管理。选调专职招商人员21人，充实8个招商服务中心力量。加强产业链招商研究，明确首席专家与智库单位，推动编制产业链招商热力图。二是掀起招商热潮。成功举办第四届运河品牌电商大会、宿迁绿色产业洽谈会（以下简称"绿洽会"）等重大活动。绿洽会参会客商400余名，董事长、总经理等占比达到83.9%，创历届之最。持续深耕重点区域，全年组织招商活动57场，参加客商6000余人次。三是提升质量实效。进一步提高招商引资工作质量，推动聚焦"六度"标准，健全项目评估、科学选址、风险防范等制度，谋划招引龙头型、平台型和牵引型项目。四是强化考核引领。建立招商项目考核领导小组，制定全市招商引资工作方案、市直部门招商考核办法、驻外招商局管理和考核办法，创新采取查阅台账、实地查验、集体研究相结合的方式，进一步考准考实项目质态。五是紧抓项目落地。构建项目全生命周期管理服务体系，建立"跟踪监测库""考核推进库"。严格实地查验、定期通报，定期开展"回头看"，督促加强手续帮办、要素保障，推动新签约项目年内达开工率达到58.6%，创历史新高。

（二）勇挑大梁，扛起商务担当

一是对外贸易保稳提质。建立"三库一调度"机制，创新"代参展"模式，开展"面对面"服务，统筹用好重点展会、品牌培育、出口信保、"苏贸贷"融资等政策"工具箱"，稳住外贸"基本盘"。针对2021年下半年严峻形势，建立100强重点企业挂钩机制，开展"颗粒归仓"行动，发送县区提醒函，实施"一日一调度"，落实"一对一"帮办，推动重点企业稳定增长。二是外资潜力持续释放。积极对接东盟—中日韩（10+3）产业链供应链合作，组织开展外资项目"云签约"、对德经贸合作交流会等活动，续签省市共建驻德代表处协议，开启对德经贸合作新篇章。建立100家重点外资项目库,推动利润再投资4 900万美元。三是外经合作稳步推进。优化"走出去"服务体系,持续抓好潜力企业培育,组织对外投资沙龙活动,推动海外投资健康发展。全年新批境外投资项目10个,同比增加67%。四是"两促两转"培育主体。牵头成立市社零高质量发展保障工作联席会议,建立批零住餐行业监测分析机制、20强企业月报制度、重点企业"一对一"联系机制和"准限上"企业库,高频次开展调度推进,全面做好摸排筛选和跟踪服务,新增入库企业297家。

(三)深化改革,建强载体平台

组建领导小组和工作专班,构建"3+3+17+N"改革创新体系,9个列市项目、8个自主创新项目有序落实。一是园区发展基础夯实。首次出台《关于加快推动全市开发区高质量发展的实施意见》及专项考评办法,编排50条任务清单,每月监测重点指标。突出政策、产业、项目、载体"四个联动",酿造产业园创成江苏省特色创新产业园,获批副处级机构编制,获省专门政策资金支持。推动南北共建园区"1+5"联动发展,苏宿工业园区实现"十二连贯"。复制推广自贸试验区改革试点经验,深化区域评估改革,共享成果超600例。二是跨境电商创新发展。签署共建协议,在全省率先开展市、县、区(功能区)共建跨境电商示范区。建成3个省级跨境电商产业园,运行线上综合服务平台,引进7家平台服务机构。强化校企人才培育,举办"亚马逊精英特训营"等活动30余场。实现跨境电商进出口额5亿美元,同比实现翻番。三是口岸功能不断完善。出台政策意见,探索推动"四港"联动发展。积极拓展远洋、近洋航线,引进4家外贸船运公司开展合作。持续优化营商环境,跨境贸易指标连续三年全省第一。

(四)服务民生,落实惠企利民

始终把群众冷暖和企业发展放在心中、抓住手上,努力让广大企业和群众有更多的获得感、幸福感和安全感。一是聚焦商务惠民。制定"促进消费20条""支持外资外贸企业纾困解难10条"等政策措施,发放3 000万元政府消费券、1 000万元购车惠民券。建立落实常态化服务企业机制,组织政策宣讲、入企服务,推动惠企政策直达。二是落实消费利民。出台工作方案,采取线上线下方式,举办"嗨在宿迁"消费季、购物节、年货节等主题活动10余场。有效整合流通领域消费促进资源,组织开展"销售竞赛"活动,深度激发市场活力。三是推动电商富民。成功举办第四届运河品牌电商大会,在全省率先建立电商人才技能评价体系。挂牌成立市级电商人才服务中心,带动培训超过1万人次。组织第二届电商短视频与直播大赛,新增省级数字商务企业2家。扎实推进国家电商县项目建设,承办省电商直播节助农专场活动,获批省级县域电商产业集聚区3个,数量居全省第一。四是紧抓安全为民。制定专项整治行动方案,落实安全生产责任清单,扎实开展安全生产"百日攻坚"行动。采取"现场观摩＋警示教育＋专家授课＋专题宣讲"的方式,组织现场推进暨宣讲培训会。大力开展隐患查改、督查检查活动,深入抓好商务领域安全生产工作,2022年未发生较大以上安全生产事故。

(五) 夯实根基,厚植事业沃土

一是优政策、抓配套、设资金,集成更优支撑体系。出台6个高质量发展实施意见,配套制定实施方案和三年行动计划,实现重点领域政策引导"全覆盖"。推动设立市级商务发展资金,实现重点资金支持"全方位"。二是企业库、专班制、勤调度,健全推进机制。构建"一办六专班"跨处室工作体系,筛选建立5类"企业培育库",落实重点企业"一对一"服务。建立"周会商、月调度、季盘点"机制,高频率调度"稳增长"工作。三是大学习、大调研、大联动,汇聚更强推进合力。举办全市商务创新发展培训班,邀请江苏省商务厅、中国国际贸易促进委员会江苏省委员会7位处室负责人授课。开展"沉下去、走出去"大调研,形成12篇高质量调研报告,获江苏省商务厅评选调研先进集体。建立市、县、区(功能区)挂钩联系机制,创新开展重点工作示范共建,突出主动上门、精准服务,一线抓落实,助发展。

宿迁市商务局

昆山市

2022年以来，面对严峻复杂的外部环境和超出预期的多重压力挑战，昆山市商务系统坚决落实"疫情要防住、经济要稳住、发展要安全"的重大要求，创新思路紧抓疫情防控，多维发力强化项目招引，真金白银加码企业服务，迎难而上、砥砺奋进，奋勇交出优异商务答卷。

一 主要商务经济指标完成情况

2022年，昆山市实现社会消费品零售总额1 638.1亿元，总量稳居苏州市第一，增长0.8%；实现外贸进出口总额1 033.1亿美元，总量列苏州市第二，下降3.1%，在多重压力挑战下保持千亿美元高位；新设外资项目278个、增资项目118个，新增注册外资额30.7亿美元，增长6.5%，完成实际使用外资额17.3亿美元，增长252.4%，创近十年新高；全年批准境外投资项目24个，完成中方境外协议投资额3.3亿美元，增长135.7%；完成服务贸易进出口总额29.0亿美元。

二 商务发展工作情况

（一）聚力疫情防控这一首要任务，商务阵地全面稳固

一是畅通保供产运销"多环节"。协调3 658吨蔬菜货源保供昆山，向85家重点保供企业发放重要物资保障通行证10 816张。每日动态监测92家重点保供样本单位，选派人员进驻20家大中型超市，动态监测掌握重要民生商品上架、销售、库存情况。二是坚守商业场所群"主战场"。成立农贸（批）及大型商品交易市场疫情防控工作专班，引导42家大型商业场所安装智能防疫设备86台，实现大中型商业场所"场所码"全覆盖推广。检查商超综合体2 100余家次，在苏州全市率先发布复工营业工作指引。三是严密把住进口高风险"货物关"。打造上线昆山市进口货物（非冷链食品）疫情防控信息化平台，引进7家货物核酸检测机构，发放身份识别卡近2 000张，在全市安排19个重点人群核酸采样绿色通道。四是勇当高效复合型"先行军"。成立昆山支持上海生活物资中转保供工作专班，打造全国首个支持上海生活物资应急保供中转站，累计发出物资2 720吨，审核办理320名外籍人士短期商业贸易邀请函申请。

（二）聚焦产业赋能这一根本动力，项目招引全面提速

一是开辟招商引资"新常态"。及时切换招商思路，成功举办新经济重点项目"云签约"等2场活动，全力保障招商不断线、引资不停步，累计签约19个重点产业项目，总投资超过190亿元。沿着"巩固对台、深化日韩、拓展欧美"方向，累计派出6支小分队赴日本、欧洲招商，拜访21家企业客商及投资机构，收获14个意向合作项目，达成意向及潜在投资总额7亿美元。二是跑出重大项目"快节奏"。精心谋划全年52场投资促进活动，成功举办2022苏州昆山融入长三角一体化合作发展推介会等多场重大活动。引进注册外资超过3 000万美元外资项目29个，超过亿美元外资项目8个；注册资本超过亿元内资项目138个，超过3亿元内资项目53个。推动总投资6亿美元的群

启科技、总投资 20 亿元的东山精密等产业链核心环节和龙头企业成功落户。三是激发保障机制"强效能"。推进"昆山智慧招商平台"建设,系统集成投资推介平台、项目管理平台、护商通服务平台,打造昆山对外招商"云名片"。精心组织 2022"招商护商奖"共 41 个奖项评选,持续开展招商干部能力提升培训班,强化招商激励导向,壮大招商队伍建设。

(三)聚焦企业服务这一重要牵引,政企互动全面增进

一是强化政策供给,拓展发展空间。参与"服务业 27 条""促发展 10 条"等市级政策制定,拟定 5 条实施细则。外资增资激励比例提至 1.5%,单个企业奖励上限提至 800 万,纳入《关于支持产业创新集群建设的若干政策(试行)》。推进"昆贸贷"深化实施,累计服务企业 68 家,累计贷款金额 4.5 亿元,为企业节约融资成本 1 136.72 万元。二是优化服务机制,增强发展动力。成立外资外贸企业服务专班,深化实施"双快双优"企业精准服务,开展"抗疫情 保运行 稳增长"企业大走访,牵头开展"招商护商服务月""外企服务月"专项活动,走访企业 507 家次,收集反馈问题 305 个,护航企业健康发展。三是丰富服务内涵,提振发展信心。颁发第 13 批昆山市民"琼花奖"、第 28 批昆山之友"并蒂莲奖"共 41 人,累计为 38 家企业办理疫情下不可抗力事实性证明 122 份,为企业减少损失约 6.9 亿元。

(四)聚焦商贸流通这一基础支撑,内贸管理全面提优

一是致力激活引擎,全力推动消费复苏。成功举办"夏季购物节""双 12""诗画江南 夜享昆山""玉兔迎春 昆山有礼"年货节等系列促消费活动,打造"一区两点两线"五大夜经济集聚区,发放 500 万元数字人民币红包,全力推动消费回补。二是致力生态建设,提升消费供给品质。围绕"以商促会,以会兴商",辅导成立昆山市工商业联合会。推动金鹰国际购物中心(昆山店)、昆山吾悦广场获评国家级绿色商场,大渔湾湖滨风情商业街区获评全省首批"江苏省示范步行街","优加·夜昆山"水上夜市获评苏州首批品牌夜市。三是致力体系建设,加快流通秩序升级。制定"一刻钟便民生活圈"建设方案,推动西湾社区等 6 家获批苏州市首批一刻钟便民生活圈。成功建立覆盖

1 200余个节点的肉菜追溯网络。开展汽车销售、二手车交易、报废车拆解企业检查58家次,预付卡现场检查160余家次,处理各类举报投诉800余件,处理及时率和满意率均为100％。四是致力夯实基础,守牢安全发展底线。与全市34家大型商超综合体和85家在营加油站签订安全生产责任承诺书,组织19家民营加油站签订不销售散装汽油承诺书。以"四进四排查"等形式开展安全生产检查26 623家次,整治安全隐患12 283条,整治率达到99％。

三 商务改革推进情况

(一)突出谋全局,高水平开展规划研究

着眼更大范围、更宽领域、更深层次的对外开放,编制印发《昆山市开放型经济"十四五"发展规划》。围绕系统优化商业网点布局、盘活商业资源,扎实推进《昆山市商业网点布局规划(2018—2035)》修编。

(二)突出抢机遇,高效率打造要素高地

揭牌运作全国唯一县级贸仲机构"中国国际经济贸易仲裁委员会江苏仲裁中心昆山庭审中心"。推动获授全国首批、全省唯一商务部外贸政策直报点。新增4家省级、8家苏州市级跨国公司地区总部和功能性机构。举办多场《区域全面经济伙伴关系协定》(RCEP)专题培训会,助力近600家企业共享政策红利。推动江苏飞力达国际物流股份有限公司获评省级供应链创新与应用重点培育企业,好孩子集团有限公司获评省级内外贸一体化试点企业。

(三)突出壮能级,高层次推进对外开放

深化国家级进口贸易促进创新示范区建设,制定"三张工作清单",建立全市共建格局。发挥自贸区、联创区改革"试验田"作用,推动昆山开发区、昆山高新区在苏州片区考核中分列第一、第二位次。抢抓中国国际进口博览会溢出效应,发动全市843家单位、专业观众3 592人参与,总量约占苏州1/3。

（四）突出优机制，高标准推进招商改革

激活以市场化为导向的招商机制改革，系统构建"1+4+N"招商服务体系，"1"指投资促进公司，"4"指北京、上海、深圳、杭州4大创新中心，"N"指若干国企。加快推进昆山市投资促进有限公司实质化运营，持续推进北京、上海、深圳三大产业创新中心建设运营，推动昆山市政府与中国金融信息中心签署战略合作框架协议，新时代招商工作机制初显成效。

昆山市商务局

泰兴市

2022年,泰兴市商务系统坚持以习近平新时代中国特色社会主义思想为指导,深入学习贯彻党的二十大精神,积极应对国内外经济发展下行压力,主动谋划,开拓进取,推动商务高质量发展。全市招商引资统筹有力,开放型经济发展较好,"祥泰"系列创建成效显著,各项工作取得了较为优异的成绩。

一 主要商务经济指标完成情况

2022年,泰兴市完成社会消费品零售总额326.7亿元,同比增长0.9%;实现外贸进出口总额61.8亿美元,同比增长2.3%,总量列泰州市第一;完成实际使用外资额3.9亿美元,同比减少0.9%,总量列泰州市第一;实现外经营业额2.1亿美元,同比增长12.0%,总量列泰州市第一;完成对外直接投资额3 882.0万美元;全市累计新签约亿元以上项目206个,其中5亿元(含外资3 000万美元)以上项目83个,外资3 000万美元以上项目18个,10亿元(含

1亿美元)以上项目34个。

二 商务发展工作情况

(一) 招商资源一体化,不断推进项目大突破

一是谋划完善全市招商引资工作机制。牢固树立全市招商工作"一盘棋"理念,牵头制定《关于进一步完善全市招商引资工作机制的实施意见》,构建"一办六单元"的全新招商格局。建立健全招商单元内部工作机制,推动区镇进一步凝聚招商合力,最大限度实现招商资源的有效共享。全市非园区乡镇(街道)累计签约亿元以上飞地项目15个。二是强化项目督查推进。每月联合发展改革委、行政审批局等五部门召开有效项目信息初审会,全年累计初审有效项目信息229个,其中淘汰不合格项目24个。坚持全生命周期闭环管理项目,落实"动态跟踪、双月过堂、年终考核"的推进机制,先后发布《项目招引建设情况简报》11期。三是内外联动开展重点招商活动。制定"1336"重点招商活动计划,结合全年工作实际,坚持综合招商、专题招商、产业招商相结合,线上洽谈、云端签约齐头并进,重点组织开展了2022泰兴重点产业项目集中云签约仪式、第十一届中国(泰兴)银杏节投资环境说明暨项目推介会等市级层面综合招商活动,协助各开发园区在上海、常州、重庆等地举办产业专题招商活动。创新开展"双招双引"金秋"擂台赛",改"闭门赛"为"公开赛",进一步激发各招商单元动力,切实提升全市项目招引成效。

(二) 园区建设规范化,持续提升载体平台能级

一是推动国家级经济技术开发区创建。会同泰兴经济开发区,联合14个部门与3个园区,围绕省级经济技术开发区考核工作,做好各项指标申报与资料上报工作。二是大力建设廉洁园区。紧扣"廉洁泰兴"建设要求,积极开展廉洁园区建设工作。每月跟进各开发园区工作开展情况,每季度召开廉洁园区建设督查推进会,督促各开发园区切实履行主体责任,打造发展和廉洁"双高地"。三是抓好园区高质量考核。牵头制定2022年度开发园区推进

高质量发展考核实施方案、目标任务分解、专项考核细则等内容,每月对各开发园区下达省高质量考核月度目标任务,通报完成情况和得分情况,进一步发挥考核"指挥棒"作用。

(三)开放合作扩大化,推动"三外"提质增效

一是持续扩大利用外资规模。加大对3 000万美元以上重大外资项目的招引力度,意大利阿德勒集团总投资1亿美元的汽车精密零部件制造项目等成功签约落户泰兴。会同有关部门做好递延纳税政策落实,鼓励外资企业以多种形式增资扩产,全市增资扩股项目完成合同利用外资19 298万美元,实际到账外资18 395万美元。二是推动对外贸易转型升级。发布展会信息40余条,先后组织30余家企业参加中国进出口商品交易会、中国国际进口博览会、中国跨境电商交易会等线上线下展会,达成订单120余个、意向订单260余个。成功举办"2022美国阿纳海姆国际乐器及音响展览会江苏企业远程参展及数字对接会",通过线下远程代理出展的方式,不断扩大国家级外贸转型升级基地(乐器)影响力。加快发展跨境电商、市场采购等外贸新业态新模式,推动黄桥经济开发区创成"泰州市跨境电子商务产业园"。三是加快企业"走出去"步伐。主动对接江苏扬子鑫福造船有限公司,加强对船厂的业务指导,为全市外经营业额贡献了90%以上的份额。鼓励和支持企业发挥自身优势走出国门,大力开拓海外市场,重点推动泰兴市中兴国有资产投资有限公司赴香港投资项目,黄桥经济开发区赴欧洲设立招商投资公司。

(四)惠企服务精准化,全力保障发展基本盘

一是助企纾困解难。由主要负责人带队开展"挂钩基层促发展"专题走访活动,深入园区与企业走访座谈、摸排调研20余次,收集并协助企业解决诉求52项。面对疫情防控期间物流不畅的情况,为重点商贸企业办理通行证,组建高速卡口执勤专班落实货运车辆闭环管理,累计开具车辆通行证2 000余张。同时积极开展安全生产、外贸实务等专题宣讲培训,提升企业适应新发展格局的能力和水平。二是落实惠企政策。编印300份《稳外资外贸政策汇编》分发至重点企业。组织全市132家小微企业投保出口信用保险,

保费全额免单。修订外来投资者发放"一卡通"制度,为外来投资者在泰兴工作和生活提供便捷、优质的服务,共计发卡136张。持续发挥"泰贸贷"金融项目作用,惠及企业60余家,发放贷款7亿余元。三是强化资金扶持。修改完善《泰兴市商务发展专项资金使用管理实施细则》,加大扶持资金上争力度。持续发挥《关于进一步推进制造业企业"工贸分离"和批零住餐行业"小进限"工作的意见(2021—2023年)》作用,为企业争取奖励资金。

(五)市场消费多元化,促进商贸流通提档升级

一是积极开展促销活动。以"苏新消费"为年度促消费活动主题,引导商贸流通企业围绕"春节""五一""端午""十一"等重大节日举办各类促销活动,促进社会恢复消费信心。2022年,万达广场(泰兴店)、泰兴吾悦广场、泰兴鼓楼新天地等商超综合体举办促销活动200多次。二是大力发展电子商务。推进电子商务进农村综合示范创建工作,举办"泰兴市农产品区域公共品牌发布暨首届乡村振兴年货大集",精心挑选50余家电商企业携200余种产品进场展销,线上线下销售额达到60余万元。会同泰兴市供销合作社和农业农村局举办"2022年泰兴市农村电商高质量发展论坛",做实数字赋能产业,助推乡村振兴。三是不断加强市场管理。制定2022年单用途预付卡监管计划,建立预付卡管理联席会议制度,累计处理相关投诉举报600多起。推进"一刻钟便民生活圈"建设,推动黄桥镇南街社区、济川街道兴燕社区开展建设试点申报。统筹推进县域商业体系建设,对2022年度县域商业建设项目摸排上报,及时跟踪统计项目库进展情况。

(六)行业监管规范化,狠抓安全隐患排查整治

一是压紧压实责任。深入学习贯彻习近平总书记关于安全生产的重要论述和指示精神,制定《关于开展商贸和加油站领域安全生产百日攻坚行动的通知》等文件,进一步明确商贸领域的整治重点及工作要求。建立信息报送制度,督促各乡镇(街道)、园区每月开展滚动排查,企业每月开展隐患自查,落实属地管理责任与企业主体责任。全年各乡镇(街道)、园区共检查商贸企业1 676家次。二是强化督查检查。聘请行业专家每月对商贸领域安全

生产工作开展专项检查,全年共检查18个乡镇(街道)162家企业,排查隐患422个;泰兴市商务局主要负责人带队,先后开展三轮隐患整治"回头看"和"四不两直"检查,共抽查企业130家,排查隐患263个,均已整改到位。联合住房和城乡建设、市场监管等部门开展62次联合督查,分别向市场监管局移交问题线索7条,向公安局移交问题线索1条,均已依法处置。三是聚焦源头管控。深入开展商贸领域安全宣讲和实操培训,开展安全宣讲1次,组织商贸领域安全生产培训1次,先后组织全市75家加油站开展消防安全应急演练。全域推进风险辨识管控,动态更新"一图一册一清单",切实筑牢安全生产防线。

泰兴市商务局

沭阳县

2022年,沭阳县商务系统坚持以习近平新时代中国特色社会主义思想为指导,坚持"以一流的标准服务好企业,以规范的行为管理好市场"的工作基调,紧紧围绕工作目标任务,坚持不懈狠抓利用外资,多措并举力促外贸增长,全面激发电商发展活力,规范商贸流通市场秩序,扎实推进安全生产整治行动,为县域经济社会发展作出积极贡献。

一 主要商务经济指标完成情况

2022年,沭阳县社会消费品零售总额完成356.3亿元,总量与去年持平,新增入库企业数94个;完成外贸进出口总额151 786.3万美元,完成高技术产品出口额5 919.0万美元;完成实际使用外资额12 151.4万美元,制造业实际使用外资占比超73.1%,新增外资项目7个;完成对外直接投资额797.1万美元,新增对外投资项目2个;完成高技术产业实际使用外资额4 324.3万美元;完成服务贸易总额1 772.0万美元,知识密集型服务贸易进口额744.0万美元。

二 商务发展工作情况

（一）外资提质增效效果显著

一是紧盯目标抓落实。一方面强化目标导向，对照全年实际使用外资目标，抢抓各时间节点，自我加压，将目标任务分解到月，分解到科室，分解到企业，强化措施，狠抓落实；另一方面，定期召开外资推进会、点评会、调度会，压实工作责任，狠抓压力传导，分析当前形势及任务完成情况，查摆存在问题，提出整改措施，确保顺利完成全年目标任务。二是多措并举抓到账。一方面加大摸排力度，对区域内所有存活外资企业重新进行走访调研，全面掌握全县存量外资企业基本情况，排出计划、列出清单，会同项目引进人逐一走访存量企业，动员企业早日实现外资到账；另一方面建立全县外资企业项目库，"一企一库，一企一策"，定期召开外资企业座谈会，深入分析研究企业运行发展、外资到账等方面可能存在的困难问题，并制定相关问题解决方案，促使早日实现外资到账。三是围绕项目抓推进。建立重点外资项目调度机制，实时掌握项目推进情况，加强对新引进外资项目的跟踪服务工作，推动签约项目早注册、注册项目早到账、到账项目早落地建设。

（二）外贸稳中提质持续增长

一是落实落细各项政策，提振企业发展信心。认真组织外贸企业申报2022年度商务发展专项资金和宿迁跨境电商综试区扶持资金，惠及近百家外贸企业，涉及开拓国内外市场、拓宽融资渠道、跨境电商发展、进口贴息等众多项目，减轻企业经营压力，增强企业发展信心和动力。二是建立工作机制，助推企业良性发展。建立一企一档机制，对全县52家重点企业深入走访调研，掌握第一手资料，并建立档案，更好地为企业纾困解难，精准服务；建立领导班子挂钩联系机制，成立外贸工作专班，更好地帮助企业稳定单、稳市场、扩产能、提质效；建立周调度工作机制，每周商务局领导班子召集业务科室召开会议，听取上周工作推进情况汇报，及时掌握工作进程，分析查找存在的问题，针对性采取措施并督导落实。三是组织线上线下参展，推动企业开拓市场。组织好各类线上线下展会、对接会，帮助企业抢市场、抓订单。积极对上争取，取得第132届中国进出口商品交易会展位33个，组织22家企业参展；组织11家企业参加"宿迁市跨境电商供应链选品线上对接会"。四是强化主体培育，推动跨境电商发展。沭阳县跨境电子商务产业园于2021年获批江苏省跨境电子商务产业园，园区注重跨境电商龙头企业的招引、孵化、培育，截至2022年年底，累计入驻跨境电商企业40家，共开展3场专场培训和跨境电商政策宣讲活动，培训人员100余人次。

（三）商贸服务流通持续繁荣

2022年，沭阳县网络零售额约260亿元，位居全市第一。2022年3月，沭阳县新河电商产业集聚区被商务厅认定为江苏省首批县域电商产业集聚区。深化电商人次培训，支持组织各乡镇电商服务中心、电商示范基地、重点电商企业等，采取线上线下相结合形式，共开展100余场次电商培训，共培训达3 500人次；积极组织、参与各类电商活动，春节期间组织全县重点电商企业开展"迁万家"网上年货节，实现花木网上销售额超过2 000万元；组织全县重点电商企业参与2022江苏省电商直播节、2022中国江苏省电商大会、宿迁市运河品牌电商大会、宿迁市2022年"宿有千香"品牌电商直播大赛等活动，通过产品展览、直播展示、供应链支持等方式，对外有效展示了沭阳县电商产业高质量发展形象。

（四）扎实开展商务系统安全生产工作

牢固树立安全发展理念，守住安全生产底线。重点围绕全县大型商业综合体、商场超市、加油站（点）等商贸流通企业和餐饮燃气使用单位开展大排查、大整治活动。通过企业自查、属地乡镇排查、聘请专业技术人员抽查、科室工作人员督查等方式，全面排查安全隐患。2022年共排查加油站（点）一般隐患12处，商业场所一般隐患10处，较大隐患2处，均已整改落实并复查，做到闭环管理。强化商务领域安全生产企业主体责任，组织开展安全生产培训和应急演练，提高企业职工安全生产意识和应对突发安全事故应急处置能力。2022年，商务领域安全生产形势总体平稳，未发生安全生产事故。

沭阳县商务局

第三部分
工作经验交流

江苏商务发展2022
Jiangsu Commerce Development 2022

"苏新消费·冬季购物节"活动取得良好成效

2022年以来,在江苏省委、省政府的坚强领导下,江苏省商务厅深入贯彻落实江苏省第十四次党代会、省委经济工作会议和省两会精神,坚持稳字当头、稳中求进,牵头会同省有关部门和各设区市人民政府坚决落实疫情防控各项措施,持续开展"苏新消费"促进活动,深入实施"消费促进品牌塑造"专项行动,全力争取一季度开局企稳、全年固稳。"苏新消费·冬季购物节"启动以来,全省围绕"吃、住、行、游、购、娱"6要素,整合线上平台和线下实体商业资源,累计举办1 100余场各具特色的消费促进活动,有力促进了消费市场快速恢复。受元旦、春节假期消费拉动,2022年1月全省零售业开票销售同比增长16.7%,根据支付平台数据统计显示,2021年12月11日至2022年2月15日期间,江苏地区线上消费金额突破2万亿元,累计支付20 633亿元,全省居民消费展现了较强的韧性和活力,"苏新消费"系列促进活动取得阶段性成效。

一 活动热点频出,营造浓厚消费氛围

一是成功举办"苏新消费·网上过大年"网上年货节。围绕聚力打造江苏特色、优化本地生活服务、激发网络消费新动能、培育壮大江苏品牌等内容,促进线上线下消费融合发展,全力提振家电等大宗消费。带有红色、国潮风和虎元素的家电成为年货节期间的热销产品,销量同比增长125%;智能家电销售增长较快,洗碗机销量同比增长52%,洗地机销量增长40%。二是推出"江苏味道"新春餐饮活动。引导餐饮服务企业与外卖平台加强对接,天猫、京东、盒马等平台预制菜销售同比增长一倍。重点监测的餐饮企业销售额超过百亿元,同比增长10%。安排省级商务发展资金鼓励激励全省重点餐饮企业,支持扬州、淮安擦亮"世界美食之都"名片,打造美食节庆平台。三是打造冰雪主题消费场景。围绕冬季奥运会元素开展冰雪主题活动56场,滑雪、冰上运动类商品销售额突破亿元,滑雪场、室内外冰场累计接待人数超144万人次,营业额同比增长超过50%。四是成立江苏省步行街联盟。为整合各方资源、促进合作交流、搭建服务平台,基于"政府服务、街区主导、金融助力、专家指导、商户参与"的原则,全省各步行街管理机构共同发起成立"江苏省步行街联盟",继续发挥步行街在引领商圈消费、提高消费品质、提升城市形象等方面的重要作用。

二 省市联动聚力,激发消费市场新动能

江苏省13个市围绕"苏新消费·冬季购物节"举办了各具特色的消费促进活动。南京市围绕"宁好,惠购!""宁好,新春!""宁好,冬奥!"三大主题,线上举办百场活动,突出传统文化与商业的融合。无锡市活动融合电竞、Cosplay、VR、AR等多种潮流元素,展现"冬奥"主题,突出消费者的沉浸式体验,发放1 200万元惠民消费券等消费促进活动。徐州市围绕"惠购彭城""惠飨彭城""惠游彭城""惠聚彭城"四大主题活动,推出10多场重点消费促进活

动,20多场主题特色新品首发。常州市举办首届网上年货节等活动,组织6 000余家企业开展各类消费促进活动。苏州市发布首店经济政策,开设首店支持金额最高可达到300万元,"江南文化""苏州制造"等本地品牌新开旗舰店支持金额最高达到400万元。南通市持续推出汽车博览会、家电"双百惠民"等重点活动,活动期间累计销售车辆8 000多台、家电23万多个,销售额达到29.7亿元。连云港市举办"海州闹元宵·喜乐在商街"主题活动,春节期间重点监测的10家大型商场,销售额和客流量大幅增长,同比增长均超过170%。淮安市举办"幸福满淮·安心消费"冬季购物季,聚焦汽车、商超、家电、电商、酒类、餐饮、体育、文旅八大类行业,举办消费促进活动120余场。盐城市重点推出156场特色消费促进活动,鼓励商家延长营业时间。扬州市围绕"食在扬州"主题,开展米其林走进扬州、百村百菜、美好新消费、食在扬州等系列美食促消费活动。镇江市启动"双十二"·金山消费节活动,通过银联"云闪付"发放1 000万元政府消费券,联动全市各大商圈发放商家消费券5 000万元,吸引6 600家企业和商户参与开展88场次消费促进活动,直接撬动消费约1.5亿元。泰州市开展"泰好吃·家乡年"活动,活动期间实现网上零售额22.0亿元,同比增长35%。宿迁市聚焦"品牌消费、夜间消费、餐饮消费、新型消费、大宗消费"五大板块,推出50项重点活动、200多个特色活动。

三 商家汇聚让利,助力"江苏制造"广拓销路

"苏新消费·冬季购物节"期间,江苏省商务厅联合重点商贸流通企业、头部电商平台,通过发放购物券、限时津贴、满减、打折等方式,加大让利促销力度,重点宣传江苏特色产品,为"江苏制造"拓宽销售渠道。苏宁易购成功上线"苏品惠中国""苏品智造""苏品寻鲜""苏品优家""苏品尚新"江苏品牌专场,累计交易557.4万人次,苏宁易购江苏地区线上销售增长286.4%,订单量增长28.9%。德基广场策划大型营销活动19场,新开首店21家,线上线下多形式联动,销售额增长20%。汇通达聚焦农村消费市场,开展"第五届乡镇购物节",联动全省1 000多家乡镇小店进行线上线下联合促销,活动期

间全省销售额9.4亿元,同比增长49%。阿里巴巴组织70家老字号企业在天猫平台开设"江苏老字号"专区,销售商品种类超过5 000个,销售额较2021年同期平均增长约1.5倍。京东集团开展"京东年货节",优选30多家江苏优质品牌搭建江苏制造品牌馆,将丰富高品质的江苏年货商品推向全国。美团围绕"吃住行游购"多种场景,开展"春节不打烊""新春享美味""冰雪嘉年华"等主题活动。淘菜菜打造"一城一味"特色年货品牌及特色生鲜商品;叮咚买菜围绕送福利、开年宴、焕新家等场景,提供以"叮咚王牌菜""叮咚大满贯"等为代表的年宴商品。春节"黄金周"期间(1月31日至2月6日),全省重点监测的商贸流通企业累计实现销售额约137.5亿元,较2021年春节同比增长8.5%。

四　部门同频发力,打造消费市场新体验

江苏省委宣传部举办第八届"紫金奖"文化创意设计大赛、紫金文化艺术节和第十七届江苏读书节。江苏省农业农村厅组织开展"江苏有米节""江苏农产品苏宁易购全国直播大赛"等活动,举办"苏货直播"新农人培训班,线上线下共培训熟练掌握直播技巧新农人近2万名。江苏省文化和旅游厅开展"水韵江苏·有你会更美"文旅消费推广第二季系列活动,组织乡村游、消费联动、网红打卡地评选、媒体采风行、主题线路征集推广等10项重点主题活动,积极落实纾困惠企政策措施,发放文旅消费券超亿元,130余个景区减免服务价格。江苏省市场监管局发布线下无理由退货的省级操作指引、市级规范标准,全省已有近12万家商户参与。铺设诚信商家"云地图",重点商圈5.4万余户商家"一屏显现",方便消费者就近退货,蓄积先行垫付"资金池",总额4 000万元垫付资金有力支撑"极速退"。

五　品牌效应推动,提升消费市场能级

"苏新消费·冬季购物节"贯穿"双12""冬至""元旦""春节""元宵节"等

5个重要节点,持续2个多月。按照"省市县、政银企、内外贸、线上下"联动要求,超过12万家商家共同参与的10多场省级重点促消费活动、100多场"一市一主题"特色品牌活动和1 000多场商家促销活动在全省各商圈景点平台铺展。除了冬季购物节,全省还根据四季不同消费特点,持续打造"苏新消费·春游江苏""苏新消费·夏夜生活""苏新消费·金秋惠购"等各具特色的主题活动,实现"月月有活动、季季有主题、全年可持续"。品牌活动的举办给消费市场带来巨大的人气和流量。荔直播、中江网当天直播观看分别达到75万人次和57万人次。聚划算汇聚江苏等话题,冲上微博热搜榜、同城榜、要闻榜,话题阅读量超过6 000万次。汇聚头部主播为江苏好物助力,观看量超过4 000万人次。

江苏省海外仓建设工作取得积极成效

海外仓是重要的新型外贸基础设施,国家高度重视海外仓建设,2022年政府工作报告中,明确提出要加快发展外贸新业态新模式,支持建设一批海外仓。近年来,江苏省商务厅认真贯彻落实党中央、国务院的决策部署和省委、省政府的工作要求,将海外仓建设作为全省跨境电商发展、培育外贸新业态新模式、完善国际营销服务体系、促进外贸高质量发展的重要着力点加以推进,取得积极成效。

一 主要做法

近年来,江苏省商务厅积极强化部门协同,加强省市联动,合力推动在重点国家和地区布局建设海外仓。全省250余家海外仓中,近五成设立在美国,超过二成设立在欧洲,为一般贸易和跨境电商进出口企业提供境外通关、仓储物流、营销展示、售后等专业化服务,行业覆盖家居家纺、工程机械、家电、日用品、农产品等。

（一）完善梯度培育机制

为推动共建共享海外仓,江苏省商务厅自 2016 年起,启动省级公共海外仓培育试点,以点带面推动海外仓建设。5 年来,共分 4 批认定省级公共海外仓建设运营企业 32 家,在 20 多个国家和地区运营了 51 家海外仓,仓储总面积近45 万平方米,服务企业近 2 000 家。从运营主体看,江苏汇鸿国际集团中鼎控股股份有限公司等传统外贸企业和焦点科技股份有限公司等跨境电商企业各占一半。从地区分布看,12 家企业在美国建仓,"一带一路"沿线地区 11 家,欧盟 3 家;美国洛杉矶、德国汉堡、中国香港和阿拉伯联合酋长国迪拜等重要海港城市均建有仓库。在省级培育工作的引领示范下,南京、无锡、徐州、苏州等 7个设区市陆续开展了市级培育示范,共认定 57 家市级海外仓。截至 2022 年年底,市级以上公共海外仓(不含重复)共 67 家,初步形成了省、市梯队式培育体系。

（二）强化政策保障

江苏将海外仓建设作为重点任务纳入省委省政府贸易高质量发展、发展外贸新业态新模式等政策文件。各设区市推动出台近 30 个政策措施促进海外仓发展,引导有能力的企业加快布局海外仓。南京、无锡、徐州等市对新认定的公共海外仓试点给予政策支持。常州市引导金融机构对企业在重点市场开展海外仓等国际营销服务体系建设提供融资支持,"外贸贷"平台已入库企业超过 500 家,有效缓解融资难、融资贵问题。南通市商务局搭建市级"走出去"统保平台,加大海外仓企业承保力度,建立部门联席会议制度,帮助海外仓企业解决困难问题。

（三）开展宣传推介和业务对接

将江苏省省级公共海外仓信息编印成册,通过江苏一带一路网、江苏省进出口商会网站等平台加大宣传推介。召开海外仓专场对接会,组织海外仓企业参加江苏—加州贸易投资合作交流会等活动。成立江苏公共海外仓服

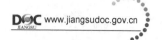

务联盟,推动海外仓联盟积极对接省级跨境电商产业园等载体平台,共开展30多场对接会,超过2 500人次参加活动。南京、无锡、常州、苏州等市积极开展海外仓宣传推介活动,各地联合海关开展跨境电商出口海外仓(9810模式)业务培训,打通跨境电商海外仓出口退货流程,助力企业利用海外仓拓展营销渠道、扩大市场份额。

二 取得的成效

近两年在全球疫情蔓延、物流受阻的情况下,公共海外仓在全省外贸企业降低物流成本、扩大出口、推动品牌出海等方面发挥积极作用。据初步统计,截至2022年年底,全省共有70多家企业建设各类海外仓250余家,仓储总面积约200万平方米,分布在40余个国家和地区,为稳定全省外贸进出口和促进外贸新模式新业态发展提供有力支撑。

(一)示范带动效应显著

省级公共海外仓在业务拓展、出口带动、助力品牌建设等方面作用明显。焦点科技股份有限公司在美国搭建本地化管理体系、跨境电商平台和信息管理系统,海外仓从早期的海外物流分拨中心发展成为客户提供多功能一体化海外营销中心,实现数据分析、产品开发、品牌孵化、市场营销、O2O展示、网上交易、售后服务等全流程服务。云蝠跨境电子商务公共海外仓目前已服务20家纺织服装类企业,2021年服务企业通过海外仓出口近8 100万美元,帮助企业节省运费支出590万元,海外仓仓储物流费用减少近560万元。易达欧仓储(江苏)有限公司在德国、意大利等5个国家设立海外仓,仓储面积超过8万平方米,为超过600家品牌商服务,海外仓仓储货值约10亿元。

(二)服务功能不断拓展

江苏海外仓企业不断探索创新,积极拓展公共服务功能。江苏四海商舟电子商务有限公司的美国海外仓面积超过20万平方米,服务电商卖家超百家,不断升级信息化管理系统,提高仓库运转效率,成为亚马逊认证仓。徐工集团进出口有限公司拥有完备的国际营销服务体系,其肯尼亚海外仓服务企业超过30家,销售22余种产品,服务范围覆盖非洲10余个国家。泰州润元机电科技发展有限公司开展线上线下市场推广,帮助企业在连锁零售超市、亚马逊、易贝等渠道销售,为企业打造本土化品牌并进行宣传推介。江苏辛巴地板有限公司着力打造"前展后仓"新型海外仓模式,全方位展示江苏企业产品,提升品牌知名度。

(三)多种新业态融合发展

海外仓与跨境电商、市场采购贸易、外贸综合服务等新业态新模式相融合,助力传统外贸企业数字化转型。无锡择尚科技股份有限公司是一家跨境电商公司,通过独立站及速卖通、亚马逊等渠道销售商品,同时为跨境电商零售出口企业提供海外仓储服务,支持企业抢抓美国在线零售快速发展的机遇,积极扩大跨境电商出口。南通圣盖博电子商务有限公司探索市场采购贸易与跨境电商"合作出海",货物以9810模式出口至美国海外仓,率先实现全国首单融合了市场采购贸易与跨境电商出口方式的货物顺利通关。

三 下一步工作打算

江苏海外仓建设取得一定成效,但与先进地区相比,规模和发展水平仍有一定差距。江苏省内海外仓以自用为主,公共服务和规模有待扩大,企业在海外仓建设中存在建设和运营成本高、专业人才紧缺、金融支持相对薄弱等困难,信息化、智能化水平有待提高,江苏仍须持续加快海外仓建设,推动海外仓高质量发展。下一步,江苏省商务厅将认真贯彻落实《江苏省人民政府办公厅关于加快发展外贸新业态新模式若干措施的通知》(苏政办发〔2022〕10号),坚持政府引导、企业为主、市场运作,把海外仓建设作为促进外贸平稳发展、培育外贸竞争新优势、维护国际供应链稳定畅通的重点工作,会同省发展改革委、省国资委、省财政厅等部门合力推进海外仓建设。

（一）优化全球海外仓布局

进一步完善海外仓梯队式培育机制，继续做大做强现有海外仓项目，抢抓《区域全面经济伙伴关系协定》（RCEP）机遇，在日韩、东盟和欧盟等重点市场加快建设海外仓。支持江苏省国际货运班列有限公司在荷兰等重要物流节点地区建设海外仓，打造"中欧班列＋海外仓＋跨境电商"模式。

（二）提升海外仓服务能力水平

支持海外仓加快订单、仓储、配送、售后服务等全流程智慧升级，提高物流配送和通关效率，提升海外仓信息化建设、智能化发展、多元化服务和本地化经营水平，为中小企业提供更高效的通关物流、营销展示、供应链金融等专业化服务。规范海外仓服务标准，鼓励海外仓龙头企业研究制定相关国家标准，跟踪研究《跨境电子商务海外仓运营与管理服务规范》（T/CATIS001—2022）团体标准，推动海外仓标准化、规范化发展。

（三）多渠道加大政策支持

充分发挥服务贸易创新发展引导基金作用，积极与服务贸易创新发展引导基金建立工作联系，多种渠道推荐发展潜力强、带动作用显著的海外仓企业。鼓励进出口银行、出口信用保险公司等政策性金融机构开发更有针对性的金融产品，加大对海外仓建设运营的政策性支持；发挥好境外合作园区、海外经贸代表的作用，为海外仓企业提供优质服务。

（四）支持共建共享海外仓

加强海外仓的推广应用，支持江苏公共海外仓服务联盟开展企业对接、业务培训与宣传推广，帮助海外仓企业对接跨境电子商务综合试验区、产业园、外贸转型升级基地和电商平台，扩大服务覆盖面，支持全省外贸企业用足用好全省、全国乃至全球现有的海外仓资源，构建高效协同的海外物流和营销体系。

江苏省步行街改造提升工作取得积极成效

推动步行街改造提升,是党中央、国务院部署的重要任务,是建设现代流通体系、全面促进消费、服务构建新发展格局的重要举措。近年来,江苏省商务厅认真贯彻落实中央的决策部署和江苏省委、省政府的工作要求,准确把握步行街改造提升工作定位,遵循发展规律,坚持市场导向,立足存量、注重实际,持续推进步行街高质量发展。自2018年国家启动实施步行街改造提升工作以来,南京夫子庙步行街列为全国首批11个改造提升试点之一,江苏省商务厅又在全省遴选21条街区作为省级步行街改造提升试点。南京夫子庙步行街被商务部确定为首批"全国示范步行街",21条省级试点培育街区改造提升工作也取得明显成效,各地步行街在集聚商业、拉动消费、展示形象和服务高质量发展等方面发挥了积极作用。

一 健全工作机制,形成推进合力

推动步行街改造提升工作列入省完善促进消费体制机

制工作联席会议的重点工作内容,与省促进消费的各项工作一并部署推进,对改造提升过程中涉及的规划编制、业态优化、重点项目和品牌引进、商旅文融合发展、基础设施提升完善、消费环境优化、资金政策扶持等工作对口给予协调和指导,建立"省统一协调、市领导推进、区具体落实、街区日常管理、商户共同参与"的上下联动长效机制,集合各级政府力量和社会资源,形成推动步行街改造提升的合力。江苏省商务厅成立全省现代商贸流通体系建设工作专班,出台《省商务厅关于加快现代商贸流通体系建设的工作意见》(苏商流通〔2021〕122号),明确步行街改造提升工程为工作抓手之一持续高标准推进。在南京夫子庙步行街创建全国示范步行街过程中,省、市、区三级均将推进夫子庙步行街改造提升工作写入政府工作报告,南京市成立由政府一把手市长任组长的工作领导小组,分管市领导每月召开推进会,统筹协调相关工作。

二 注重规划指导,狠抓任务落实

制定印发《省级步行街改造提升实施方案》和《步行街改造提升试点评价指标》,从街区布局、街区环境、街区品质、街区服务、街区文化、街区管理、综合效益7个方面设置52项考核评分指标,引导各街区围绕"文化有脉、商业有魂、品牌有名、服务有智"的目标调整业态、提升管理。各地落实顶层设计和评价指标要求,按照"总体规划＋景观提升、业态优化、交通组织等专项规划",明确目标定位、工作重点、时间节点,扎实向前推进。苏州市坚持"分段定位、以点带段、规划引领、业态递转、构建平台、示范带动,瞄准苏式慢生活体验、精品名品传统老字号集聚、特色美食和时尚夜生活交融"的目标改造提升观前商业步行街,得到中央电视台《中国魅力街区》栏目专题报道。无锡市按照"保护、传承、创新、复兴"的思路对清明桥历史文化街区和崇安寺生活步行街区两条重点街区重新进行规划提升,进一步彰显"千年运河古韵、百年工商繁华"的人文底蕴。盐城欧风花街坚持"一街一特色,一店一风情",对空间布局、文化内涵、业态定位、生态景观和配套设施进行科学规划,让老街焕新颜。

三 加大政策支持,确保改造成效

2020年,安排省级专项资金用于支持21条试点培育街区制定改造提升规划方案。疫情期间,江苏省商务厅制定印发相关文件,推动全省试点培育步行街科学有序复工营业。与中国银行江苏省分行积极对接协调,制定出台支持步行街改造提升专属金融服务方案17条措施,加大对街区金融扶持力度,着力解决街区商户特别是小微商户在复工营业中面临的资金周转困难等问题。中国银行为夫子庙步行街提供5亿元授信,支持夫子庙周边景区升级提档,建设重点文化旅游景点、产业园区,改造特色文化酒店。2021年,大幅增加扶持力度,安排省级专项资金并联合中国银行给予金融支持,重点引导各街区在完善基础设施和实施智慧化改造等方面加快推进。联合江苏公共·新闻频道《黄金时间》播出步行街改造提升专题栏目,宣传解读步行街改造提升政策,扩大步行街的知名度和影响力。常州市积极克服新冠疫情影响,科学有序推进南大街商业步行街复工营业,协调解决街区商户困难,组织力量对重点业态和困难商户开展"一对一"服务,提供个性化解决方案。中央电视台《新闻联播》报道了常州南大街商业步行街复工营业的做法。

四 遵循市场规律,突出街区主角

坚持市场化运作,力戒大拆大建,更好地发挥政府在规划引导、政策扶持、市场监管、公共服务等方面的作用,引导各街区积极吸引社会资本参与步行街建设和商业运营,避免加重基层财政负担。通过中期评估和最终验收,指导督促各街区在改善"硬设施"的同时,更加专注提升"软环境",循序渐进调整业态结构,不断推陈出新,防止急于求成。按照"政府服务、街区主导、金融助力、专家指导、商户参与"的原则,推动全省各步行街管理机构共同发起成立"江苏省步行街联盟",搭建整合各方资源、促进合作交流、创新服务管理的平台。镇江市西津渡古街将智慧化改造作为改造提升重点方向,通过与第三方平台合作,完成街区导识导览系统更新,实现票务系统智能化和公用厕所智慧化,为消费者和游客创造优质的购物旅游环境。

五 服务扩大消费,体现江苏特色

发挥《步行街改造提升试点评价指标》指挥棒作用,引导各街区改造提升以消费需求为导向,优化街区环境,提高商业质量。联合省市场监督管理局、省消费者权益保护委员会在全省具备基础的试点步行街推进线下无理由退货工作。南京市利用试点契机,着手修订政府此前出台的步行街专门法规,将街区管理规则和职责分工通过立法予以明确,同时推出"消费投诉15分钟处理""小额争议先行赔付"制度,受到消费者好评。各地聚焦重大项目建设、重点品牌引进、重大活动举办,形成特色发展、各具风格的改造提升路径。徐州市彭城商业步行街围绕黄楼文化、红色文化、国学文化、两汉文化、彭祖文化、彭城文化6种特色文化,彰显地域特色和文化内涵。连云港陇海步行街常态化开展水韵国潮夜演、水调清歌唱非遗、港城文化年、啤酒文化节等促销惠商活动,形成以步行街为中心的一公里夜间文旅消费集聚区。扬州三把刀特色步行街贯彻全市"生态旅游"和"理想人居"的城市建设理念,立足"美食体验、旅游度假、文化展示、休闲娱乐"深挖特色,形成类型丰富、优势明显、开放包容、吸引力强的多元文化业态体系。

当前,全省步行街改造提升工作进展有序,但距离高质量推进的要求还有一定差距,主要表现在:受制于交通、城市建设、环境保护等客观限制要求,有的步行街规划方案确定的重点工程、亮点项目推进较为缓慢;受制于资金投入和入驻商家配合度,个别街区5G建设进展缓慢,距离场景智能、服务智慧还有差距。下一步,江苏省商务厅将继续充分发挥南京夫子庙步行街荣获首批"全国示范步行街"的溢出效应,稳妥有序高质量推进省级试点示范,引导推动全省各地步行街提高品牌集聚度、消费便利度、市场繁荣度,增强消费吸引力、商业竞争力、街区凝聚力,继续发挥步行街在引领商圈消费、提高消费品质、提升城市形象等方面的重要作用,更好地服务高质量发展,更好地满足人民日益增长的美好生活需要,以步行街改造提升"小切口",做出促进国内国际双循环的"大文章"。

江苏省特色创新产业园区建设取得明显成效

近年来,江苏省商务厅认真贯彻落实省委、省政府关于开发区工作的部署要求,紧紧围绕特色产业链,充分利用江苏开发区的产业优势和资源优势,推动特色创新产业园区建设发展。截至2022年年底,已批复设立4批共72个特色创新产业园区,形成了高端装备制造、电子信息、生物医药、新材料、新能源、人工智能、汽车及零部件等多条围绕特色产业集群的主导产业链,并以点带面发挥引领作用,成为推动全省开发区高质量发展的重要载体。

一 全省特色创新产业园区发展态势良好

(一)经济建设成果显著

江苏省特色创新产业园区借助区位优势和产业发展基础,明晰特色产业定位,吸引同类产业集聚,突出主导产业集群及产业链发展,在销售收入、税收、外资及外贸方面为开发区高质量发展作出了重要贡献,成为所在开发区的发展主体。72个特色创新产业园区共拥有上市公司185家,跨国公司、地区总部和功能性机构48家,高新技术企业3 031家,围绕产业链上下游的企业占比超过37%,规模以上企业开票销售收入占所在开发区的34%,缴纳税收占所在开发区的31%;苏南地区特色创新产业园区吸引外资占所在开发区的比重超过33%,苏中、苏北地区特色创新产业园区外贸出口分别占所在开发区的25%和39%。

（二）产业集聚明显加快

江苏省特色创新产业园区依托龙头企业,不断促进同类产业的集聚和整合,产业整体竞争优势明显提升。如无锡新区超大规模集成电路产业园的产值规模占全省的近45%,占全国集成电路产业销售的1/10,产业链基本涵盖集成电路芯片设计、晶圆制造、装备材料等诸多领域、各个环节。南京浦口经济开发区集成电路产业园的产值规模占南京市的30%,已基本形成"设计环节有集聚、制造环节有龙头、封测环节有影响、配套环节有支撑"的产业发展格局。徐州经济技术开发区工程机械产业园涵盖了250个制造业企业以及100个服务业企业,向本园区配套企业采购量占企业总采购的比重为40%,上下游配套企业除300家园内企业外,还包括200家省内企业、80家省外企业以及20家境外企业。苏州工业园区人工智能产业园重点聚焦人工智能、软件和信息服务、集成电路设计等领域,集聚核心企业660余家,产业产值连续多年保持20%以上增幅,集聚人工智能产业从业人员超过4万人,产业创新平台超过20个,建有亚洲首个T4级数据中心,2021年获批苏州国家新一代人工智能创新发展试验区,成为全省乃至全国人工智能产业重要增长极。

（三）科技创新成效突出

江苏省特色创新产业园区围绕产业链打造创新链,积极推进科技创新,努力提高自主创新能力以及核心竞争力。如常州经济开发区的轨道交通产业园拥有4家国家级科技企业孵化器,2家国家级技术转移中心,检测、认证、工程或研究中心等各类科技研发平台共计142个,建立国家企业技术中心和博士后科研工作站5家,2021年,"四上"企业研发经费支出5.35亿元,年发明专利授权量77件,PCT专利申请量7件。连云港经济技术开发区生物医药产业园2021年"四上"企业研发经费支出达到66.35亿元,并且获得238件发明专利授权和83件PCT专利申请,江苏恒瑞医药股份有限公司、江苏豪森医药集团、江苏康缘药业股份有限公司、正大天晴药业集团等四大龙头企业平均研发投入占销售收入比重超过15%。南京经济技术开发区新型显示产业园先后引进中国科学院南京先进激光技术研究院、南京南大光电工程研究院、南京北大产业创新研究院、剑桥大学光电技术研究中心、南邮信息产业技术研究院等新型研发机构21家,建设南京智能激光制造、南京新港人工智能产业等高端科技公共服务平台7家,累计孵化和引进科技企业超过150家。

(四)双向合作优势显现

江苏省特色创新产业园区坚持更高水平"引进来"和更大步伐"走出去"并重,着力构建开放型经济新体制。苏州工业园区人工智能产业园和哈佛大学、麻省理工学院在中美两国共建创新中心、实验室,新加坡国立大学、牛津大学等7所著名高校在园区设立技术转化中心、研究院。武进经济开发区常州石墨烯科技产业园加快国际化发展步伐,与香港亚天集团商定在常州、香港两地互设石墨烯科技园,并在人才、项目、资本和应用市场化等方面加强合作,积极推进长三角石墨烯产业一体化发展,建立长三角石墨烯双创示范基地联盟石墨烯专业委员会。无锡物联网产业园主动对接上海、杭州、合肥等长三角科创资源集聚区域,积极融入长三角科创圈建设,加速"走出去"开展创新合作,区内企业赴境外投资设立各类机构80余家,其中境外设立研发机构超过20家,引进国外高级人才20余名,和境外6家大学研究机构建立合作关系。

二 需要关注的问题

一是仍需加大力度培育具有国际影响力的龙头型、主导型、基地型企业,推动企业集群和产业集聚,持续补链、强链、稳链。二是仍需持续提升园区的科技创新能力,推动云计算、大数据、物联网与制造业深度融合,不断增强产业链供应链的韧性和竞争力,以应对外部环境变化。三是仍需进一步优化与高质量发展相适应的营商环境,实现资源要素在园区的高效率配置和流动。

三 下一步工作思路和举措

下一步,江苏省商务厅将按照立足新发展阶段、贯彻新发展理念、构建新发展格局的总要求,围绕开放创新、科技创新、制度创新,推动特色创新产业园区高质量发展。

(一)不断提升特色创新产业链稳定性和竞争力

全面落实省委、省政府《江苏省"产业强链"三年行动计划(2021—2023年)》,研究梳理全省特色创新产业园区产业链上下游关键环节,确定补链、延链、固链和强链的重点领域和主攻方向。营造优良投资环境,支持微软、阿斯利康、台湾积体电路制造股份有限公司(台积电)、卡特彼勒、SK 海力士、远景科技集团等在江苏投资的跨国公司发挥产业链"链主"作用,在国内、区内"补链""固链"投资产业链的薄弱环节和创新平台以及服务业,推动外资"链主"企业和国内配套企业、国内市场形成互利共赢的利益共同体。支持特色创新产业园区立足于国际循环配置自身产业链,实现资源要素高效化,同时,借助长三角一体化,区域内协同性布局产业链,最大限度在省内和长三角实现替代配置,提高内循环的能力、小循环的活力、微循环的动力,推动大中小企业、内外贸配套协作各环节协同发展。

(二)持续优化特色创新营商环境

支持特色创新产业园区整合、集聚行业优质资源,依托区内龙头(链主)企业和骨干("小巨人"企业、单打冠军)企业,联合专业研究院、所和高层次创新人才团队,开展产、学、研紧密合作,组建专业研究院(所)、重点实验室、工程技术中心和企业技术中心等特色创新平台。支持园区探索"政府＋专业机构"合作模式,打造高水平、开放型、一站式的公共服务平台,形成政、产、学、研、金、用等协同创新体系和全链式产业生态体系。加快特色创新产业园区数字化转型,加快以 5G 为代表的信息基础设施、人工智能、工业互联网、智能网联汽车、智能电网等领域新型基础设施建设,推动新技术、新业态、新模式发展。

(三)建立完善特色创新产业园区动态评估机制

聚焦集成电路、人工智能、物联网、生物医药、新材料、新能源、智能制造、高端机械装备等先进制造业和新兴产业,按照"特色、高端、低碳、集约"的原则,优化布局特色创新产业园区。支持带动、辐射能力较强的特色创新产业园区以产业链为纽带,整合周边规模较小、产业结构相似的园区和工业集中区。探索开展特色创新产业园区分类评估工作,实行动态调整管理,对连续两次考评位于倒数后 2 位的园区,取消省级特色创新产业园区名称。

江苏省发展农村电商助力乡村振兴工作取得积极成效

党中央、国务院高度重视农村电商发展。习近平总书记指出,电商作为新兴业态,既可以推销农副产品、帮助群众脱贫致富,又可以推动乡村振兴,是大有可为的。近年来,江苏省商务厅认真贯彻落实党中央、国务院的决策部署及江苏省委、省政府工作要求,出台了一系列有关乡村振兴以及推进农村电商发展的政策措施,抢抓数字经济发展机遇,紧紧围绕乡村振兴战略,大力发展农村电商,促进农村产业融合和农民增收致富,取得积极成效。2021年,江苏农村网络零售额3 064.9亿元,居全国第二,同比增长10.2%。2022年上半年,江苏农村网络零售额1 378.4亿元,规模继续保持全国第二。

一 抓好示范引领,带动农村电商蓬勃发展

坚持把农村电商示范体系建设作为重要抓手,持续大力推进,不断扩大示范覆盖面,引领带动全省农村电商蓬勃发展。一是推动国家级示范县建设。截至2022年年底,江

苏省共有35个县(39个县次)被国家三部门确认为电子商务进农村综合示范县。东海县、沭阳县、丰县分别获得2018年至2020年国务院办公厅"全国推进农产品流通现代化、积极发展农村电商和产销对接工作成效明显"督查激励表彰。二是推动省级示范建设。累计创建45个电商示范县、125个电商示范镇、410个电商示范村。睢宁县2021年电子商务交易额达460亿元,自2014年以来年均增幅超过20%,电子商务带动全县超过20万人就业创业。三是推动电商特色产业示范园建设。创建103个省级乡镇电商特色产业园(街)区,沭阳县新河镇常青路电子商务特色产业街成为家庭园艺电子商务特色产品线上销售集聚区,入驻电商、花木及配套产品供应商以及电商服务企业256家,其中网店213家,线上年总销售额2.5亿元,带动从业1 500多人。在各类农村电商示范引领下,全省县乡村三级电商服务体系建设进一步完善,农村快递物流基础设施建设逐步优化,城乡间农产品流通衔接更加顺畅,农村电商集聚效应逐步提高,农产品流通效率和组织化程度不断提升,对促进农业生产和扩大居民消费的重要作用逐渐显现。

二 聚焦主体培育,扩大农村电商应用范围

以培育多元化农村电商市场主体为重点,不断扩大电商在农村地区应用,全省县域活跃店铺数量达到24万家,带动就业人数超过300万。一是推动大型电商平台商品和服务进农村。与苏宁易购、汇通达、阿里、京东等平台签订战略合作协议,引导大型平台企业"渠道下沉",发展农村地区网商,助力农村商贸流通网络建设。目前,汇通达在江苏赋能29 000多家会员店,促进农村夫妻老婆店数字化转型。二是支持各地发展专业平台和特色平台。注重发挥江苏产业优势,引导各地依托特色产业,推进农村电商产业化发展集聚发展,促进农村三产融合。鼓励新型农业经营主体建设网上商城、网上批发市场,推广应用微店、微信、手机客户端(APP)等现代新型电商微营销手段,形成多层次平台体系。灌云县通过电商发展形成了主题服饰产业,创造了"电商+公司+农村留守劳动力"的电商产业发展平台,在全国电商产业发

展中独树一帜。三是加快建设县域电商产业集聚区。2022年上半年,江苏省商务厅确定了首批10个江苏省县域电商产业集聚区。其中,南通市海门区三星镇电商产业集聚区内的叠石桥市场近1万家家纺店铺中,70%的商铺借助电子商务网络开展交易。2021年,叠石桥家纺线上销售总额突破550亿元。计划至2025年,在全省范围内培育约40个县域电商产业集聚区,形成一批生产、加工、销售、流通、服务等产业链各环节要素集聚、线上线下协调发展的新型电商园区,提升县域电商产业集聚效应、规模效应、协同效应。四是大力发展农村电商新业态。推动视频营销、直播带货、社区拼购等模式在农村地区广泛应用,拓宽农产品销售渠道。连云港市赣榆区借力"直播+电商",倾心打造"全国海鲜电商名城",带动一批直播带货"网红"。宿迁市沭阳县扎下镇通过"借台唱戏",大力发展"花木+电商+直播"模式,并创新开展直播拍卖,千"槌"百"链"做大做强花木产业,每天通过直播卖出500余万元,促进沭阳花木产业逐步向品牌化、精品化和旅游化方向转变。

三 突出上下联动,加快农村电商服务体系建设

农村电商是一项系统工程,涉及商务、财政、乡村振兴、农业农村、邮政、供销、金融等多部门。江苏省商务厅在工作推进中,注重部门协同配合、资源整合,促进各类市场主体、渠道、产品和服务下沉农村。一是完善快递物流网络。会同相关部门制定出台《关于推进电子商务与快递物流协同发展的实施意见》《关于加快推广"交通运输+邮政快递+农村社区"农村寄递物流服务模式的通知》等,计划至"十四五"规划末期,建设一批寄递公共配送中心和寄递物流的综合服务站。与中国邮政集团有限公司江苏省分公司签订战略合作协议,发挥邮政渠道、网络覆盖优势,支持邮政公司参与电子商务进农村综合示范项目,促进县、乡、村三级物流配送体系建设。二是推动统仓共配。会同相关部门推进"交邮商合作、邮快合作",促进城乡统仓共配发展,形成一批典型经验和模式。淮安市金湖县充分利用镇村公交资源,试行"交快合作"模式,区域内物流配送效率提升50%,物流成本降低30%左右。三是推动产销

对接。参与农业部门牵头实施的"互联网＋"农产品出村进城工程,推动城乡生产与消费有效对接。盱眙县通过电商进农村综合示范和实施"互联网＋"农产品出村进城工程,拓展了龙虾等农产品销售渠道。据不完全统计,2021年,淮安市盱眙县实现农产品网络销售额7.6亿元,同比增长21%。四是完善金融服务。加强与银行等金融机构合作,发展线上线下相结合的便民服务网点,完善电子商务服务站点的金融等便民服务功能。连云港市赣榆区将助农取款服务点、村级服务点整合优化,逐步实现"基础金融不出村,综合服务不出镇"的普惠目标。截至2022年6月末,江苏赣榆农村商业银行共布放117台现金自助设备,设立助农取款点390个、农村金融综合服务站292个,为农村电商发展提供全方位的金融服务。

四 强化政策支持,优化农村电商发展环境

在推动农村电商发展过程中,始终坚持问题导向,不断优化农村电商发展的政策环境。一是加大政策支持力度。制定印发《江苏省政府办公厅关于加快电子商务发展的意见》(苏政苏发〔2014〕60号)、《省政府办公厅关于加快推进农业农村电子商务发展的实施意见》(苏政办发〔2017〕53号)、《江苏省商务厅贯彻"十四五"电子商务发展规划实施方案》(苏商电商〔2022〕318号)等一系列促进农村电商发展的政策措施。制定《江苏省全面加强电子商务领域诚信建设的实施意见》(苏政办发〔2017〕144号),配合相关部门加强对农村电商等新业态监管。淮安市沭阳县在全国率先设立1 000万元网络交易诚信专项资金,与阿里巴巴等电商平台企业合作,开展线上"亮牌"活动,对网络交易纠纷进行"先行赔付",引导电商进一步强化诚信经营意识。二是开展农村电商专题服务。在宿迁市泗洪县、常州市溧阳市、盐城市建湖县、淮安市淮安区等地举办以"线上线下 惠民惠企"等为主题的"电商公共服务全省行"活动,通过论坛、讲座、沙龙等形式,推动优质服务资源下基层,营造良好的发展环境。组织举办各类电商人才培训,全省累计举办10多期线下培训和40多场线上培训,培训超过2万人次。三是推动质量和品牌建设。以电

子商务进农村综合示范为抓手,推动各地制定适应市场需求和电子商务发展的农产品质量、分等分级、产品包装、物流配送等规范标准,建立健全质量安全追溯体系。依托特色产业和特色农产品地理标志品牌等,推进农村电商品牌化发展。溧阳市重点培育"1号优选""上黄瑶""竹篑云"等区域公共品牌,目前"1号优选"认证合作基地12个,吸引50多家企业加入品牌运作,实现"1号优选"农产品销售额1 000多万元,平均溢价超过20%。

下一步,江苏省商务厅将加快推进农村电商转型升级,进一步优化和提升农村电商公共服务体系、县域物流配送体系、人才培训体系,补齐农村商贸流通基础设施短板,拓宽农产品进城渠道,优化工业品下乡网络,促进农村消费提质扩容。一是扩大农村电商应用范围。推动电子商务在农村地区更广泛应用,创新发展农村电商新模式、新业态,加强农村流通网络建设,畅通城乡经济循环,用农村电商助推乡村振兴。二是加强与县域商业工作衔接。贯彻落实《关于加强县域商业体系建设 促进农村消费的意见》,统筹做好农村电商和县域商业体系建设,完善农村现代流通体系。三是持续推动集聚发展。进一步加大对县域电商产业集聚区培育力度,加强工作指导和政策支持,努力培育一批具有鲜明特色、示范引领作用强的县域电商产业集聚区,做大、做优、做强县域电子商务产业。四是推进"数商兴农"。贯彻落实省委、省政府关于数字经济决策部署,推动农业农村数字化转型。引导各地发展农村电商新基建,推进5G、物联网、大数据、云计算、人工智能等新技术在农村电商产业链中的应用,鼓励和引导相关企业抢抓机遇,在数字化、网络化和智能化方面实现跨越式发展。五是加强人才培养。充分发挥各类高校以及专职院校人才培养主渠道作用;发挥省、市、县三级部门联动作用,积极开展不同层次、不同类别电商培训;发挥电商示范基地、示范企业作用,大力培育专业型、实用型电商人才队伍;发挥大企业作用,加强对农村"夫妻老婆店"赋能,拓展培训服务。加强对返乡大学生、农民工、退伍军人等群体的培训,不断夯实农村电商人才基础。

江苏"一带一路"经贸合作不断取得新成效

2022年以来,江苏省商务厅深入贯彻习近平总书记在第三次"一带一路"建设座谈会上的重要讲话精神,按照江苏省委、省政府关于高质量推进"一带一路"交汇点建设的意见部署要求,全面贯彻新发展理念,实施深化"一带一路"经贸合作行动,推进拓展"一带一路"沿线市场,优化沿线国家境外合作园区建设,推动"一带一路"经贸合作高质量发展不断取得新成效。2022年1—7月,江苏省与"一带一路"沿线国家实现进出口额1 269.1亿美元,同比增长15.0%。"一带一路"沿线国家在江苏省新设企业147家,占全省的比重为7.9%;完成实际投资额19.1亿美元,同比增长70.6%,占全省的比重为8.6%。江苏省在"一带一路"沿线国家新增投资项目135个,完成协议投资额9.7亿美元,占全省的比重分别为30.5%、33.0%;完成实际投资额9.8亿美元,同比增长30.7%。对外工程承包在"一带一路"沿线国家新签合同额17.2亿美元,完成营业额21.0亿美元,占全省的比重分别为65.9%、63.8%。

一、加大沿线国家市场开拓力度，推动丝路贸易加快发展

发布2022年度贸易促进计划，其中涉及"一带一路"沿线国家共有149场，占比66.5%。做好贸易促进政策宣传，在全省稳外贸政策宣讲会上发布贸易促进计划，推进"3+60"场"江苏优品·畅行全球"系列贸易促进活动，支持企业线下线上结合开拓市场获取订单。强化财政资金支持，在省级商务发展专项资金中安排预算，对外贸企业参加"一带一路"沿线国家专场线上展会（对接会）予以支持。积极组织企业参展，发动各市商务局、外经贸企业参加第28届中国兰州投资贸易洽谈会等重大展会，加强与沿线国家经贸交流合作。加快发展"丝路电商"，深入开展"江苏优品·数贸全球"专项行动，支持各地与国内外重点跨境电商平台继续深化合作，积极开拓"一带一路"沿线市场。2022年6月上旬，联合亚马逊全球开店举办江苏产业带跨境电商出海峰会，聚焦江苏家具家居、纺织服装、五金工具等三大特色产业带，推动企业开拓"一带一路"、欧美等沿线市场，加快数字化转型。2022年1—7月，江苏与"一带一路"沿线国家货物贸易持续增长，实现进出口额1 269.1亿美元，同比增长15.0%。其中，出口额885.6亿美元，增长18.8%；进口额383.5亿美元，增长7.3%。

二、加快沿线国家境外经贸合作区建设，提高国际合作园区产业集聚能力

积极推进重点境外园区建设，深入对接园区需求，支持柬埔寨西哈努克港经济特区等境外园区加快产业集聚，研究支持柬埔寨西哈努克港经济特区2.0版建设工作措施，制定支持中阿（联酋）产能合作示范园区招商工作方案，支持重点园区参加重大经贸活动。截至2022年7月底，江苏7家园区累计占地面积1 220平方公里，投资35.0亿美元，入区企业329家，总产值69.4亿美元，在东道国纳税2.1亿美元，为当地创造就业岗位5.1万多个。2022年1—7月，柬埔寨西哈努克港经济特区实现进出口总额15.7

亿美元,同比增长32.6%,产能持续释放。加强境外园区规划布局,引导省内企业赴与江苏经贸合作互补性强的国家投资兴建境外园区。积极培育省级国际合作园区,已认定3批共18家省级国际合作园区,持续深化与新加坡、以色列等国家经贸合作。无锡新加坡工业园、中国以色列常州创新园、中新南京生态科技岛等国际合作园区被确定为中国(江苏)自由贸易试验区联动创新发展区。

三 加强走出去服务体系建设,提升对外投资合作服务水平

建立深化"一带一路"经贸合作工作专班,制定工作方案,明确工作分工,形成推动共建"一带一路"高质量发展工作合力。加强与省有关部门和机构的联动配合,运行好"全程相伴"江苏走出去综合服务平台,在业务办理、政策咨询、保险支持、人才培训、风险防范等方面为企业全程优质服务。至2022年7月底,在线办理走出去业务2 905项,累计浏览量约75万次。建立重点企业信息动态监测机制,持续完善重点企业、项目库,收集梳理重点项目情况动态,做到摸清底数、掌握动态。建立对外投资意向项目库,通过实地调研等多种形式建立企业需求库,加强针对性服务。用足用好扶持政策,积极支持企业参与共建"一带一路",支持企业稳中有序走出去。加强事中事后监管,督促企业自觉遵守当地法律,尊重风俗习惯,规范经营行为,提升管理水平。指导全省企业妥善应对印度、土耳其、印度尼西亚等国提起的反倾销调查。

四 强化安全发展意识,全面落实风险防范工作

加强对江苏境外企业疫情防控工作的指导,落实"日报告、零报告"制度,完善疫情防控预案,督促强化疫情防控措施,妥善处置疫情突发事件,做好医疗援助救治工作。指导督促各地妥善处置境外企业涉疫信访件和对外投资合作企业各类纠纷事件。摸排掌握动态,定期组织摸排境外企业项目和人员

基本情况,完善项目和人员信息库,掌握国别分布、人员数量情况等。建设海外安全风险信息提示定向推送系统,及时精准向走出去企业第一时间推送所在地风险预警信息,实现常态化运行。提醒企业密切关注当地形势,牢固树立底线思维,增强风险防范意识,加强项目人员管理,杜绝麻痹思想、松懈心态和侥幸心理,严密防范风险。

下一步,江苏省商务厅将深入贯彻落实习近平总书记在第三次"一带一路"建设座谈会上重要讲话精神和省委、省政府部署要求,认真落实专班工作方案和工作计划,加强组织推动,形成合力,协同推进。一是持续推进丝路贸易发展。调整完善省级贸易促进计划,持续开展"江苏优品·畅行全球"系列市场开拓活动,针对"一带一路"沿线重点市场继续组织一批线上对接会,助力企业有效拓展沿线市场。发挥跨境电商发展工作专班作用,加快13个跨境电子商务综合试验区建设,开展"江苏优品·数贸全球"专项行动。完善省市两级海外仓梯度培育机制,在沿线国家继续培育建设一批公共海外仓。支持举办中国(连云港)丝绸之路国际物流博览会、中国—东盟博览会等沿线市场服务贸易展会。二是推动各类合作园区提质增效。推动柬埔寨西哈努克港经济特区建设"2.0升级版",进一步提升配套服务能力和国际化程度,适时总结推广先进经验,更好地发挥标杆示范作用。进一步推动境外经贸合作区产业集聚,支持江苏企业入区发展。引导省级国际合作园区进一步明确发展定位,深耕细作特定国别市场,引进国际先进要素。开展省级境内合作园区建设情况综合评估,编制典型示范案例。三是大力促进双向投资。加强产业链供应链畅通衔接,支持企业投资并购境外优质资源,稳妥开展产能合作。强化工作推进机制,更好地服务重点企业和项目,组织开展促进活动,强化风险防范保障,积极培育本土跨国企业,打造具有江苏特色的民营跨国企业集群。落实外资协调机制,充分发挥外资重大项目工作专班作用,做好外资企业对接服务,打造重点国别在重点领域的合作交流平台,积极引导沿线国家加大对江苏投资。积极参与国家级经贸合作机制建设。四是强化境外企业疫情防控。落实《江苏省境外企业疫情防控工作方案》要求,坚持"双稳"工作方针不动摇,按照"谁派出谁负责""属人属地管理"原则,压实属地、部门、企业、个人"四方责任",加强统筹协调,强化部门联动,确保江苏境外企业疫情防控稳妥有序。五是有效提升服务保障水平。推动公平贸易,掌握企业诉求,做好案件储备,推动国家实施贸易救济措施,维护产业安全。进一步完善"全程相伴"江苏走出去综合服务平台,打造高质量的走出去公共服务平台。发挥好走出去人身和财产保障平台作用,持续强化风险防范。

江苏自贸试验区推进高水平制度型开放取得积极成效

习近平总书记在中央全面深化改革委员会第二十次会议上强调"要对标高标准国际经贸规则,深入推进高水平制度型开放,以更大力度谋划和推进自贸试验区高质量发展"。中国(江苏)自由贸易试验区设立以来,深入贯彻习近平总书记关于自由贸易试验区建设的重要指示精神,认真落实党中央、国务院决策部署和省委、省政府工作要求,对标高标准国际经贸规则,积极探索高水平制度型开放,不断提升贸易投资便利化水平,打造市场化、法治化、国际化一流营商环境,工作取得积极成效。截至2022年9月,中国(江苏)自由贸易试验区累计总结形成制度创新成果244项,其中11项在全国面上推广,7项在国家部委完成备案,48项改革试点经验在江苏省内复制推广,60项创新实践案例得到印发供学习借鉴。中国(江苏)自由贸易试验区开放度和竞争力不断提升,2022年1—8月完成外贸进出口额4 173.0亿元,占全省总量的11.5%;新增实际使用外资额15.3亿美元,占全省总量的6.4%;累计新增市场主体8.2万家。

一、对标高标准国际经贸规则，积极开展制度型开放先行先试

一是加强统筹谋划。江苏省自由贸易试验区工作办公室（省商务厅）高度重视高水平制度型开放工作，主要负责同志多次召开会议，研究部署高水平制度型开放工作，组建成立厅"高水平制度型开放突破"工作专班，组织制定专班年度工作方案和重点任务。紧密结合江苏自贸试验区特色优势，在《全面与进步跨太平洋伙伴关系协定》(CPTPP)中选择贸易便利化、投资、跨境服务贸易、金融、电信、电子商务、竞争等12个重点章节，明确"梳理一张重点条款清单，形成一份研究报告，制定一份试点方案，形成一批制度创新成果"的工作目标，细化工作安排，确保落细落实。同时注重发挥第三方专业智库作用，共同承接江苏省政府研究室重点课题同步开展研究。二是深入梳理研究。对照世界贸易组织(WTO)政府采购协议(GPA)等10多个国际协定、标准以及85部国内相关法律法规，先后梳理比对《全面与进步跨太平洋伙伴关系协定》(CPTPP)12个章节600余项条款，以及协定42个附件，形成29项重点条款，逐项提出政策建议，专门听取国内相关领域专家学者意见建议。对标《数字经济伙伴关系协定》(DEPA)，组织开展数据跨境安全有序流动专题研究，形成《关于在江苏自贸试验区推动重点领域数据跨境流动深化数字经济发展和制度型开放的调研报告》，提出6个方面、20项对策建议。三是强化政策支撑。在系统研究梳理基础上，学习借鉴上海临港、海南自贸港、广东南沙片区等经验做法，结合片区实际诉求，制定出台《关于支持中国（江苏）自由贸易试验区对标高标准国际经贸规则探索高水平制度型开放的政策措施》，提出4个方面、38项先行先试政策举措。江苏省政府制定出台《关于推进江苏自贸试验区贸易投资便利化改革创新的若干措施》，提出5个方面、17项政策举措。四是探索先行先试。在贸易便利化方面，持续压缩船舶和货物通关时间，加强检验检疫国际合作，提升检验检疫流程标准科学性和透明度，研究探索生物医药企业（研发机构）进口研发用物品"白名单"制度。在投资便利化方面，进一步加大金融、法律服务、专业服务等领域对外开放力度，强

化外商合法权益保护。在知识产权、环境等边境后规则领域,研究进一步加大商标、专利、未披露数据等保护力度,探索实施碳预算制度,建立完善碳资产质押贷款、碳保险等金融服务体系。

二 降低非关税贸易壁垒,大力提升贸易便利化水平

一是压缩货物通关时间。加快建设国际先进水平的国际贸易"单一窗口",自贸试验区"单一窗口"关检融合申报使用率达100%。推进"两步申报"改革,对自贸试验区符合条件的企业优先实施"认证的经营者"(AEO)认证。探索快件、易腐货物抵达并提交必要海关单据后6小时内放行,其他普通货物48小时内放行。创新实施"空运直通港",节约企业物流成本15%~25%。支持进出自贸试验区港口的大型国际航行船舶"直进直靠、直离直出"。2021年江苏进出口整体通关时间较2017年分别压缩55%、75%。二是创新贸易综合监管。支持自贸试验区开展A、B级特殊物品风险评估工作,加密风险评估频次。搭建生物医药集中监管与公共服务平台,开展医药研发试剂与样本通关便利化试点,D级特殊物品审批时长缩短至1~2天,无特定病原(SPF)级实验鼠审批时长由20天缩短至7天。实施进口研发(测试)用未注册医疗器械分级管理,完成20家企业、58个研发项目、381批次产品进口备案。探索中欧班列"保税+出口"集装箱混拼模式,大大节约企业物流成本。三是培育贸易新业态新模式。支持银行为新型离岸国际贸易提供高效便捷的跨境资金结算服务,搭建新型离岸贸易综合服务平台,2021年苏州片区新型离岸国际贸易结算量同比增长184%。支持自贸试验区开展"两头在外"的保税维修业务,支持自贸试验区内综合保税区开展跨境电商网购保税进口业务。获批开展铜精矿"保税混矿"业务,相关项目通过南京海关验收。升级扩容"服贸通"中新数据专线,推动数字贸易创新发展。

三 放宽市场准入,有效促进要素跨境流动

一是推进投资自由化便利化。深入实施《中华人民共和国外商投资法》

及其配套法规,落实外商投资准入前国民待遇加负面清单管理制度,确保外商投资依法平等进入负面清单之外的领域。取消非投资性外商投资企业资本金境内股权投资限制,开展合格境外有限合伙人(QFLP)试点。支持自贸试验区设立境外律师事务所代表处,引入高端教育医疗资源,设立外商独资经营性职业技能培训机构。建立完善地方政府招商引资诚信制度,实施重大外资项目"直通车"制度,建立外商投资企业投诉工作部门联席会议制度。二是扩大金融领域对内对外开放。优化自贸试验区内银行保险机构行政许可审批流程,支持苏州片区企业申请设立民营银行。支持自贸试验区开展外汇管理改革试点,扩大资本项目收入支付便利化试点业务规模。推进合格境内有限合伙人对外投资试点,自贸试验区2家企业获批额度2.5亿美元。支持苏州片区开展信贷资产跨境转让、跨国公司本外币一体化资金池、外债便利化额度、一次性外债登记、合格境外有限合伙人外汇管理等5项资本项目外汇业务创新试点,试点业务全部落地。三是支持人才跨境流动。支持在自贸试验区设立外国人来华工作、居留许可"单一窗口",实现工作许可、居留证件一次受理、一并发证。实施国家重点发展区域12项出入境政策措施,为自贸试验区外籍人才提供停居留、出入境便利。支持自贸试验区开展生物医药国际职业资格比照认定职称。南京片区集聚海外创新人才和留学归国人员超过1万人,打造国家海外人才离岸创新创业基地,试点聘用外国人单位"红白灰"三色信用分类管理制度。苏州片区集聚A类外国高端人才1 600余人,占全省总量的1/6。

四 加快转变政府职能,努力打造公平竞争市场环境

一是持续深化"放管服"改革。全面推进"证照分离"改革全覆盖试点,2019年中央层面设定的523项和省市设定的12项涉企经营许可事项在自贸试验区全面落地,2021年加大改革力度,中央层面设定的69项涉企经营许可事项进一步推动落地,3万余家企业从中受惠。积极探索商事主体登记确认制改革、"一业一证"改革、工程建设项目审批制度改革,3年来自贸试验区累

计新增市场主体达 8.2 万家。二是加快推进简政放权。先后分两批赋予自贸试验区 303 项省级经济管理事项，3 个片区总体承接率达到 95％以上。赋予自贸试验区更大改革自主权，省级实施的重大改革同等条件下优先支持在自贸试验区开展试点。三是加强知识产权保护运用。支持自贸试验区开展知识产权证券化试点，先后发行 3 单知识产权证券化产品。加快建设知识产权保护中心，为企业提供专利快速预审、快速确权和快速维权服务，专利授权周期由 40 个月缩短至 6 个月。建设知识产权维权援助分中心，设立知识产权纠纷人民调解委员会，完善多元化知识产权纠纷解决渠道。四是不断完善现代治理体系。《中国（江苏）自由贸易试验区条例》2021 年 3 月正式施行，为自贸试验区大胆试、大胆闯、自主改提供有力法治保障。加快构建以信用监管为核心的事中事后监管体系，深入实施公平竞争审查制度。挂牌运行南京江北新区法院自贸区法庭、苏州国际商事法庭、中国（江苏）自贸区仲裁院、连云港国际商事仲裁院、江苏扬子江国际商事调解中心，不断完善商事审判、商事仲裁、商事调解等商事纠纷多元化解机制。

下一步，江苏自贸试验区将深入贯彻习近平总书记关于自贸试验区建设的重要指示精神，认真落实党中央、国务院决策部署和省委、省政府工作要求，以制度创新为核心，坚持有效市场和有为政府相结合、目标导向和问题导向相统一，聚焦重点领域和关键环节，对标高标准国际经贸规则推动高水平制度型开放，积极争取国家支持开展先行先试和压力测试，努力形成更多首创性、集成化、差别化制度创新成果，为江苏"扛起新使命、谱写新篇章"作出更大贡献。

江苏省数字贸易发展取得积极成效

随着数字经济的快速发展,以数据为生产要素、数字服务为核心、数字交付为特征的数字贸易蓬勃兴起。党的二十大报告指出,"加快发展数字经济,促进数字经济和实体经济深度融合,打造具有国际竞争力的数字产业集群""创新服务贸易发展机制,发展数字贸易,加快建设贸易强国"。近年来,江苏省商务厅认真贯彻落实党中央、国务院决策部署和江苏省委、省政府工作要求,坚持把加快数字贸易发展作为推动数字经济发展的重要举措,持续优化政策体系、促进体系和培育机制,积极开展先行先试,数字贸易规模保持平稳较快增长,成为拉动全省服务贸易增长的重要动力。2022年1—10月,江苏省可数字化交付的服务贸易(以下简称数字贸易)规模达247.4亿美元,同比增长13.2%。

一 运行特点

(一) 数字贸易规模扩大,增速加快

按照商务部口径,2021年江苏数字贸易规模达274.3亿美元,同比增长33.7%,增速高于全国11.4个百分点;占全省服务贸易比重为52.5%,分别高于上海、北京、浙江9.8个、2.1个和11.5个百分点。2022年上半年,江苏数字贸易规模占全国比重由2021年的7.6%提高至8.2%。

(二) 数字贸易结构优化,竞争力提升

据统计,2020—2021年,江苏数字贸易占全省服务贸易比重从47.4%提高到52.5%。电信、计算机和信息服务等核心数字贸易规模增幅达30.2%,其中出口增幅达30.9%,进口增幅达26.5%。以信息技术、生物医药研发、工业设计等业务领域为主的离岸服务外包连续13年位居全国第一。旅游、运输等传统领域服务贸易数字化发展加快,金融、保险、文化娱乐、商务服务等新兴领域服务贸易数字化水平亦不断提高,服务贸易国际竞争力明显增强。

(三) 数字贸易载体较多,特色明显

经过多年的建设和发展,江苏数字贸易已初步形成了南京、苏州双核引领,无锡、南通、镇江、徐州等各具特色的发展新格局。全省国家级服务外包示范城市、数字服务出口基地、文化服务出口基地、知识产权服务出口基地、语言服务出口基地等数字贸易载体达17家,数量位居全国前列,覆盖苏南、苏中、苏北。此外,江苏梯度培育了21个省级数字贸易基地和128个省级数字贸易重点企业。

(四) 数字贸易创新步伐加快,成果丰硕

目前,国家服务贸易第三轮创新试点赋予江苏的121项任务已完成110

项。"知识产权证券化创新融资新路径""打造跨境海运数据通道助力智慧物流""推进国际职业资格与国内职称资格比照认定"等24个试点经验案例创新成果在全国推广。自由类技术进出口登记"不见面"备案、进口研发（测试）用未注册医疗器械分级管理在全国率先实现。南京在全国首创中小服务贸易企业统保平台模式。

二 主要做法

（一）加强政策引导

2022年初，江苏省委、省政府制定印发《关于全面提升江苏数字经济发展水平的指导意见》，对加快发展数字经济和数字贸易做出全面部署，明确要求要提升数字经济国际化水平。2022年9月，江苏省政府办公厅印发了《江苏省推进数字贸易加快发展的若干措施》。全省各地各部门认真落实省委、省政府部署要求，加大政策支持力度，加强部门和上下联动，合力推动全省数字贸易加快发展。江苏省商务厅等八部门制定印发《关于推动服务外包加快转型升级的实施意见》（苏商服〔2020〕312号），为探索构建数字贸易特色发展路径、加快服务外包向高附加值转型升级、推动服务贸易扩量提质提供政策指引。积极会同江苏省委网络安全和信息化委员会办公室等部门，认真落实国家《数据出境安全评估办法》，开展专题研究，提出江苏落实措施。南京市在全省率先出台《南京市数字贸易发展行动方案（2022—2025年）》，围绕数字贸易发展过程中遇到的市场主体培育、关键技术突破、营商环境优化等重点、难点问题，明确发展目标和重点任务。苏州市出台了《苏州市推进数字经济和数字化发展三年行动计划（2021—2023年）》（苏委发〔2021〕1号）、《关于推进制造业智能化改造和数字化转型的若干措施》等文件。南通、盐城、淮安等设区市均出台加快数字经济和数字贸易发展文件，进一步明确推进数字经济和数字贸易发展的政策措施。

（二）加快主体培育

推进完善省市联动招商网络和招商机制，在研发设计、工业互联、信息服务、影视动漫等数字贸易领域，累计引培205家省级服务贸易重点企业，充分发挥龙头企业示范带动作用。南京市推动浩鲸云计算科技股份有限公司利用远程操作、云化交付等手段，帮助海外客户进行数字化改造，加快输出"中国数字技术"。原力科技有限公司、艾迪亚数字娱乐有限公司等国家级专精特新"小巨人"企业致力于数字动漫、游戏等研发，成为国际动漫、游戏顶尖公司在亚太地区的优先合作战略伙伴。无锡市立足"465"现代产业体系发展需求，加快培育数字贸易产业集群，推动江苏长电科技股份有限公司等以设计、封测为数字化交付内容的企业集聚形成集成电路产业集群，无锡倍视文化发展有限公司等以数字影视为内容的企业集聚形成数字文化产业集群，无锡NTT数据有限公司等以软件研发为服务内容的企业集聚形成新一代信息技术产业集群等。苏州市积极构建数字贸易促进体系，培育一批行业示范引领市场主体。亿磐系统科技（苏州）有限公司为各个行业头部企业提供端到端的数字化转型解决方案，成为众多世界500强企业的重要合作伙伴。智慧芽信息科技（苏州）有限公司作为全球知名的科技创新情报平台企业，已服务全球50多个国家超过1万家客户。友谊时光科技股份有限公司等一批国家文化出口重点企业市场遍布全球，不断向外输出"江南文化"。南通市近年来围绕构建"数据、算力、场景、平台"为一体的数字产业生态，培育了一批以凌志软件股份有限公司、江苏海隆华思计算机系统有限公司、携程南通联络服务中心为代表的数字贸易企业，为全球客户提供定制软件开发、数据应用、新型互联网服务、动漫设计等服务。镇江市加快新能源汽车技术研发国际化"走出去"步伐，麦格纳卫蓝新能源汽车技术（镇江）有限公司开创国内新能源整车平台架构技术出口先河，2021年麦格纳卫蓝5 000万欧元新能源汽车技术出口美国，创"中国首次和最大数额的汽车技术出口"的成绩。

（三）突出人才引培

创新高端人才引进，以国际服务"双创团队"申报为契机，首次将数字贸易相关境外子公司或分支机构招才引智工作纳入扶持范围,增强数字贸易人才国际竞争力。通过上下联动、部门协作,借助于人工智能、大数据、云计算等现代信息技术,加大对数字贸易相关领域从业者培训力度,年均培训数字贸易人才规模近10万人。鼓励企业与院校开展合作,支持高等院校、职业院校设置数字贸易相关专业,强化数字贸易基础人才支撑。机制性开展服务外包百企进高校等数字贸易基础人才招聘工作,2021年以来省市组织专场招聘活动近600场次,提供了软件研发、生物医药研发、知识产权等各种门类岗位需求7万个。

(四)开展贸易促进

高效落实《江苏省关于高质量实施〈区域全面经济伙伴关系协定〉(RCEP)的若干措施》,聚焦RCEP成员国重点贸易领域,建立健全适应数字贸易需求的贸易促进体系。创新经贸促进模式数字化转型,开展"苏新服务·智惠全球""江苏优品·数贸全球"系列线上线下贸易促进活动。2022年,在软件信息、生物医药、网络游戏等数字贸易优势领域全省累计举办60场线上对接会,促成近7 000次线上对接;三年来先后组织637家企业参加41个境外线下专业展会;借力中国国际服务贸易交易会、中国国际进口博览会等国家级展会平台,全力支持数字贸易企业抢订单、拓市场、保份额,提升贸易促进数字化水平。

(五)强化制度保障

江苏省商务厅于2022年初成立了推进数字贸易工作专班,深入研究分析数字贸易的前沿趋势,把握数字贸易发展新形势、新任务新要求,认真谋划数字贸易发展目标任务和思路举措,推动全省数字贸易取得实际成效。专班还建立了协同推进、月度台账、季度交流、督促通报、典型示范等5项制度。发挥高质量考核指挥棒作用,将知识密集型服务贸易列入各市高质量发展年度考核指标,制度化保障数字贸易量质齐升。持续提升扶持政策引导和杠杆效应,优化数字贸易发展生态,提升公共服务质量。联合江苏省财政厅将"加快数字贸易发展"和"加强数字贸易载体建设"纳入中央及省级服务贸易创新发展资金方向,将"数字化水平"列入2022年中央服务贸易资金竞争性立项评审标准,加大对数字贸易企业拓展国际市场支持力度。

三 下一步工作打算

下一步,江苏省商务厅将紧抓科技强省、制造强省、开放强省和数字江苏建设发展契机,围绕国内外制造业数字化转型所带来的数字服务需求,以建设具有全球竞争力的数字贸易高地为目标,强化系统谋划和重点突破,突出融合发展和部门联动,推动落实江苏数字贸易加快发展的若干措施,积极探索江苏数字贸易创新发展路径,打造"制造服务化—服务数字化—数字贸易化"的江苏数字贸易发展特色,为建设贸易强省、数字强省作出更大贡献。

(一)强化顶层设计

持续推进《江苏省推进数字贸易加快发展的若干措施》落地落实,指导有条件的地区进一步完善数字贸易政策体系。健全推进数字贸易发展的统筹协调机制,推动形成一处创新、多点通用的制度型创新成果,打造全省数字贸易发展高地。

(二)强化标准引领

积极研究对接《区域全面经济伙伴关系协定》(RCEP)、《全面与进步跨太平洋伙伴关系协定》(CPTPP)、《数字经济伙伴关系协定》(DEPA)等经贸协定中涉及的数字贸易规则。推动数字贸易领域团体、行业和地方参与数字贸易国际标准、国家标准的制定和应用,提升重点领域上下游产业标准的协同性和配套性。

(三)强化机制创新

引导南京江北新区、苏州工业园区探索形成跨境数据流动管理的江苏方案。以"一基地一突破"为切入点,在文化服务、中医药服务、知识产权服务、数字服务、语言服务等领域,形成一批创新突破成果。以载体建设辐射带动产业集聚和区域发展,扩大数字贸易规模,推动全省服务贸易区域协同发展。

(四)强化业态升级

依托江苏制造业优势,利用5G、物联网、工业互联网等新兴技术发展数字制造外包,积极推动数字解决方案和应用场景出口。实施服务外包数字化转型升级行动,支持众包众创、平台分包等新模式做大做强,为外贸企业开展供需对接匹配,提供全链条海外拓展服务。引导数字贸易骨干企业"借船出海",借力对外合作龙头企业和对外投资重大项目"走出去",全面提升江苏数字贸易企业国际竞争力和影响力。

(五)强化服务保障

会同江苏省电子口岸有限公司整合全省数字贸易公共服务资源,建设江苏地方特色的国际贸易"单一窗口"数字贸易应用版块。通过上下联动、部门协作,多层级、多形式举办数字贸易培训。完善数字贸易统计监测体系,开展数字贸易统计课题研究,提升数字监管能力和水平。探索建立数字贸易发展智库,深化产教融合,借力省"双创计划"、各级各类赛训活动培引数字贸易中高端人才。

江苏省推进跨境贸易便利化工作取得实效

近年来,江苏省商务厅认真贯彻落实党中央、国务院关于优化口岸营商环境的决策部署和江苏省委、省政府的工作要求,紧紧围绕打造市场化、法治化、国际化口岸营商环境目标,加强统筹协调,强化部门联动,聚焦企业需求,突出"简政、提效、降费"重点,深化通关便利改革,扎实开展促进跨境贸易便利化专项行动,江苏省口岸营商环境持续优化提升。

一 完善协调机制,形成整体工作合力

一是加强统筹协调。江苏省商务厅会同相关单位将贯彻国家要求、借鉴先进地区经验和体现地方特色相结合,认真对照省委、省政府出台的《江苏省优化营商环境行动计划》,在研究梳理和吸收相关单位及口岸所在地人民政府意见建议的基础上,形成并落实江苏促进跨境贸易便利化专项行动方案的5方面19条工作举措。二是强化部门联动。各口岸监管部门围绕跨境贸易便利化工作,加强部门协调

联动,有序推进各项工作落实。各口岸所在地人民政府积极履行优化口岸营商环境属地主体责任,通过成立领导小组、工作专班、联席会议等方式,形成工作合力,有序推进专项行动各项任务落地见效。三是做好指导推动。江苏省商务厅深入东部机场集团有限公司、江苏省港口集团有限公司、江苏省电子口岸有限公司等基层企业一线,围绕专项行动重点任务,深入开展专题调研,做好"一对一"指导服务,积极帮助协调、解决、优化口岸营商环境方面存在的突出困难和问题。加强对国际贸易"单一窗口"建设和港航业务协作等方面的指导,推动数据互联互通,有效提升全省港口口岸信息化建设水平。发挥好江苏省电子口岸建设领导小组办公室作用,组织召开领导小组联络员会议,帮助连云港港、太仓港等口岸解决通关中的堵点痛点难点问题,全面提升口岸跨境贸易便利化水平。

二 聚焦改革创新,持续优化口岸通关流程

一是深化通关改革创新。认真落实优流程、减单证、提时效、降成本等工作措施,积极探索口岸通关模式创新,推动便利化改革拓面延伸。优化进出口货物通关模式,南京海关在全省17个水运口岸全面推广进口货物"船边直提"、出口货物"抵港直装"试点,打通大件散货"厂门"与"船边"全流程便捷通道,满足企业对通关物流时效和特殊商品运输安全的迫切要求,进一步缩短急需货物的通关时间和成本。二是加强口岸通关合作。发挥长三角地区海关保通保畅协调机制作用,实施"联动接卸、视同一港"整体监管,实现了洋山港和太仓港通关一体化运行,并将该监管模式成功复制推广至盐城大丰港。2022年1—9月,"联动接卸"模式共计监管货物7.72万标箱,同比增长33%。海事部门深化国际航行船舶进出口岸诚信管理,国际航行船舶或其代理机构被列入江苏海事监管领域"红名单"的实施"容缺办理""绿色通道"等服务;完善以联合查验信息系统为平台,采取信息获取、开箱查验、检测鉴定、调查处理的"1+4"船载危险货物联合查验工作机制,南京海关与海事部门共享使用部分海关报关数据获海关总署支持,为在全国复制推广该工作机制打

好基础。三是统筹疫情防控和口岸保通保畅。交通口岸防控组研发口岸疫情防控信息系统,对防疫流程闭环管理,助力口岸精准防疫。紧盯保供稳链,发布公铁水空运输通道清单,积极引导推动货运物流供需对接。上海疫情期间,苏州(太仓)港联合上海港推出集装箱"陆改水"服务产品,确保物流通道畅通;连云港港、南京港分别开通徐州—连云港—日本""南京—上海—欧美"海铁联运专线,切实推动"铁水联运"实现跨越发展,最大限度提效降本,全力保障产业链、供应链稳定畅通,有效缓解出运难问题,实实在在地为外贸企业纾困解难。

三 清理规范收费,打造公开透明口岸环境

一是落实清理收费政策措施。认真落实国家清理口岸收费政策措施,完善口岸收费公示机制,推动降低进出口环节费用政策措施落地见效。江苏省发展改革委、江苏省财政厅等相关部门积极采取措施,持续加大对港口口岸收费监管力度。江苏省交通运输厅印发《全面规范港口经营市场秩序工作方案》,将港口设施保安费纳入港口作业包干费,收费不高于原标准,货物港务费收费标准降低20%,连云港引航站降低引航(移泊)费基准费率10%。盐城、扬州、镇江等地口岸管理部门针对规范口岸收费,会同相关部门成立专门工作组,扎实推进口岸收费清理、公示、督查工作。二是强化考核引导作用。科学设置营商环境跨境贸易评价指标,发挥指标导向和评价激励作用。在全省26个口岸现场、"单一窗口"、指定网站等渠道开展收费目录清单公示情况,引导企业通过口岸收费及服务信息发布系统动态更新口岸收费信息,增强收费透明度和可比性,便于货主进行比较和社会监督。三是依法查处违规收费行为。江苏省市场监督管理局在全省口岸开展收费专项检查,督促堆场、船公司、船代、货代等口岸经营服务单位严格执行价格规定,依法查处不按规定明码标价、价格欺诈等价格违法行为;通过微信公众号向各港口经营单位发布《港口收费政策提醒函》,畅通12315投诉举报渠道,及时处置口岸经营活动中违法违规收费的举报线索,切实维护经营者权益。

四 加强科技赋能，加快推动口岸信息化建设

一是深化国际贸易"单一窗口"建设。按照国家口岸办部署，推进海运口岸通关物流全程评估系统建设，完成省级平台系统建设并同步采集连云港、盐城、南通等海运口岸数据。不断拓展地方特色应用，2022年6月上线的"FTA智慧应用公共服务平台"是国内第一个可实现FTA进出口税率查询的省级平台，累计有效查询次数已超过10 000次。推进查验单位监管专区建设，其中江苏海事局有7个业务模块在江苏省电子口岸平台上运行，每年各类船舶业务申报约100万单，船舶进出港信息交互240万艘次，实现了船舶、港口码头及相关监管信息共享、互联互通。二是加强智能系统建设。江苏出入境边检总站研发"滤网"系统，对长江江苏段国际航行船舶的航行、锚泊、靠泊、搭靠等行为全流程、立体式监控；开发"梯口智能精准管控服务系统"方便上下外轮人员智能核验、24小时智能化监管国际航行船舶梯口，逐步提升"智慧监管"水平。三是提升物流单证电子化率。推进集装箱设备交接单、提箱单、提货单等单证电子化，连云港、太仓港等港口已基本实现港口物流类单证无纸化流转。推广应用港航区块链电子放货平台，中远海运集装箱运输有限公司在南京龙潭、镇江港口的外贸放箱均实现通过全球航运商业网络公司（GSBN）区块链平台放箱。四是强化数据汇聚共享。充分依托江苏省大数据共享交换平台，积极推动口岸类数据汇聚共享，助力智慧口岸建设。目前，有关部门及查验单位向江苏省政务服务管理办公室大数据共享交换平台推送了80余类涉及港口、进出口等口岸相关数据，不断强化口岸数据共享应用。

五 突出便民利企，提升跨境贸易服务水平

一是提高口岸服务质量效率。江苏省市场监督管理局深化证照分离改革，将进出口企业资格证书纳入"多证合一"事项，实现报关企业注册登记备

案事项和市场主体登记一并申请办理。南京海关开发"问题清零"系统，助力企业纾困解难，系统16 381家注册企业进出口额占关区80%以上，2022年1—9月累计解决疑难问题528个，企业反馈满意率100%。江苏海事局简化业务流程，建设自助服务站84个，布设终端90台，累计使用量26万人次。连云港海事局开通国籍证书和配员证书网上办理，推进海船"不停航办证"，提升海事服务便利化水平。二是提升出口退税便利度。税务部门积极落实加快出口退税办理的工作要求，对全省信用好的一、二类出口企业阶段性实行3个工作日内办理退税到位，对所有出口企业的正常出口退（免）税平均办理时间压缩在5个工作日内，有效支持出口企业资金利用率，为稳产稳销提供有力保障。三是支持跨境电商发展。积极支持传统外贸企业转型发展跨境电商，中国人民银行南京分行为省内跨境电商市场主体提供高效快捷的资金收付服务。先后为东海水晶和丹阳眼镜等跨境出口电商企业制定个性化收结汇方案。2022年1—9个月共办理跨境收支业务592万笔，共为367个商户办理收汇2 750万美元。南京海关作为全国首批试点开展B2B出口业务关区，完善跨境电商退货措施，全省第一个跨境电商零售进口退货中心仓在南通综合保税区投入运营。四是加快推进海外仓建设。鼓励传统外贸企业、跨境电商、物流企业等参与海外仓建设，目前共认定32家省级公共海外仓运营企业，在20多个国家和地区运营51家海外仓，服务企业超过2 000家。南京、无锡、徐州、苏州、南通等7个设区市陆续开展了市级孵化培育，共认定57家市级海外仓，各市累计出台了28项海外仓支持政策。全省初步形成省、市梯队式培育体系，夯实了培育基础。五是加大服务重点企业力度。徐工集团工程机械有限公司大量机械设备滞压满洲里口岸影响企业出口交货，江苏省商务厅积极协调国家口岸管理办公室和内蒙古自治区口岸管理办公室争取支持，会同徐州市直接对接企业，多措并举，妥善解决问题，得到了企业认可。

第四部分
调查研究报告

江苏商务发展2022
Jiangsu Commerce Development 2022

CPTPP、RCEP投资规则比较及江苏省构建国际一流营商环境的对策建议

当前,国际经贸规则发生深刻变化,超大型高标准自贸协定逐渐引领国际经贸规则重构。我国正在大力推进《区域全面经济伙伴关系协定》(RCEP)实施工作,并正式申请加入《全面与进步太平洋伙伴关系协定》(CPTPP)。江苏省应主动适应国际经贸规则变革重构的大趋势,在高质量实施RCEP的基础上,积极对标CPTPP,深入推进制度型开放,着力营造国际一流营商环境,增强集聚全球高端资源要素的能力,为服务构建新发展格局,打造具有世界聚合力的双向开放枢纽提供支撑。

一 CPTPP与RCEP投资规则比较

CPTPP投资规则在规则的深度、议题的广度和开放的态度上高于RCEP。RCEP投资规则重点解决市场准入和投资保护问题,鼓励合作促进和便利相互间投资。CPTPP投资规则提高了投资自由化和投资保护水平,详细规定了

投资者－国家间争端解决机制适用问题,并强调环境、卫生等监管目标在投资领域的实施,鼓励强化企业社会责任。对比 RCEP,CPTPP 对投资者的限制性要求更少,对缔约方的透明度和开放度要求更高,有利于进一步提高投资自由化便利化水平。

(一) CPTPP 的投资定义范围更广

CPTPP 和 RCEP 对投资的定义均为"直接或间接,拥有或控制的、具有投资特征的各种资产",主要包括企业及其分支机构,股份及其派生权利,债券及其派生权利,合同权利,授权,动产、不动产及其他财产的相关权利,知识产权。但 RCEP 要求该知识产权须被东道国法律法规所认可,而 CPTPP 未对知识产权施加任何限定。另外,CPTPP 将投资的定义范围进一步扩大到期货、期权和其他衍生品。

(二) CPTPP 的投资待遇透明度更高

CPTPP 和 RCEP 均设置了国民待遇、最惠国待遇、最低标准待遇、武装冲突或内乱情况下的待遇等投资相关待遇条款。但 CPTPP 明确规定补贴和赠款相关措施、与投资者期待不符的措施不适用于最低标准待遇,一定程度上化解了当前大多数国际协定对最低标准待遇缺乏详细表述带来的弊端,既提高了透明度,又保护了东道国的自由裁量权。另外,对于武装冲突或内乱情况下的待遇,CPTPP 进一步明确如投资被东道国军队或政府征收或在非情势所必需的情况下破坏,东道国应就该损失向投资者进行复原或赔偿或二者并行,加强了对投资者权益的保护。

(三) CPTPP 的禁止业绩要求范围更广

CPTPP 和 RCEP 均在世界贸易组织(WTO)《与贸易有关的投资措施协议》规定的出口实绩、当地含量、购买国货、外汇平衡、限制国内销售 5 项禁止业绩要求基础上进行了扩围,增加了强制技术转让、特定地区销售、规定特许费金额或比例。但 CPTPP 将禁止业绩要求由传统货物领域拓展到了服务、技术等新领域，进一步提高了投资自由化水平。如 CPTPP 将特定地区销售、限制国内销售 2 项禁止业绩要求延伸到服务领域，并设置了优先购买和使用当地技术、阻止购买和使用当地特定技术、指定许可合同期限 3 项禁止业绩要求。

（四）CPTPP 制定了更有利于投资者的负面清单制度

CPTPP 和 RCEP 均允许缔约方针对国民待遇、最惠国待遇、禁止业绩要求、高管和董事会成员等核心义务制定负面清单。两者的投资负面清单均包含 2 张清单：清单 1 列明了现行不符措施，适用棘轮机制；清单 2 列明了保留完全自由裁量权的政策措施。但 CPTPP 在保留东道国制定外资管理政策的合理空间的同时，进一步放松了投资限制，加强了投资保护。如 CPTPP 允许对实质阻碍投资的不符措施进行磋商；规定不得根据清单 2 的任何措施，以国籍为由要求投资者处置已有投资（RCEP 规定如首次批准协议时另有约定，可以提出此种要求）。

（五）CPTPP 的征收和补偿标准更严

CPTPP 和 RCEP 均承诺不得直接或间接对投资进行征收（或国有化）。如为公共目的必须征收，应符合正当法律程序，以非歧视方式进行，并支付补偿。但在间接征收的认定、补偿标准的认定、土地征收等方面，CPTPP 的标准明显高于 RCEP。对于间接征收认定，RCEP 主要考虑政府行为是否违反了其向投资者做出的具有约束力的书面承诺；CPTPP 则强调政府行为对投资者明显合理预期的影响程度。对于补偿标准认定，CPTPP 规定补偿不低于征收之日的公平市场价值，并须支付征收之日至付款之日产生的利息。而 RCEP 规定补偿应相当于宣布征收时或征收发生时的公平市场价值，以时间较早者为准，未明确是否必须支付利息。对于土地征收，RCEP 保留了缔约方的自由裁量权；而 CPTPP 仅允许文莱、马来西亚、新加坡、越南适用国内法。

（六）CPTPP 的资金转移灵活性更高

CPTPP 和 RCEP 均承诺允许与投资相关的所有转移，包括资本、收入、利润、清算资产、合同款项、征收补偿所得、争端解决款项等，可以自由、无迟延地汇入汇出。但 CPTPP 对资金转移的自由度明显高于 RCEP，主要体现在 2 方面：一是 CPTPP 规定了 5 项可以限制和延迟资金转移的事项，明显少于 RCEP 的 9 项；二是除货币转移外，CPTPP 还允许实物回报的转移。

（七）CPTPP 引入了投资者—国家间争端解决机制

投资者—国家间争端解决机制允许投资者直接对东道国提起仲裁，是国际投资极为重要的保护和救济机制。CPTPP 对投资争端解决的制度设计明显优于 RCEP，引入具有较强可操作性的投资者—国家间争端解决机制，不仅放弃了用尽当地救济的要求，还将提请仲裁的时限放宽至 3 年零 6 个月，并对东道国提出了较高的透明度义务标准，能有效限制东道国的主权权益，加强对投资者利益的保护。而 RCEP 未对投资争端解决机制做出实质性规定，鼓励通过预防和协调处理的方式解决投资争端。

二 我国现行外资管理制度与 RCEP、CPTPP 比较

近年来，我国积极推动制度型对外开放，主动对标国际投资新规则，完善外商投资法律，实现准入前国民待遇加负面清单的外资准入管理模式，强化外商投资保护，营商环境显著优化。但现行外资管理制度与 RCEP、CPTPP 相比，仍须进一步强化顶层设计，完善实施细则。

（一）我国外商投资的定义范围明显偏小

《中华人民共和国外商投资法》对"外商投资"的定义和范围明显小于 RCEP 和 CPTPP，主要侧重投资者的新设投资、并购投资和新建项目。RCEP 生效后，投资定义和范围的扩大，势必对行业主管部门和市场监督管

理部门执行现行外资管理制度带来一定困惑。如外商间接投资在市场准入、享受相关扶持政策方面是否须执行完全穿透原则,外商间接投资、对高端人才的股权激励等是否须执行外商投资准入负面清单等。不同地区、不同部门间的解释和管理不一致,容易产生新的"卷帘门""玻璃门""旋转门"。

(二) 我国外商投资准入透明度有待提升

我国对外商投资准入采取准入前国民待遇加负面清单管理模式,与RCEP和CPTPP总体要求一致。但与我国在RCEP项下的投资保留及不符措施承诺表、服务具体承诺表相比,外商投资准入负面清单仅列明了对股权和高管的限制性要求,未全面纳入国民待遇义务,未涵盖文化、金融等领域与行政审批、资质条件、国家安全等相关的措施。以技术测试和分析服务行业为例,外商投资准入负面清单未提及任何限制措施;而RCEP项下我国服务具体承诺表列明了对外商投资该行业的最低注册资本和从业资质要求。另外,外商投资准入负面清单以我国《国民经济行业分类》(GB/T 4754—2022)为行业分类标准,而RCEP、CPTPP以联合国核心产品分类(CPC)为标准,标准的不一致容易导致外商产生误解而影响投资意愿。

(三) 我国投资保护透明度有待提升

《中华人民共和国外商投资法》和《中华人民共和国外商投资法实施条例》详细规定了投资保护措施,总体要求与RCEP、CPTPP保持一致。但对投资保护的例外情况和操作规则表述模糊,既没有给出具体列举,也没有限定严格的构成要件,容易引发投资纠纷。以征收为例,《中华人民共和国外商投资法》和《中华人民共和国外商投资法实施条例》明确国家对外国投资者的投资不实行征收。在特殊情况下,为了公共利益的需要,依照法律规定对外国投资者的投资实行征收或征用的,应当依照法定程序、以非歧视性方式进行,并按照被征收投资的市场价值及时给予补偿。但未明确特殊情况和法定程序的具体内容、被征收投资的市场价值和补偿金额的认定标准等。

三 江苏省构建国际一流营商环境的对策建议

当前,江苏省正处于健全更高水平开放型经济新体制,塑造开放发展新优势的重要阶段,须主动对标 RCEP、CPTPP 等高标准国际经贸规则,深入推进制度型开放,着力营造内外资一致管理、各类市场主体公平竞争的市场化、法治化、国际化营商环境,重塑和增强投资吸引力。

(一)推动服务和数字领域扩大开放

争取服务业扩大开放综合试点落地,力争在科学技术服务、租赁与商务服务、物流运输服务、教育服务、金融服务、卫生和社会工作、旅游服务、电信和互联网信息服务等领域取得一批开放性举措。推动 RCEP 新金融服务条款、自律组织条款、信息转移和信息处理条款落地,在牌照发放、业务准营等方面创新监管方式,支持外资金融机构开展与本地金融机构相同的业务。优先对标 RCEP 项下我国服务贸易棘轮承诺,超前探索对标 RCEP、CPTPP 发达成员国服务业开放水平,以国家安全为前提,争取进一步扩大开放。促进数据跨境安全有序流动,试点开展生物医药领域数据跨境流动安全评估,支持中国制造网和江北新区探索建立完善数据跨境流动地方自评机制。

(二)实施外商投资"全流程"国民待遇

聚焦准入前、准入后国民待遇的协同发力,增强外商投资的根植性。清理调整与 RCEP、CPTPP 投资规则不相适应的投资管理措施,严格执行准入前国民待遇加负面清单管理模式,确保外商投资准入负面清单之外按照内外资一致原则管理。针对具有不同准入后限制要求的行业,探索适用限制要求最低的法律、法规、规章条款。在政府采购、土地供应、税费减免、资质许可、标准制定、项目申报、注册登记、上市融资、产业政策、科技政策、人力资源政策等方面,取消针对外商投资的歧视性措施,保障外商投资平等使用各类市场要素和公共资源。

（三）完善外资全要素、全链条、全周期服务机制

持续优化外商投资制度体系，积极推进《江苏省外商投资条例》立法。加强招商引资领域政务诚信建设，加强重大外资项目资源要素保障和统筹协调。提高外国人才工作生活便利度，争取进一步放宽外国商务人员入境限制措施和临时入境时限，简化审批手续。全面实施长三角地区外国高端人才（A类）互认、外国高端人才服务"一卡通"，在安居保障、子女入学和医疗保健服务方面开辟绿色通道。建立重点产业企业白名单制度，探索实施更加开放的全球人才吸引和管理制度。完善外商投资企业投诉协调工作机制，探索建立外商投资协调员制度，为外商投资提供投资跟进、投资预警和投诉处理等全过程服务。完善商事审判、商事仲裁、商事调解等国际商事纠纷多元化解机制。

（四）增强开放监管和风险防控能力

加强商务、发展改革、市场监督管理、许可类行业主管部门等相关部门间的信息共享和协调沟通，提高部门间监管一致性和政策透明度，努力打造更加稳定、公平、透明、可预期的营商环境。对标国际通行监管规则，探索按照最终实际控制人实施穿透式管理。在行业准入准营、享受鼓励政策、标准执行等方面，根据行业敏感程度，明确对外商间接投资的穿透层级或股权比例要求。对外资最终实际控制人持股比例低于一定范围的外商间接投资，视同内资管理。深入落实《外商投资安全审查办法》，增强外资安全审查能力建设。针对敏感行业、敏感投资主体、敏感并购对象、敏感技术的外商投资，持续开展追踪、监测、评估工作，有效预防和化解安全风险。

江苏省国际经济贸易研究所

欧盟碳边境调节机制对江苏省的影响及应对建议

当前,气候变化导致的负面影响愈发凸显,应对气候变化正逐渐成为世界各国关注的焦点。欧盟在解决气候变化问题方面一直处于国际前沿,2005年启动了全球第一个也是迄今为止最大的碳排放交易体系——欧盟排放交易体系(European Union Emissions Trading Scheme,简称 EU ETS)。凭借十几年来在碳市场发展方面的成熟经验和良好基础,欧盟于 2019 年 12 月在《欧洲绿色新政》中首次正式提出碳边境调节机制(Carbon Border Adjustment Mechanism,CBAM),随后采取一系列举措加快推进立法进程。2023 年 4 月 25 日,欧盟理事会投票通过 CBAM,这标志着 CBAM 完成整个立法程序,全球第一个根据产品碳排放量而实施的贸易措施即将正式施行。欧盟是江苏第一大贸易伙伴、第五大投资来源地。2022 年,江苏对欧盟进出口总额 8 324.3 亿元,同比增长 8.6%,来自欧盟的实际使用外资额 9.5 亿美元,同比增长 51.6%。在如此密切的经贸往来背景下,欧盟 CBAM 一旦实施势必会对江苏与欧盟的贸易往来乃至产业链布局产生重要影响。因此,深入了解 CBAM,提前研判 CBAM 对江苏的影响,积极应对 CBAM 带来的挑战适时且必要。

一 碳边境调节机制核心要点

碳边境调节机制是指利用碳定价机制推进碳减排的国家(地区),对来自碳减排措施较弱的国家(地区)的进口产品实施的、与碳排放相关的边境调节措施,即对进口产品排放的 CO_2 加征费用,实际上与关税性质类似,又被称为"碳关税"。欧盟 CBAM 包括产品的适用范围、时间安排和费用计算三大核心要点。

(一)产品范围:初期涵盖钢铁、水泥、铝、化肥、电力和氢六类产品

根据碳排放总量情况、碳泄漏风险程度、碳足迹核算难易程度,CBAM 确定初期征税范围包括钢铁、水泥、铝、化肥、电力和氢六类产品以及特定条件下的间接排放。在过渡期结束之前,欧盟委员会将评估是否将范围扩大到其他有碳泄漏风险的商品,包括有机化学品和塑料等,目标是到 2030 年涵盖欧盟 ETS 覆盖的所有商品,在此期间还应评估间接排放和纳入更多下游产品的可能性。

(二)时间安排:2023—2025 年为过渡期,2026 年正式开征

CBAM 实施分为两个阶段。第一阶段是 2023 年 10 月 1 日—2025 年 12 月 31 日,该阶段为过渡期,初期征税进口商品只需申报排放信息,不需缴纳任何费用。过渡期的设置给予贸易伙伴一定的时间进行调整和适应,缓解贸易伙伴对 CBAM 的强烈反对。第二阶段是从 2026 年开始征税,并且将逐步取消欧盟 ETS 中的免费配额,2026—2034 年免费配额逐步削减 2.5%、5.0%、10.0%、22.5%、48.5%、61.0%、73.5%、86.0%、100.0%,免费排放配额的逐步取消避免了直接取消可能引起的欧盟内部产业界的不满。

（三）费用计算：优先采用实际碳排放强度确定碳排放量，并规定费用抵免情形

对于费用计算，标准为进口产品的碳价乘以碳排放量：

CBAM 费用＝单位碳价（欧元/吨 CO_2）×碳排放量（吨 CO_2）

碳排放量由进口产品碳排放强度乘以数量确定：

碳排放量（吨 CO_2）＝碳排放强度（吨 CO_2/吨）×数量（吨）

在碳排放强度选择上，优先采用进口产品的实际碳排放值，如果无法提供可靠的实际数据，则采用默认碳排放强度。默认碳排放强度为出口国生产同类型产品的企业中碳排放表现最差者（倒数 10%）的平均碳排放强度，若此类数据没有，则采用欧盟生产同类型产品的企业中碳排放表现最差者（倒数 5%）的平均碳排放强度。默认碳排放强度大概率将高于产品本身的碳排放水平，带有一定的惩罚性质。

为了体现公平原则，使欧盟产品和进口产品承担的碳排放成本相同，CBAM 允许两种情况下可以扣除一定费用：一种是如果进口产品在原生产国已被征收碳排放费用，可以等价抵销碳关税金额；另一种是欧盟同类产品获得的免费排放额度，进口产品在申报碳排放量时可以同等扣除。所以 CBAM 最终费用为：

CBAM 调整费用＝（欧盟碳价－出口国碳价）×（进口产品实际碳排放量－该产品在欧盟获得的免费排放额度）

二 碳边境调节机制对江苏省的影响研判

（一）国际碳定价博弈加剧，国内碳市场尚不完善

在欧盟谋划碳关税部署的同时，美国、英国、加拿大等国家也在考虑制订类似的方案，试图利用碳关税国际传导强化其在全球碳定价机制的核心地位，争夺应对气候变化的主导权。比如美国民主党参议员在 2022 年 6 月向参议院金融委员会提交了《清洁竞争法案》的立法提案，建议以美国产品的平

均碳含量为参照,对碳含量超过平均值的本土产品和进口产品均征收碳税。无论是CBAM,还是其他国家的类似政策,其本质是一种变相的绿色贸易壁垒,未来江苏外贸环境可能会因这些层出不穷的绿色贸易壁垒而恶化。

各国对碳定价权争夺日趋激烈,而目前我国国内碳交易市场还不完善,只纳入电力部门,钢铁、水泥、铝等高碳行业未纳入碳定价机制,无法在国内抵减相应碳关税,增加江苏出口至欧盟产品成本,进而影响价格竞争力。此外,全国碳交易市场以强制性参与为主,交易主体为重点排放单位,大量中小型企业的减排行为难以管理。江苏省中小企业总数超过400万家,工业中小企业超过70万家,多数中小企业节能降碳意识和技术水平不高,未来在降低出口碳排放成本、进行碳排放核算以及应对欧盟碳排放审核方面相较于大型企业将面临更多挑战。

(二)短期冲击力有限可控,长期未知性有待关注

CBAM能否顺利推进仍存变数。一是CBAM引起发展中国家普遍反对。例如在2021年8月的金砖国家环境部长会议上,金砖国家对CBAM继续表示反对,认为CBAM带有歧视性。二是围绕核算规则的争议将直接影响CBAM实施进程。各国碳市场发展程度不同,特别是发展中国家碳市场建设较为落后,在全球层面建立与欧盟碳排放交易体系相同水平的核算体系难以实现,与欧盟碳核查要求相符的透明度和可靠性也就无法保障。即使欧盟力排众议,按期推进CBAM,目前纳入征收的行业在江苏对欧盟出口中占比较小(2021年约为1.3%),而且企业可以利用2023—2025年这一过渡期提前做好应对措施,所以短期内不会对江苏外贸产生较大冲击。

长期来看,CBAM带来的不确定性风险仍需警惕。由于各国在生产制造过程中碳排放强度存在差异,而CBAM要求进口产品碳排放成本和欧盟产品保持一致,显然会削弱发展中国家出口产品在价格方面的优势,发达国家则借由CBAM将碳排放领先优势转变为产业竞争优势,引发国际贸易体系和产业格局变化,原先因规避碳税而外迁的欧盟企业将调整布局,将生产线重新迁回本土形成新的比较优势,导致全球产业链出现连锁反应。欧盟是江

苏第五大外资来源地,众多欧盟跨国公司在江苏投资设厂,仅 2022 年就新设欧盟企业 203 家,苏州、无锡等地集中了相关子公司及供应链配套企业,CBAM 的实施可能促使在苏欧企撤出中国市场,加剧产业链断链风险。

(三)部分高排放行业受挫,整体影响力较为有限

江苏出口至欧盟涉及的征税产品包括铝、钢铁、水泥和化肥,2021 年出口至欧盟金额分别占各自对外出口总额的 14.2%、6.1%、1.6% 和 0.4%(表1)。假设欧盟完全取消免费配额,相关行业纳入国内碳排放交易市场交易,取 2021 年欧盟平均碳价 53.7 欧元/吨、中国平均碳价 43.9 元/吨,以 2021 年江苏对欧盟首批征税产品出口平均价格、出口数量、行业平均碳排放强度、人民币对美元和欧元平均汇率计算,估算得出 CBAM 对江苏出口欧盟首批征税产品成本影响(表2)。在江苏对欧盟出口的征税产品中,受影响最大的是铝和钢铁,年碳关税征收额分别高达 4 394.9 和 5112.7 万美元,成本将分别增加 11.1% 和 7.3%。且欧盟碳价一直稳中有升,2022 年欧盟平均碳价达到 81 欧元/吨,2023 年 2 月更是突破 100 欧元/吨,和中国目前 56 元/吨左右的碳价相比,欧盟碳价是我国碳价的十余倍。如果以最新碳价计算,企业承担的碳关税成本将会更高,面临的形势更为严峻。同时这些高碳行业为了达到欧盟碳排放标准,须进行设备更新和技术改造,生产经营成本也会上涨,这些增加的成本最终转移到产品出口价格上,企业可能会被迫调整出口地区,从欧盟转移至美国或新兴发展中经济体。

表 1 2021 年江苏省对欧盟首批被征税产品出口情况表

产品	数量(万吨)		金额(万美元)	
	数值	占全省比重	数值	占全省比重
铝	8.6	11.5%	39 749.3	14.2%
钢铁	50.0	4.8%	70 118.6	6.1%
水泥	0.1	1.3%	15.1	1.6%
化肥	0.5	0.1%	388.7	0.4%

表2 欧盟CBAM对江苏省出口欧盟首批被征税产品成本影响估算表

产品	出口价格(美元/吨)	出口量(万吨)	CO_2排放强度(吨CO_2/吨)	欧盟碳价(欧元/吨CO_2)	国内碳价(元/吨CO_2)	单位税价(美元/吨)	总征收额(万美元)	出口成本增幅(%)
铝	4 620.1	8.6	9.0	53.7	43.9	510.8	4 394.9	11.1
钢铁	1 401.1	50.0	1.8	53.7	43.9	102.2	5 112.7	7.3
水泥	331.4	0.1	0.6	53.7	43.9	34.1	3.4	10.3
化肥	807.3	0.5	0.7	53.7	43.9	39.7	19.1	4.9

注:①出口价格为江苏对欧盟出口平均价格;②CO_2排放强度为行业平均强度;③欧盟和江苏碳均价来自路孚特《2021年碳市场回顾》;④2021年平均汇率:1欧元=7.636 4元,1美元=6.451 5元;⑤单位税价=(欧盟碳价×7.636 4—国内碳价)×CO_2排放强度/6.451 5;⑥总征收额=单位税价×出口量;⑦出口成本增幅=单位税价/出口价格×100。

从整体来看,CBAM初期征税范围仅包括钢铁、水泥、铝、化肥、电力和氢六类产品,而对这六类产品的复合终端产品(如汽车、船舶、家电等)和其他产品短期内都不会征税。江苏对欧盟出口主要集中在机电产品和纺织服装等下游消费品,2021年仅机电产品出口就占江苏对欧盟出口总额的65.9%,这些产品目前不在CBAM征收范围内,当下不会受到影响。受CBAM影响较大的铝和钢铁主要出口地区为东南亚和美洲,出口欧盟占比相对较低,整体影响也较为有限。

三 江苏省应对碳边境调节机制的政策建议

(一)上接国家战略,构建低碳循环经济体系

CBAM释放了能源改革信号,未来发达国家借气候保护之名对发展中国家实施绿色贸易壁垒的趋势不变,江苏面临的国际贸易环境愈加复杂。作为制造业大省,同时也是能源消耗大省,建立健全绿色低碳循环发展经济体系是江苏一项紧迫而又复杂的任务。应以国家推行"双碳"战略为引领,在全国"一盘棋"中思考江苏"双碳"落地问题,正确处理好"双碳"目标与经济增长关

系,打破依赖"两高"项目取得短期快速发展的传统模式,跳出固有思维谋划能源结构调整和产业发展,着眼长周期,进一步完善配套政策机制,加强低碳转型发展路径引导和激励,从而在面对CBAM类似的贸易壁垒时不因碳排放因素而受制于人。

(二)下抓落地实施,推动产业结构绿色转型升级

目前,江苏省钢铁、化工、纺织等资源密集型产业仍占有一定比重,以煤炭为主的能源结构、偏重的产业结构尚未根本转变,应以欧盟实施CBAM为契机,倒逼经济增长方式转变,推动产业结构绿色转型升级。一是推动传统产业绿色转型,加快传统高耗能行业节能降碳改造升级,加强低碳零碳负碳重大技术攻关,推广太阳能发电、风电、水电等清洁能源使用。二是培育壮大绿色新兴产业,聚焦节能环保、资源循环利用、清洁能源等绿色低碳产业,促进互联网、大数据、人工智能等新兴技术与绿色低碳产业深度融合,不断完善绿色制造体系和服务体系。三是打造绿色低碳产业集群,发挥江苏晶硅光伏、风电装备、智能电网等绿色产业链优势,做好绿色低碳领域龙头企业招引培育,带动链上企业高端化、绿色化发展,增强产业链稳定性和国际竞争力。

(三)内强政策工具,健全碳排放监测核算体系

江苏目前纳入全国碳市场的企业已有530家左右,应把握机遇积极参与和配合全国碳市场建设,支持企业应对可能来自CBAM的排放数据调查,促使欧盟承认江苏出口产品在国内已支付的碳价,从而减少碳关税。为此,须构建从原料到产品、贯穿全产品生命周期、覆盖全产业链的碳排放监测体系,打造数字化、信息化的碳排放在线监测系统;建立统一规范的碳排放核算数据体系,摸清碳排放家底,提前评估CBAM实施对企业生产成本的影响;建设面向市场的技术咨询服务机构,为企业提供碳排放核算技术支持、碳排放数据核查与复核、碳资产管理等服务;以苏州工业园区启动全国首个市场化碳普惠交易体系为契机,建立完善覆盖全省的碳普惠交易体系,为中小企业提供碳减排量认证和交易服务,激励中小企业开展自愿减排。

（四）外拓多元贸易，防范外部风险冲击

CBAM实施将给江苏与欧盟的经贸合作带来很大不确定性，应采取多元化发展策略，降低CBAM带来的市场萎缩风险。一方面，积极开拓多元市场。"一带一路"和RCEP涵盖很多新兴经济体和发展中国家，正加速推进工业化和城镇化进程，对钢铁、水泥等基础原材料产品需求巨大，应以"一带一路"倡议、RCEP为契机，积极推动江苏优势产能"走出去"建设境外生产基地，带动相关产品出口，减少对欧盟市场出口依赖带来的关税增加。另一方面，优化出口产品结构。绿色低碳是海外市场大势，例如俄乌冲突引发欧洲能源危机，非洲、东南亚电力吃紧和供应质量不稳定现象频发，未来节能减排的绿色产品更能满足国际市场的需要。江苏省应加大清洁能源、储能类产品出口，既能扩大市场份额，又能符合绿色低碳标准要求。

江苏省国际经济贸易研究所

抢抓数字经济战略机遇推动南京市数字贸易高质量发展

近年来,伴随着数字经济的蓬勃发展,数字贸易作为数字经济的重要表现形式和服务贸易的新兴业态,已然成为国际贸易发展的新趋势和新引擎。2021年9月2日,习近平总书记在中国国际服务贸易交易会全球服务贸易峰会上发表视频致辞,提出要打造"数字贸易示范区"。党的二十大报告提出,要创新服务贸易发展机制,发展数字贸易,加快建设贸易强国。推动南京数字贸易加快发展,不仅是深入践行习近平总书记重要指示,自觉扛起省会担当的实际行动,也是贯彻落实党的二十大扩大开放战略和省市党代会部署的具体举措。为此,结合产业和企业调研,解析数字贸易未来发展的重要意义,分析当前南京数字贸易发展存在的不足,提出加快发展南京数字贸易的对策与建议。

一 抢抓机遇发展数字贸易的重要性和必要性

从贸易未来发展方向看,贸易数字化将成为世界贸易发展不可逆转的大趋势,也是企业赢得未来生存的"入场券",数字贸易有利于推动南京传统贸易通过数字化重构实现转型升级。相比传统贸易,数字贸易具备许多不可替代的优势。传统贸易由于信息不对称、业务来源单一、人员物流等制约因素多,导致交易成本高、交易机会少且不稳定。而数字贸易通过互联网、大数据、云计算、区块链等数字技术精准触达客户,合作企业之间信息共享更便捷、信息传达更通畅,在增加订单量的同时,打破信息不对称,提高了营销效率。特别是疫情下,数字贸易不受时空、地域、人为等因素的影响,真正实现足不出户"全球买、全球卖"。同时,信息通讯产品的零边际成本极大降低了企业交易成本、信息获取成本、学习成本和新技术传播成本,借助一站式外贸综合服务平台,企业还能享受通关、结汇、退税等"从贸易订单生成到订单支付"的全闭环综合服务。

从贸易和产业之间的关系看,数字贸易扁平化的贸易方式使生产端在贸易链条中获得更大的主动权,有利于南京在工业品跨境电商新赛道上抢占先机。随着经济社会转型加快,生产端普遍面临如何精准研发、精准生产及精准定价的痛点。而数字贸易背景下,数据高效连接贸易链条上企业产品生产、分配、交换、消费的信息传递与要素流动过程,贸易环节高度扁平化,供需匹配关系与产业主体协同模式实现重构。根据终端需求大数据的指导,生产端可进行产品研发设计与产量规划的优化调整,有效拓展定制化生产业务发展空间;同时随着产品价格信息监测水平的提升,生产端对市场变化的响应能力明显增强,有利于促进厂家降本增效。

比如广州希音国际进出口有限公司(SHEIN)是一家专注于女性快时尚产品的跨境电商企业。SHEIN利用小单快反和柔性供应链生产模式,凭借自建的供应链管理系统,与供应商共享客户实时数据,生产效率远超同行。同时,SHEIN还通过抓取产品销售数据和消费者搜索数据,主动预测市场流行趋势,根据原材料价格和订单数据等要素建立定价体系,牢牢把控产业链价值链主动权。过去 8 年间,SHEIN 连续保持了每年 100% 的增长速度,2021 年 SHEIN 超越亚马逊,成为美国下载量最高的移动端购物软件。南京应积极借鉴 SHEIN 的成功经验,充分发挥制造业产业优势、跨境电商发展优势、供应链企业集聚优势和跨境电商人才优势,以工业品跨境电商为突破口,深入挖掘数字贸易巨大潜力。利用建设国家跨境电子商务综合试验区试点契机,充分整合南京各门类制造资源,促进贸易与产业互利双强,努力培育具有国际竞争力的工业品跨境电商企业,打造工业品跨境电商全球枢纽。

从统筹产业发展与安全看,数字贸易能够倒逼产业补链强基,有利于南京提升产业链韧性和贸易安全,从而带动产业整体高质量发展。当今世界正经历百年未有之大变局,新冠肺炎疫情全球大流行使这个大变局加速演进,保护主义、单边主义上升,国际形势瞬息万变。复杂的内外环境对产业发展安全提出了严峻考验,提升产业链韧性已成为现阶段实现产业链现代化的迫切要求,也是增强经济韧性、实现经济高质量发展的题中应有之义。

在调研南京外贸企业中获悉,俄乌冲突爆发后,总部位于俄罗斯莫斯科的世界知名杀毒软件公司卡巴斯基实验室遭到制裁,卡巴斯基实验室将视线转向中国。江苏舜禹信息技术有限公司是南京本土服务贸易重点企业,也是全球服务贸易 TOP30 的本地化供应商,在全球语言服务类市场占有率达 95%,有较强的国际知名度。鉴于中俄的良好关系,卡巴斯基实验室最终选择了同江苏舜禹信息技术有限公司合作。从卡巴斯基的案例可以得到启示,只有坚持拓展和提升数字贸易各个领域的核心竞争力,培育更多的像江苏舜禹信息技术有限公司这样的处于行业龙头地位的企业平台,主动参与国际规则制定,抢占行业话语权,才能在风云变幻的环境中提升风险应对水平和产业韧性,立于不败之地。

从先进城市的经验做法看,实现数字贸易高质量发展需要认清短板差距,找准特色优势,构建配套完整的生态体系。中国信息通信研究院 2021 年 4 月发布的《中国数字经济发展白皮书》将中国主要地区划分为数字经济高、中、低三个梯度,其中北京市、浙江省、广东省等处于领先地位,北京数字贸易示范区和浙江数字贸易先行示范区是全国两大数字贸易试验基地，这些地区为探索数字贸易发展积累了宝贵经验。

北京在搭建数字贸易服务平台、探索推动跨境数据流动、夯实数字贸易产业基础、提升数字贸易便利度、加大数字贸易企业支持力度、完善数字贸易保障体系等方面发力，目标是打造具有国内示范作用和全球辐射效应的数字贸易示范区。上海重点围绕新模式、新业态打造云服务、数字内容、数字服务、跨境电子商务等基础好、潜力大、附加值高的特色领域，积极培育数字贸易持续增长的核心竞争力，加快建设"数字贸易国际枢纽港"。广东凭借自身通信技术全球领先、跨境电商产业发达等优势，大力推动大数据、人工智能、区块链与服务贸易各领域业态深度融合，着力抢占先机发展数字服务。浙江在全国首个正式发布的数字贸易先行示范区建设方案，发挥自身数字经济先行优势，努力打造浙江数字贸易先行示范区。

南京数字贸易已在全省率先发力，2021年全市跨境电商进出口增长超过50%，数字贸易进出口55.1亿美元，增长21.5%，总量占全省近1/3。中国（南京）软件谷被认定为12家国家级数字服务出口基地之一，是全国首批、江苏唯一入选园区。但与浙江、上海、广东等省市相比，还有一些短板与不足。在平台服务方面，南京综合性电商服务平台规模和影响力不足，北京有京东，上海有拼多多，浙江杭州有阿里巴巴，广东有唯品会和菜鸟。在服务跨境电商头部平台企业中，北京有百度、美团、抖音等，广东有腾讯，南京虽然也集聚了汇通达网络股份有限公司、江苏满运软件科技有限公司、南京擎天科技有限公司等一批数字服务平台企业，但企业规模和影响力相比差距较大。在人才支撑方面，尽管南京科教资源丰富，但数字贸易发展人才结构性问题突出，既懂软件技术又熟悉业务流程、既懂外贸又懂互联网的复合型人才、原创人才、高端人才还比较缺乏，影响了南京数字贸易快速发展。

二、聚力推进南京数字贸易加快发展的路径与举措

习近平总书记指出，发展数字经济是把握新一轮科技革命和产业变革新

机遇的战略选择。数字贸易是数字经济外循环的表现形式,在新冠疫情防控常态化和构建"双循环"发展格局的背景下,发力数字贸易对于南京实施更大范围、更宽领域、更深层次对外开放,推动南京现代化建设新实践具有重要意义。加快发展数字贸易,须在细化落实在全省率先出台的《南京市数字贸易发展行动方案(2022—2025年)》的基础上,着力扬优势、建平台、强机制、优环境,提升全球价值链地位,努力打造以数字贸易为核心的新型贸易枢纽,以数字贸易引领构建南京高水平开放新优势。

(一)聚焦重点领域拧成"一股绳"发力

一是推进特色服务出口。积极争创以数字贸易为引领的国家服务贸易创新发展示范区,发挥好南京数字服务、知识产权服务、中医药服务、语言服务出口四个领域的5个国家级特色服务出口基地功能,打造一批龙头企业,形成产业集聚效应。深化服务贸易创新发展,推动服务外包继续走在全国前列,促进特色领域服务出口,提高国际业务合作水平,打造"南京服务"国际品牌。二是发力工业品跨境电商新赛道。发挥南京制造业优势和跨境电子商务综合试验区获评全国十佳的优势,以工业品跨境电商为突破口,打造数字贸易特色高地,聚焦高端装备、生物医药和集成电路等优势产业集群,引育一批综合性平台、垂直平台、独立站等跨境电子商务平台和领军品牌。加快南京跨境电子商务综合试验区建设,支持条件成熟的区域打造工业品跨境电商孵化基地或产业园。三是培育数字贸易新业态新模式。推进数字技术和产业加速融合,推动数字媒体、在线教育、在线娱乐、远程医疗、远程维修等数字贸易新业态发展。探索开展跨境电商网购保税进口+实体"新零售"模式试点。加快服务外包转型升级,支持企业开展信息技术、软件开发、检验检测、工业设计等生产性服务外包,探索众包、云外包、平台外包等新模式。四是推动服务业扩大开放。抢抓扩容机遇,南京作为全省唯一城市积极争创国家服务业扩大开放试点城市,降低服务领域市场准入门槛,推进实施知识产权、金融、文化、电信、计算机和信息服务等领域高含金量试点任务,以服务业扩大开放推动打造资源开放、要素共享的数字贸易新生态。制订出台全球数字服务商共享计划,促进先进制造业和高技术服务业"两业融合",大力集聚为全球企业提供标准化、规范化、共享化服务的研发设计、数据支持、销售售后、物流分拨等共享服务机构,助力数字贸易重点领域创新突破。

(二)聚焦核心载体联成"一张网"服务

一是实施推进数字贸易"宝船计划"。建设数字贸易服务园区,统筹现有数字核心技术、交易促进、信息、融资、保险、知识产权等公共服务平台,汇聚数据流、资金流、人才流、物流等,提供政策研究、产业规划、信息共享、贸易促进等公共服务,帮助企业打通"出海"信息壁垒。支持优势企业通过新设、并购和合作等方式,建设境外研发中心和营销网络,引导本土头部企业平台化、国际化发展。二是打造建设数字贸易"数字中枢"平台。集中力量整合资源,运用大数据、云计算、人工智能与区块链等技术构建数字贸易数据中枢平台,通过对企业数据进行汇聚整合、共享开放、挖掘应用,为公共服务、产业发展提供数据及技术支撑。三是用好"自由贸易试验区""国家级新区""国家数字服务出口基地"三张名片。充分发挥中国(江苏)自由贸易试验区南京片区改革创新"试验田"作用,在跨境服务贸易、数据跨境流动、口岸通关、税收、结汇等领域,探索推进开放压力先行先试,为数字贸易加快发展创新制度供给。依托江北新区数字经济产业基地,着力发展芯片设计服务、生物医药服务、跨境电商平台服务,全力打造特色数字贸易集聚区。依托中国(南京)软件谷国家数字服务出口基地,聚焦数字服务外包和信息与通信技术(ICT)服务贸易两大重点方向,加速构建和完善"产业数字化服务链条",引导领头企业发挥聚合带动作用,集中力量重点突破"卡脖子"问题。

(三)聚焦政策创新绘成"一张图"实施

一是主动对接数字贸易国际规则。积极发挥扬子江国际数字贸易创新发展研究院作用,对标《数字经济伙伴关系协定》(DEPA)、《区域全面经济伙伴关系协定》(RCEP)、《全面与进步跨太平洋伙伴关系协定》(CPTPP)等国际贸易规则,开展数字贸易壁垒应对、知识产权保护、数字贸易统计、争端解决机制、新型数字贸易规则影响等前瞻性研究，加大先行先试力度。探索建立与 DEPA 成员国有关研究机构的合作，建立 DEPA 国际协同创新研究中心，深化跨境数据保护规制合作。支持示范基地和龙头企业参与各层次数字贸易、数据治理和数字经贸合作。二是优化企业引育政策供给。围绕建设数字贸易优势企业云集地，积极引育打造龙头数字贸易企业，对于首次上榜的中国电子信息百强、软件和信息技术服务竞争力前 100 家企业给予支持奖励。持续推进外贸数字化转型行动，鼓励传统外贸企业加快转型升级。积极招引数字贸易企业在全市设立研发中心或子公司，在土地、资金、建设、用电及设备投入等方面予以倾斜。三是健全数字贸易监管体系。瞄准数字经济治理监管的重点方向，积极开展数据确权、质量评估、数据资产定价等数据价值化研究，探索建立数据资源产权、交易流通、跨境传输、安全保护等基础制度和标准规范，在国家数据出境安全管理制度框架下，促进要素集聚和合理有序流动。四是支持数字贸易企业开拓国际市场。深入开展"出口破冰""出口云基地"和"借船出海"三大专项行动，支持企业强强联手、优势互补，抱团出海、形成合力。加强多方支持，引导商业银行、保险公司、服务贸易基金等金融机构创新金融产品，开展多样化金融支持和服务。推进服务贸易外汇收支便利化试点增量扩面，积极争取本外币合一银行结算账户体系试点。

（四）聚焦生态营造统筹"一盘棋"推进

一是打造高水平数字贸易国际交流合作平台。借鉴杭州全球数字贸易博览会、武汉全球数字贸易大会等做法，突出数字贸易主题，办好"2022 南京全球服务贸易大会暨首届国际数字贸易峰会"，发布中国城市数字贸易指数，通过招商推介、办展、研讨等多种形式，强化与全球知名企业、机构的交流互动，吸引更多具有国际竞争力的数字贸易头部企业及生态服务型企业在宁发展，努力打造具有全国知名度、全球影响力的数字贸易大会品牌。二是支持推进数字化、智能化海外仓建设。突出重点推动贸易链数字化升级，支持推进外贸新型基础设施建设，联合国内科技领军企业，创新打造数字海外仓，以物联智能感知和货物信息数字化为核心，依托数字仓库，为数字仓单、数字贸易提供优质、高效、安全的物联网管控生态。三是创新数字贸易人才培养模式。坚持产教融合发展理念,引企入校、入企到岗,构建"政府、学校、企业"深度融合的协同育人机制,打造"人才共育、过程共管、成果共享"的政校企共同体。借鉴先进城市做法,打造有吸引力的数字贸易人才发展政策和环境,面向全球吸纳具有国际化视野的数字贸易人才。四是强化数字贸易统计监测。建立数字贸易统计制度和方法,通过对离岸外包信息技术外包(ITO)数据、技术贸易数据和知识密集型数据进行多元比对、关联分析、数据整理,形成综合数据。组织基地和企业进行数字贸易统计培训,搭建基地与重点数字贸易企业的联系制度,对重点企业进行信息采集,提高统计效率,助力全市数字贸易加快发展。

南京市商务局

争创国家进口贸易促进创新示范区路径研究

主动扩大进口是我国推进高水平对外开放的重要内容,进口贸易促进创新示范区是国家发挥政策优势,鼓励创新监管制度、服务功能和交易模式等,创建的具有示范和辐射带动作用的进口贸易集散地和创新平台。习近平总书记在第四届中国国际进口博览会上宣布要"增设进口贸易促进创新示范区"。无锡市紧紧抓住此契机,以新吴区为载体积极争创国家进口贸易促进创新示范区,目前取得了阶段性成果,在第五届中国国际进口博览会前夕,新吴区已成功获批国家进口贸易促进创新示范区,这标志着无锡市对外贸易高质量均衡发展迈出了坚实一步。

一 新吴区对外贸易情况

2021年,无锡市实现进出口额1 057亿美元,其中进口403.5亿美元,连续多年位居全省第二。"十三五"期间,新吴区保持进口逐年提升的态势,2021年新吴区实现进出口额568.7亿美元,其中进口262.8亿美元,占全市进口比重的 65.1%,比 2017 年提升 3.2 个百分点。近年来,新吴区全面提高贸易通关便利化水平,成功试点境内外维修、集中汇总纳税等一系列创新监管模式,积极开展保税研发、一般纳税人试点、跨境电商、公共海外仓等贸易新方式,推进国际邮政互换局建设,进口贸易创新发展环境更加完善。

二 新吴区开展进口贸易的主要优势

(一)口岸功能不断突破,口岸建设持续完善

"十三五"以来,新吴区加快推进口岸体制机制创新,口岸规模不断做大,功能建设日益完善,新增进境肉类指定监管场地、进境冰鲜水产品指定监管场地、药品进口指定监管场地,以及无锡国际邮件互换局(交换站)等口岸功能,力争打造链接国内国际双循环的重要枢纽和城市名片。苏南硕放国际机场是江苏省内最大的军民合用机场,货站处理面积 2.6 万平方米,年客、货吞吐量保障能力分别为 1 000 万人次和 20 万吨,完成旅客吞吐量 712.7 万人次,货邮吞吐量 16.3 万吨,日均航班量 180 架次左右,客货运年均增幅始终保持全国领先。

(二)综合保税区业态更加丰富,便利化水平显著提升

无锡高新区综合保税区于 2012 年 4 月经国务院批准设立,规划面积 3.497 平方公里,现有企业 60 余家,从业人员 3.8 万人,集聚了全市进出口重点企业,累计外商投资总额 92.7 亿美元,协议注册资本 50.7 亿美元。2021 年完成营业总收入 1 645 亿元,同比增长 15%,完成进出口总额 234 亿美元,进出口值在全国 156 个综合保税区中位列第七。综合保税区通过持续推进产业集群化发展,已经形成了三大支柱产业:以 SK 海力士、海太为代表的集成电路产业,以希捷、捷普、村田为代表的电子信息产业,以菲尼萨、理波光电为代表的光通信产业。据统计,无锡高新区综合保税区生产了全球 14% 的存储芯片、全球 20% 的电脑硬盘、全球 20% 的贴片式陶瓷电容元器件、全球

15%的光电转换元器件及模块,主导产业整体持续发力,进一步释放产业集聚效应,为区域外向型经济高质量发展赋能。

(三)跨境电商持续发力,进一步开拓多元化市场

近年来,新吴区大力引育跨境电商龙头企业,积极引导传统制造、外贸类企业向跨境电商转型,先后完成了跨境电商"1210""9610"监管场站建设,承接中国(无锡)跨境电子商务综合试验区公共服务平台,中国(无锡)跨境电子商务综合试验区展示中心、综合服务中心、保税进口商品O2O体验中心三大中心,建设了一带一路(无锡)跨境电商产业园及无锡空港跨境电商产业园两个线下集聚区,招引了京东外贸综合体等跨境电商龙头企业。先后实现了无锡首票"1210"批量通关和"9710"货物通关、全省首票"1210保税出口海外仓"货物通关等多项第一,特别是"1210保税出口海外仓"年业务量居全国第二。2021年,全区集聚跨境电商企业100多家,吸引全球最大的跨境电商营销服务商泊客电商落户,共计完成跨境进出口金额6.15亿美元,同比增长37%。

(四)国家外贸转型升级基地(集成电路)发展稳健,成为进口贸易主力军

新吴区获批国家外贸转型升级基地(集成电路)以来,推出多项措施保证集成电路产业链、供应链稳定,提升区域集成电路产业的核心竞争力和规模效益。现已聚集了无锡市约80%的集成电路企业,销售和产值约占全市70%,入驻了包括SK海力士半岛体(中国)有限公司、华虹半导体(无锡)有限公司、华润微集成电路(无锡)有限公司、高通射频技术(无锡)有限公司、英飞凌科技(无锡)有限公司等一大批国内外知名企业,形成了包括芯片设计、晶圆制造、封装测试及支撑配套在内的完整产业链条。2021年,新吴区集成电路实现产值1 175亿元,同比增长超30%;集成电路规模企业实现进出口额197.65亿美元,其中进口102.98亿美元,出口94.67亿美元。

(五)国家外贸转型升级基地(生物医药)增长迅速,进口贸易发展前景良好

新吴区获批国家外贸转型升级基地(生物医药)以来,生物医药产业发展势头更加强劲,拥有阿斯利康(无锡)贸易有限公司(以下简称"阿斯利康")、纽迪希亚制药(无锡)有限公司、通用电气医疗临床系统(无锡)有限公司、药明康德生物技术有限公司、云南白药集团无锡药业有限公司等一批国内外知名药企,企业总数达到270家,其中规模重点企业60家,产业链条化与集群化发展趋势明显,已基本形成创新药物及制剂、医疗器械及诊断试剂、智慧医疗及健康服务三大主要方向的产业集群。2021年,生物医药产业规模达到739亿元,同比增长18%,占全市生物医药产业总规模的53%,居全市第一。2021年,骨干企业完成进出口额39.8亿美元,其中出口11.3亿美元,进口28.5亿美元。2021年,无锡市增加进口药材事项得到国家药品监督管理局批复同意,进口药品在新吴区内的航空口岸通关,大幅压缩无锡乃至周边城市的企业进口药品的周期,降低企业运输成本,目前口岸海关、航空空港等部门建立起协同高效联动机制,为企业提供药材进口便利化通关。

(六)积极放大中国国际进口博览会效应,展现"新吴区元素"

新吴区主动对接中国国际进口博览会这一重要平台,精心组织采购商企业近300家报名参加2022年第五届中国国际进口博览会,成交金额4.4亿美元,总量连续五年位居无锡市第一。阿斯利康、通用电气医疗系统(中国)有限公司在中国国际进口博览会展馆举办成果发布会,其中,阿斯利康宣布将在无锡全球供应基地投资1亿元,引进专用药物新产线,加速推动创新药的本地化生产供应,积极促进更多"无锡造"走向世界。广州海博特医药科技有限公司、无锡复生智慧医疗科技有限公司等7家创新企业入驻无锡国际生命科学创新园。通用电气医疗系统(中国)有限公司与江苏省药品监督管理局审评核查无锡分中心签订战略合作,联合推进专业人员科学检查能力、优化医疗器械评审体系建设。

（七）积极打造国际消费中心核心区域，辐射力不断增强

新吴区积极落实无锡市发布的《无锡市培育创建国际消费中心城市三年行动计划（2021—2023年）》，致力于产城融合高质量发展，不断丰富区域市场业态和消费供给，持续优化全区商业布局，不断提升消费层次，努力建设消费特色鲜明、基础设施完善、消费产业健全、品牌形象彰显的国际化消费活力城区。2021年，新吴区社会消费品零售总额达到378.44亿元。推动进口贸易创新发展，有利于加快构建多层次消费空间体系和"智能＋"消费生态体系，顺应服务性、个性化、享受型消费升级趋势，推动衣食住行等消费品质化发展，打造线上服务与线下体验相融合的沉浸式体验消费模式，从而实现消费提质扩容。

三　创建的主要路径

（一）推动"集成电路＋生物医药"双翼齐飞，保证重点产业链供应链畅通

支持开展国家《鼓励进口技术和产品目录》中先进技术、设备和零部件进口，带动高端制造业发展，重点培育新吴区集成电路、生物医药等产业集群迈向国际高端水平。建设集成电路国际供应链创新示范区，推动生物医药全产业链开放创新发展，探索供应链保税政策创新，选择重点生产企业及与之配套的国内上下游企业作为全产业链保税试点单位，采购的设备、零部件、原材料、软件等全部享受相关保税政策。在综合保税区打造保税检测维修公共服务平台，承接境外和境内区外的维修业务，实现"全球分拨中心＋保税维修中心"双重叠加功能。力争"十四五"期间，新吴区集成电路、生物医药进口规模分别达到60亿美元和40亿美元。

（二）促进"综保区＋运河港口"双轮驱动，打造深度融入全球一体化的国际贸易港

依托综合保税区产业基础和运河港口的枢纽作用，重点发展总部型经

济、新型国际贸易、全球供应链管理以及保税延展服务产业,与高水平国际投资贸易协定规则相衔接,实施具有较强国际市场竞争力的开放政策和制度,打造深度融入全球一体化的贸易便利港口和国际国内双循环的链接枢纽。不断完善"智慧海关"建设,缩短企业通关时间,降低进口贸易成本。大力推动绿色低碳发展和园区数字化转型,率先发展低碳贸易和数字贸易等新型贸易业态,打造具有标杆示范意义的数字、智慧、绿色、创新型国际贸易港。

(三)强化硕放国际机场功能,加快推进进口贸易枢纽经济高质量发展

充分发挥新吴区作为面向长三角腹地桥头堡的区位优势,以空港为核心,推动枢纽经济全面、快速、高质量发展。织密航空货运网络,拓展东南亚、东北亚、欧美等洲际货运航线,加大与航空物流龙头企业、大型跨境电商、国际贸易公司的开放合作,大力发展国际全货机运营,率先打造货运枢纽机场。依托苏南硕放国际机场药品口岸、冰鲜口岸、国际邮件互换局等现有口岸资质,探索五大进出口岸资质在支撑跨境贸易上的协同效应,形成进口产品—检验检测—流通加工—物流配送产业链。引进跨国企业设立国际采购中心,引进一批供应链龙头企业。完善电子口岸平台功能,推动口岸监管模式创新,优化便捷通关功能。打造具有全国影响力的进口特种商品集散分拨和深加工中心,逐步形成物流、贸易、产业融合集聚发展的口岸经济生态。

(四)探索跨境电商发展新模式,推动服务贸易特色化创新发展

积极争创国家服务贸易创新发展试点和特色服务出口基地,集聚发展技术贸易、数字贸易、文化贸易、市场采购贸易、药品研发及生产外包、软件业务外包等新型服务贸易业态。高水平建设跨境电子商务综合试验区,加快推进一带一路(无锡)跨境电商产业园建设,推动京东集团跨境电子商务集聚区建设。加强与阿里巴巴、京东、苏宁、字节跳动等七大电商平台资源对接,大力招引跨境电商领域核心优势突出的龙头企业,积极引育跨境电商平台、卖家、海外仓和配套服务等领域企业,推动传统企业运用跨境电商拓宽获取订单渠

道。加快培育跨境电商直播新模式,培育一批具有产业带特色、配套完善的示范型和共享型电商直播基地。

(五)支持优质民生产品进口,助推国际消费中心城市建设

承接第五届中国国际进口博览会溢出效益,鼓励大型商贸流通企业加大海外直采,提升生活必需品供应品质。推动购物消费转型升级,大力开拓"首店经济""首发经济",支持国内外知名品牌设立区域性的品牌首店,鼓励国际国内知名品牌企业设立跨国公司地区总部或授权代理机构。打造苏南硕放空港国际商务区,积极推动更多优质消费品进口口岸获批,积极引入免税商店、购物离境退税商店、跨境电商体验店等体现空港国际特色的消费场景,加强全球进口商品集散功能。加大对欧美、《区域全面经济伙伴关系协定》(RCEP)成员国的进口开拓支持。提升冷链物流通关便利化水平,支持打造集信息、仓储、加工、通关、配送于一体的集散分拨服务平台,加快冷链基础设施配套和供应链体系建设。

四 下一阶段工作计划

下一阶段,无锡市将从以下方面着手,夯实国家进口贸易促进创新示范区建设成果,以点及面带动全市对外贸易进口持续升级,推动全市外贸稳中提质。

一是优化政策机制保障。支持新吴区不断完善示范区建设工作机制,积极引进和培育进口主体,协调市区两级财政资金,对示范区建设提供资金保障。鼓励银行、保险及股权投资机构对重点进口企业、进口平台载体予以融资支持。加强相关人才引进力度,为高端人才团队量身定制配套支持,进一步推动领军人才聚集。全面系统性地营造引进人才、留住人才、用好人才的良好生态环境,突出"高精尖缺"导向,积极引进培养通晓进口贸易规则、熟悉进口贸易流程的专家型人才和高水平团队。

二是巩固产业链供应链建设。制定出台新一轮加强进口政策意见,扩大

对关键零部件、不可替代原材料以及生产需要的其他重要生产性物资、优质消费品的进口,更好地发挥进口对商品和要素流动的载体作用,促进市场相通、产业相融、规则相联,推进高水平科技自立自强,提升两链韧性和安全水平。

三是加强成效总结推广。强化与新吴区的沟通,及时跟踪示范区建设的阶段性成果,及时发现问题并协调解决,及时开展评估监测,及时总结好的经验做法,将新吴经验吸收、总结、提炼、转化为适合全市的无锡经验,并予以宣传推广,为全市对外贸易进口发展积累经验,为全市外贸高质量发展提供新动能。

无锡市商务局外贸处

关于徐州市商贸服务业发展的调研情况报告

商贸服务业连接生产与消费,承担着引导生产、扩大消费、改善民生的重要职能,在促进地区生产总值增长、增加财税收入、吸纳就业、扩大内需等方面起着不可替代的作用。商贸服务业约占我国《国民经济行业分类》全部服务业行业小类的30%左右,涵盖了与企业商务贸易活动以及与市民生活密切相关的批发业、零售业、住宿业、餐饮业、租赁业、商务服务业、居民服务业以及商贸物流业、拍卖业等其他服务业。2022年1—10月,徐州市批零住餐等主要商贸服务业营业额占地区生产总值的16.5%。

一 商贸服务业发展现状

近年来,徐州坚定实施扩大内需战略,顺应新业态、新模式发展趋势,系统推进商贸服务业扩容提质,强力开展创建国际消费中心城市系列行动,全市商贸服务业发展的质量和水平有效提升,呈现五个"加快"良好局面。

一是商业网点布局加快完善。全市上下加快推进商贸功能区建设,商业布局持续优化,市区基本形成了以古彭广场中心商圈为核心,城市周边东、西、南、北以及新城区六大商圈竞相发展的格局。户部山(回龙窝)步行街和彭城商业步行街全部通过省级高品位步行街验收。积极探索社区商业发展路径,获批全国"一刻钟"便民生活圈试点城市,培育形成"马上到家""云龙便民100"和"泉馨生活"等一刻钟便民生活圈服务品牌,"泉馨生活"经验做法被时任中共中央宣传部副部长王晓晖签批转发。专业市场不断提档升级,规划建设3大商贸新城,作为承接地承接主城区43个老旧商品市场搬迁疏解,提升转型7大市场,进一步促进商品市场集聚发展,优化市场空间布局。自市场优化布局工作启动以来,3大商贸新城完成起步区规划,7个提升转型市场完成节点计划,12个市场完成搬迁关停或业态提升。完成33家农贸市场标准化、智慧化改造升级,改造面积16.4万平方米,市民消费环境焕然一新。

  二是市场主体规模加快壮大。徐州市共有1 000平方米以上商场57家、超市96家,其中10万平方米以上的商场(大型商业综合体)5家。主城区古彭广场中心商圈现有7家在营大型商场(苏宁广场、金鹰国际购物中心、金地百货、中央百货大楼、古彭商业大厦、供销穿戴城、苏宁易购),2家在建大型商场(德基广场、君太百货),3条商业街[彭城商业步行街、户部山(回龙窝)步行街、时尚大道地下街区],1家美食城(1818美食城)。此外,以万达广场、万科新淮中心、宜家家居、淮海环球港、奥特莱斯、金鹰国际购物中心(二店)、三胞国际广场、壹方城购物中心为代表的一批大型商场,带动了东部、西部、西南部商圈发展。中心商圈中的金鹰国际购物中心、苏宁易购等商场辐射半径由2015年的100公里扩展到目前的150公里(淮海经济区10个核心城市),中心商圈已成为省内仅次于南京新街口的第二大城市核心商圈和淮海经济区消费地标。全市现有大型(5 000平方米以上)专业批发市场65家,其中100亿元以上市场8家,1亿元以上市场30家,商品种类主要集中在建材、服装、农产品等行业。市区大小餐饮店近3万家,其中限额以上餐饮企业近200家,已形成了商务餐饮、高档餐饮、大众餐饮及传统老字号名小吃餐饮多元化发展趋势,满足了居民多样化的消费需求(图1)。

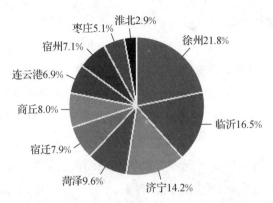

图1 2022年1—10月淮海经济区主要城市社零总额占比情况

三是商贸数字化产业加快赋能。积极推动商贸服务企业线上线下资源融合、转型发展，徐州苏宁电器有限公司、徐州金鹰国际实业有限公司、徐州宣武集团有限公司、江苏升辉国际家居广场有限公司等大型商贸企业大力发展电子商务，运用数字技术不断拓展消费新场景，提升企业竞争力。商业与居民生活愈发紧密，社区团购等"小而美"的社区商业模式不断涌现，加快发展"互联网＋"生活服务业，打造"马上到家智慧社区""泉馨生活数字商务服务"等一批成熟社区服务平台，为社区居民提供购物、订餐、家政、美发、洗衣、维修等线上预约、线下到家一站式服务。加快推进电子商务进农村，5个县(市)获评国家级电子商务进农村综合示范县，实现全覆盖，睢宁县"沙集模式"在全国推广。2021年，全市网络零售额总量居全省第五，居苏北第一，电子商务企业超过2万家，电商店铺数近20万家。

四是商贸服务业效率加快提升。依托重点商贸企业，全市先后获批国家物流标准化试点城市、城乡高效配送试点城市、国家流通领域现代供应链体系建设试点城市、国家级服务业标准化试点(商贸流通专项)城市。国家物流标准化试点方面，以标准托盘及循环共用为主线，促进物流各环节标准化衔接，降低社会物流成本，全市试点企业物流成本占主营业务收入的比重平均下降近10个百分点，社会物流成本占地区生产总值的比重较2015年下降0.5个百分点。城乡高效配送试点方面，创新打造了城乡连锁经营、快消品"统仓共配"等模式，完善城乡物流配送网络，促进物流降本增效。国家流通领域现代供应链体系建设试点方面,选取快消品、农产品、药品、电商、餐饮、生产服务型6大类型12条试点链条,加快推动供应链各主体、各环节设施设备衔接、数据交互顺畅、资源协同共享,促进资源要素跨区域流动和合理配置。服务业标准化试点(商贸流通专项)方面,围绕区域性商贸物流中心城市建设,鼓励和支持全市冷链物流、电子商务、商场运营管理等行业制定地方标准,实现降本增效。

五是会展经济加快发展起步。发展会展经济能够对城市经济的各行各业产生联动发展效应,会展业公认具有1∶9的带动作用,直接为生产和生活性服务业创造需求。近年来,徐州市大力发展会展经济,于2019年9月启动建设淮海国际博览中心,占地120.8公顷,规划总建筑面积67万平方米,总投资100亿元,分两期实施,规划面积居江苏省第一,居全国第五。目前,一期东三馆3.3万平方米已投入使用。2022年上半年,受疫情影响,展会未能正常进行,若疫情能够有效控制,淮海国际博览中心排期13场展会将顺利举办,展览规模超23万平方米,参展商3 000家,预计直接收入近1亿元,带动餐饮、住宿、交通、旅游等收入近10亿元,将有力推动徐州市淮海经济区会展核心城市建设。

二 发展机遇和面临的挑战

从发展机遇看,全球新一轮科技革命加速推进,移动互联网与云计算、人工智能与先进机器人等领域技术的突破与应用,深刻影响着商业运营模式及大众消费方式,新业态、新服务、新产品创新不断涌现。我国流通体系建设取得长足发展,国家流通基础设施不断完善,商品、服务及各类要素流通制度环境显著改善。

徐州是江苏省重点规划建设的4个特大城市、3大都市圈和3大商圈核心城市之一。江苏省"十四五"规划纲要明确提出支持徐州建设国际消费中心城市,着力打造引领扩大消费、拉动经济增长的新载体新引擎。近几年来,全市经济发展势头强劲,综合经济实力大幅提升,县域经济发展迅猛,城乡居

民收入预期增强,消费能力、消费增长动力不断增强。全市区域位置优越、产业基础雄厚、交通高效便捷、城市功能完善,是国家区域型商贸物流节点城市,在淮海经济区比较优势明显。国家服务业综合改革试点等政策持续改善商贸流通发展环境。这些都为徐州商贸服务业实现高水平、高质量、绿色化发展提供了新的机遇和方向。

从发展挑战看,当前受疫情、俄乌冲突、贸易保护主义等多重因素影响,未来全球经济发展仍将面临诸多不稳定、不确定因素,国内外居民消费信心、消费预期、消费能力受到不同程度的削弱。就全市来讲,主要有4个方面的不足:

一是商贸服务业规划发展理念滞后。商贸流通顶层设计欠缺,市级层面行政推动力度不强。多年未做市级商业网点布局规划,造成了商业设施布局不够科学合理,随意性较大,商业模式同质化现象严重,不能有针对性地满足不同层次的消费需求,实现错位发展。基础设施建设滞后,多层次商圈体系尚未形成,城乡商贸服务业差距较大,镇级商贸中心发展缓慢,难以满足农村消费升级需求。

二是中心商圈有待提档升级。虽然中心商圈内主次干道交通发达,但高峰时期拥堵现象依然严重,停车场等配套设施不足,影响市民消费体验。金鹰国际购物中心、金地百货、彭城壹号旅游休闲街区等商业体已经运营了近20年,楼宇外立面陈旧、设施设备老化。国内外高端商业品牌和资源集聚吸引有待提高,高端购物、文化旅游、商务楼宇等功能有待完善,商业聚集效应不够成为高端品牌和高端业态引进的主要障碍。

三是市场主体综合竞争力不强。零售市场行业集中度明显偏低,徐州本土较大的零售企业仅有徐州金地商都集团有限公司、徐州欢乐买商贸有限公司、徐州旭旺超市有限公司、徐州百盛商贸有限公司4家(后3家去年销售额仅3亿~5亿元)。根据2020年度中国零售百强名单,徐州市没有1家本土全国零售百强企业总部,而济宁市入选1家百强零售企业(九龙贵和购物广场有限公司)。徐州市缺乏标志性高端商业旺区和特色鲜明的体验型消费目的地。2021年,临沂商城市场交易规模超过5 000亿元,而徐州市市场交易规模约 1 300 亿元和最大的商贸市场宣武市场年交易规模也不超过 300 亿元,一定程度削弱了徐州城市商业影响力和辐射力。

四是会展行业影响力不够。目前徐州市对全国知名品牌展会的吸引力不足,叠加上海、南京及苏州等市的虹吸效应,承办国际展、全国流动展的难度大。国内会展业发展先进城市均明确会展业扶持资金规模,其中南昌划拨会展业扶持资金3 000万元,南京划拨会展业扶持资金 2 800 万元,苏州划拨会展业扶持资金 2 000 万元,徐州市周边城市临沂划拨会展业扶持资金达到 1 000万元,对徐州市打造区域会展核心城市形成较大竞争压力。

三 下一步工作举措

总体思路:以习近平新时代中国特色社会主义思想为指导,立足新发展阶段,贯彻新发展理念,构建新发展格局,以建设淮海经济区商贸中心城市为总目标,以打造国际消费中心城市为主抓手,建成立足徐州、服务苏北、辐射淮海、面向全国的商贸中心城市和消费中心城市。

主要目标:到2025 年,形成业态创新、产业融合、布局合理、结构优化、规模适量、绿色开放的现代化商贸服务体系,初步建成消费者近悦远来的淮海经济区第一商圈。培育 1 个国际知名的地标性商业带、1 个国家级高品位步行街、20 家商贸企业总部、2 家年交易额 300 亿元市场、3 家年交易额 200 亿元市场、4 家年营业额 30 亿元商场。全市社会消费品零售总额达到 4 500 亿元,年均增长 6%以上,净增限额以上贸易企业 2 000 家,社会消费品零售总额占淮海经济区 10 个核心城市总量的比重从 23%提高到 26%,区域商贸中心首位度从 1.36 提高到 1.80。

一是实施布局优化行动,开拓商圈功能建设新空间。以满足消费升级、产业转型、城市发展为导向,服务淮海经济区中心城市、省域副中心城市、国际消费中心城市建设等多重叠加新发展战略,深度对标南京、郑州、合肥、长沙等标杆城市,根据区位交通、人口分布、消费水平、产业基础和环境条件等因素,加快修订《徐州市中心城区城市商业网点规划》,合理布局商业网点,构

建形成以大型商业综合体、特色商业步行街、专业批发市场、社区商业网络、县域商业体系为载体，功能完善、布局合理的城乡商业服务体系。

二是实施项目攻坚行动，推动重点工程实现新突破。主城区中心商圈加快推进德基广场、君太平洋百货、文庙街区等重大商贸项目建设，协调解决项目推进难题，力争顺利竣工营业；加快户部山（回龙窝）步行街、彭城商业步行街两条省级街区改造提升，争创全国示范步行街改造提升试点，着力建设彰显时尚魅力、具有区域影响力的标志性消费商圈。优化社区商业便民服务设施，大力招引全家、罗森、山姆会员、盒马鲜生等国内外知名连锁商店，打造"互联网＋社区"公共服务平台。加快全市商品市场疏解提升工作，争创国家商品市场优化升级试点城市，努力培育生产资料、物流、商贸3个千亿级市场集群，以及农副产品、家居建材、汽车销售与服务等数个500亿级市场主体。

三是实施主体壮大行动，激发商贸企业发展新活力。出台支持商贸企业规模化发展政策，重点培育供应链集成服务商、品质生活方式提供商、品牌连锁供应商等，打造一批行业龙头和细分领域冠军，引领商贸服务业发展，推动企业"由弱向强"转变。顺应消费升级趋势，大力发展品牌旗舰店、体验店、主题店和高端定制等新型业态，加快培育当地特色品牌、老字号品牌，积极引进国内国际一线品牌，鼓励引入具有丰富经验和品牌资源的商业运营主体，推动品牌"由低到高"转变。推进电子商务和实体商贸企业融合发展，支持各大商场、综合体、商业街、社区等加强商业基础设施智能化、数字化改造，积极引进新零售门店入驻，创建国家智慧商圈试点城市，推动企业"由传统向现代"转变。以创建国际美食之都为抓手，不间断开展相关餐饮活动，放大彭祖伏羊节影响力，引导全市餐饮市场规模化、精品化、品牌化发展。

四是实施县域商业行动，拓展城乡消费新渠道。加强县乡村三级网络建设，建立完善由县域统筹，以县城为中心、以乡镇为重点、以村为基础的农村商业体系。实施乡村商贸振兴工程，重点改造提升县镇综合商贸服务中心和物流配送中心及公益性农产品市场。改造农村传统商业网点，引导市区有实力、有信誉企业健全以集中采购、统一配送为核心的新型营销体系。加快乡镇商贸中心建设，支持企业通过自建、合作等方式，建设改造一批乡镇微商圈和生活综合服务中心,推动购物、娱乐、休闲等业态融合,改善乡镇消费环境,拓展农村服务,满足农民消费升级需求。通过技术赋能、特许经营、供应链融合等方式,改造夫妻店等传统网点,发展新型乡村便利店。支持符合条件的农村加油点升级改造为加油站,方便居民生活,扩大汽车消费。

五是实施创新转型行动,完善现代商贸流通新体系。开展商贸物流高质量发展专项计划,评选认定一批"现代商贸流通体系建设示范区"。加快推进国家级服务业标准化试点(商贸流通专项)建设,建立商贸物流、电子商务、城市配送、托盘、冷链等领域标准体系框架,逐步实现重点领域行业标准全覆盖,进一步提升流通效率。发展社区商业,推进一刻钟便民生活圈试点,畅通商品流通微循环,提升城市居民更高质量的便利化、标准化、品质化消费水平。开展传统零售企业数字化转型提升工作,加快电子商务发展,通过创建电商产业集聚区、建设垂直交易平台、培育优秀电商品牌,建设数字商务公共服务中心,推动全市传统商贸流通企业数字化转型,申创更多国家级、省级电商示范县和数字商务企业,推进数字商务社区试点建设。

六是实施展会培育行动,打造商贸服务竞争新优势。以打造"淮海经济区会展核心城市"为目标,坚持国际化、品牌化、专业化、智慧化发展方向,结合主导产业发展需要招展引会,培育一批具有国内外影响力的重大会展品牌。力争到2025年全市会展业直接收入达到10亿元以上,年均增长20%左右,间接拉动相关服务业收入超过100亿元,初步建成引领淮海、辐射全国、链接世界的淮海经济区会展核心城市,确立"徐州之于淮海经济区相当于上海之于长三角的会展经济龙头城市地位"。

徐州市商务局局长　梁伟

践行高水平对外开放 赋能国际化智造名城
——关于全方位提升常州市开放型经济发展质效的思考

党的二十大明确了中国坚持对外开放的基本国策,坚定奉行互利共赢的开放战略,坚持经济全球化正确方向。面临新形势、新要求,立足新的城市定位和发展战略,常州如何持续提升对外开放水平,构建高质量开放新格局,已成为城市发展中必须直面的课题。本文围绕当前常州开放型经济发展的成效与不足,针对性提出进一步提升常州开放发展质效的思路与举措。

一 常州开放型经济发展的现状与成效

(一)利用外资稳中提质

以项目招引为抓手,不断推动外资稳中有进、提质增效。常州市现有外商投资法人企业 3 000 多家,涉及 107 个国家和地区,累计确认到账外资 514 亿美元。2021 年,常州市确认实际到账外资30.7亿美元,同比增长13.0%,到账额列全省第五位。2022年前三季度,常州市预计确认实际到账外资20.2亿美元,同比增长22.7%。常州市成功引进了太阳诱电超薄多层陶瓷电容器、瑞声光电科技(常州)有限公司新型电子元器件(小肠体扬声器)、朗盛(常州)有限公司热塑性高分子材料生产、SK常州市电池陶瓷隔膜、威乐常州生产基地等一批优质外资项目。2022年以来,新增协议外资3 000万美元以上项目44个,新增总投资1亿美元以上项目13个,新增3家世界500强投资项目,共有68家世界500强企业在常州累计投资项目121个,拥有省级跨国公司地区总部和功能性机构26家,布勒(常州)研发中心获评全市首家省级外资研发中心。美敦力集团旗下康辉医疗器械有限公司新增总投资超过10亿美元;药明康德新药开发有限公司总投资5亿美元的合全药业华东研发基地项目开工,总投资10亿美元的五期创新药CRDMO(药物发现、开发和生产外包服务)项目签约;理想汽车总投资60亿美元的新能源汽车零部件产业园项目顺利签约;常州市首支总规模5 000万美元外商投资股权投资管理企业(QFLP)基金成功注册。

(二)对外贸易优进优出

持续优化外贸市场、方式和产品结构,全力培育外贸新增长点,促进外贸加快向"优进优出"转型。当前,常州市共有外贸实绩企业8 200多家,2017年常州市进出口总额突破300亿美元大关,2021年突破400亿美元大关,达到467亿美元,规模创历史新高。常州市一般贸易占比超过八成,民营企业进出口占比超过一半,机电产品、车辆运输设备等主要出口产品增长明显。对欧盟、美国、东盟等主要市场出口稳定增长,对《区域全面经济伙伴关系协定》(RCEP)成员国进出口占比超过三成。常州市已创成轨道交通、地板、服装、医疗器械、西药、农业机械6个国家外贸转型升级基地和1个省级出口基地,拥有黑牡丹、常柴2个国家级出口品牌。常州市成功获批设立跨境电子商务综合试验区,获批一批跨境电商产业园、省级公共海外仓,2家企业获批商务部轨道交通进境维修资格,开通往返菲律宾马尼拉的跨境电商全货机直

邮专线。跨境电商实现4种海关监管模式功能全覆盖,服务贸易加快发展,拥有5家省级服务外包示范区和2个省级服务贸易基地。

（三）外经合作有序推进

积极抢抓"一带一路"机遇,加快优势产能海外布局,大力推进国际产能合作,鼓励企业开展跨国经营,集中力量培育一批本土跨国公司。目前,常州市共有境外投资企业545家,累计投资项目785个,实现中方协议投资额73亿美元,其中,在"一带一路"32个国家共计投资15亿美元。海外并购发展迅速,累计实现境外并购项目113个,中方协议并购额23亿美元。天合光能股份有限公司累计投资近5亿美元,在泰国、越南等地设立生产基地。江苏金昇实业股份有限公司在乌兹别克斯坦投资1亿美元建设现代化纺织企业,该项目被称为总统项目。今创集团股份有限公司投资9 880万美元在印度设立3C代工项目。蜂巢能源科技股份有限公司在德国一期项目开工建设,该项目计划总投资20亿欧元,电池产能将达到24 GWh。江苏恒立液压股份有限公司在墨西哥投资1.89亿美元、常州星宇车灯股份有限公司在塞尔维亚投资0.67亿美元等重大生产工厂项目也正在有序建设中。

（四）开发园区转型升级

优化开发区总体布局和功能定位,努力推动各类开发园区提档升级、转型发展。目前,常州市共有11家省级以上开发区,其中国家高新技术产业开发区2家,省级经济开发区7家,省级高新技术产业开发区2家。开发区利用外资贡献份额占全市的88%,工业开票销售、进出口贡献份额超过70%,公共财政预算收入贡献份额超过57%。常州国家高新技术产业开发、武进国家高新技术产业开发区国家级排名分别升至第23和38位,溧阳高新技术产业开发区位列省级高新技术产业开发区综合排名第一,常州经济开发区、金坛经济开发区在省级经济开发区中跻身前十强,排名分别跃升至第4位和第10位。常州市拥有一批在全省乃至全国具有一定影响力的国际合作园区,中国以色列常州创新园被习近平总书记称为中以创新合作的标志性项目,中国以色列创新园、中德(常州)创新产业园、中欧(常州)绿色创新园、中瑞(常州)国际产业创新园、中日(常州)智能制造产业园 5 家园区被认定为省级国际合作园区,获评数居全省第一。

(五)口岸环境持续优化

大力拓展各类口岸功能,着力推进城市国际化建设,努力提升开放软硬件环境。目前,常州共有常州港、常州机场 2 个一类开放口岸和常州、武进 2 个综合保税区。其中,常州港拥有对外开放码头 5 座、万吨级泊位 10 个,年货物吞吐量超过 5 400 万吨;常州机场先后开辟了 12 个国家和地区的 25 条境外航线。常州、武进综合保税区被赋予海关特殊监管区域企业增值税一般纳税人资格试点;"常西欧"中欧班列实现首发;常州—宁波北仑港、常州—上海港海铁联运班列先后运营,并实现 2 天 3 班,在与上港集团开展海铁班列业务的苏州、无锡、合肥等城市排名中位列第一。持续提升口岸服务效能,整体通关时间较 2017 年压缩超过 60%。

二 常州开放型经济发展的问题与不足

(一)利用外资

一是外资规模未有台阶式提升。近年来,常州利用外资规模徘徊在 30 亿美元左右,没能再上新的台阶,和周边先进城市的差距有所加大。二是外资招引的力度、强度、浓度还远远不适应地区竞争的需要。旗舰型重大外资项目不多,地区总部企业外商投资吸引力不够,现代服务业外资相对薄弱。三是引资方式有待进一步创新。对外商投资股权投资企业(QFLP)、境外上市返程投资等新型招商方式研究不深、实践不够;基金招商还不够成熟,政府引导基金在投资规模、投资领域等方面与先进地区相比仍有不小的差距,投后管理机制还不够完善。

（二）对外贸易

一是外贸规模总量仍有差距。常州的进出口额为苏州的八分之一、无锡的二分之一，外贸总量和周边先进地区尚有较大差距。二是外贸增长动力不足。随着要素成本持续攀升，传统制造价格优势明显削弱，光伏、纺织、服装等传统重点行业产能转移趋势明显，十大先进制造业集群、八大高成长性产业链出口潜力有待挖掘，新能源整车、动力电池产业优势尚未转化为出口优势。三是外贸新业态发展不够快。外贸新业态发展规模有限，对全市外贸支撑作用不够明显，外贸基地创新度不强，外贸新增长点不多。

（三）外经合作

一是本土知名跨国公司不多。除天合光能股份有限公司、江苏恒立液压股份有限公司等少部分企业国际化发展较为顺利以外，大多数企业跨国经营还处于初级阶段，缺乏全球思维和远期规划，大部分以延续国内业务为主，在海外设立、兼并、收购先进研发机构的企业不多，国际科技合作和成果转化的效率不高。二是境外合作园区尚未取得突破。常州境外园区建设尚未取得突破性进展，缺乏如无锡柬埔寨西哈努克港经济特区、苏州埃塞俄比亚东方工业园等国家级或省级境外园区。三是综合服务体系不够健全。当前，受国际经贸摩擦、世界经济衰退、新冠肺炎疫情等情况影响，企业"走出去"风险有所增加，常州企业境外投资和经营风险评估体系、风险防范机制和境外风险应急体系还不够完善。

（四）开发园区

一是龙头引领还不够强。100亿元以上、50亿元以上重大项目招引的数量还不够多，面对土地、环境等制约因素和同质竞争的压力，高质量重大产业类项目突破的力度还不够大。二是产业层次还不够优。开发区产业产值超过300亿元的产业中，传统产业占有相当比重，新兴产业还不够强，开发区在全国、全省能亮出的产业名片不多，产业转型升级的压力有增无减。三是发展活力还不够足。部分开发区管理体制机制创新力度仍显不足,开发区经济管理职能不够突出,部分开发区招商队伍尚未实现企业化运作,在引才育才、选人用人机制上比较僵化,激励机制有待强化。

（五）口岸环境

一是高品质的国际化功能不足。常州尚无高水平的国际学校和国际医院,高品质的国际化社区偏少,文化包容度和商业多元性不够,双语标识、外语地图、文化娱乐等国际化功能也不够到位。二是高标准的国际性活动不多。目前,江苏省内部分城市已打造各具特色的品牌展会,而常州具有较大国际影响力的特色品牌展会相对较少。三是高水平的国际化口岸不够。国际航班数量仍然有限,综合保税区功能比较单一,常州港和上海港、宁波港等国际性港口的联系有待加强,各开放口岸之间的整合协同不够,整体发展水平不高。

三 提升常州开放发展质效的思路与举措

（一）推动利用外资量增质升

一是加大招商引资力度。树立"常州以外都是外"的大招商理念,既紧盯世界 500 强和知名跨国公司,又聚焦国内央企和优质民企,围绕产业链建设,集聚各方资源和力量。积极开展境外小分队招商活动,优化驻点招商、资本招商、上市招商、以商引商、反飞地招商等招商模式。力争"十四五"期间实际到账外资达到 170 亿美元以上,外资占全省份额进一步提升。

二是扩大招商平台影响力。精心组织好中国常州科技经贸洽谈会、"云联五洲"常州—塞尔布视频会议和常州—上海经贸交流和创新合作活动周、深圳经贸交流和创新合作活动周等重大招商活动,重点围绕新能源汽车、动力电池、光伏等新能源产业开展产业链招商,进一步壮大十大先进制造业产业集群。深入开展战略性新兴产业资讯研究,推动战略性新兴产业融合集群发展。力争新增一批世界500强、地区总部、功能性机构及研发中心，5亿美元以上、10亿美元以上旗舰型重大外资项目取得新突破。

三是提升外资利用能力水平。鼓励外资增资和利润再投，深入挖掘外商投资性公司项目，加快推动外商投资股权投资企业（QFLP）试点。突出抓好战略性新兴产业项目招引，大力发展研发设计、人才资源等现代服务业，持续提高先进制造业和生产性服务业占比。完善"双招双引"工作机制、目标体系和要素保障，健全招商队伍选拔、使用、培训、考核机制。

（二）推动对外贸易"优进优出"

一是稳住外贸市场份额。支持企业以小分队、代参展等多种方式参加国际展会，组织企业参加中国进出口商品交易会、中国国际高新技术成果交易会、中国国际进口博览会等重点展会，积极开拓海外市场。依托市重点外贸企业监测平台，强化对重点产品、重点市场和重点企业的监测、预警，全力稳定外贸增长。力争"十四五"期间累计实现进出口总额1 800亿美元，外贸在全省的位次进一步前移。

二是用好外贸创新平台。加快推进跨境电子商务综合试验区建设，促进跨境电商产业园与综合保税区融合发展，尽快做大跨境电商产业规模，建成集平台、货源、销售、仓储、物流、综合服务为一体的跨境电商产业园（示范园）。大力发展进口交易中心、海外仓、进境维修、外贸综合服务企业、外贸孵化基地等新业态新模式，提高商品流通效率，降低进口交易成本。力争打造一批优势产业出口集群和出口品牌，逐步形成若干年出口规模超过10亿美元、5亿美元、3亿美元的出口基地和出口企业。

三是培育服务贸易市场主体。推动文化贸易、技术贸易等知识密集型服务贸易领域发展，进一步扩大影视版权交易、动漫游戏创作、文化创意设计等新兴领域的出口规模，积极创建国家服务外包示范城市和国家文化出口基地。积极培育会展重点企业，打造高端会展品牌，力争培育1~2个专业化、特色化、高端化的会展品牌。

（三）推动开放平台提档升级

一是推动载体平台创新发展。持续推动开发区整合资源、转型升级、创新提升，全力创建国家级经济技术开发区，推进江苏"自贸区＋联动创新区"建设，尽快形成每个辖市区"一个省级以上高新区、一个省级以上经开区"格局。进一步提升开发区集约发展水平，力争全市开发区实际到账外资、规模以上工业主营业务收入、公共财政预算收入占全市比重分别超过90％、75％和60％，形成更多千亿元级产业集群。

二是推进城市国际化建设。集中力量发展中国以色列创新园、中德（常州）创新产业园、中欧（常州）绿色创新园、中瑞（常州）国际产业创新园、中日（常州）智能创造产业园等国际合作园区，持续提升合作园区承载力，引导企业在常州设立总部、功能性机构及研发中心，加快引进关键核心技术和"卡脖子"技术。聚焦"两湖"创新区建设，加快国际学校、医院、社区布局建设，构建形成"1＋4＋4＋N"的商业布局。充分发挥开放型经济党建联盟作用，常态化开展"开放赋能行动"，助力国际化智造名城建设。

三是支持企业高水平"走出去"。深度融入"一带一路"建设，积极开展全球产业布局，编织"走出去"服务网络，建立"走出去"工作的专家库、案例库、资源库，搭建"走出去"综合服务平台。引导本地企业优化全球产能配置，积极开展产能合作、跨国并购、培育本土跨国公司，力争至2025年累计拥有本土跨国经营企业200家以上。推进优势产能国际合作，促进双向投资、双边贸易和双方合作，力争"十四五"期间实现跨国并购50例，发展境外经贸合作区3家。

四是提升国际化口岸功能。推动空运口岸国际全货机业务发展，开拓更多国际全货机航线，多渠道打通"常西欧"中欧班列、海铁联运、江海联运等国际物流通道。促进跨境电商产业园与综合保税区融合发展，加快推进常州港增设"九类危险货物"装卸功能，完善电子口岸平台功能，进一步优化口岸通关环境。

常州市商务局党组书记　局长　韩雪琴

关于推动太仓港复制运用自贸试验区政策的报告

一、太仓港复制运用自贸试验区政策相关情况

自由贸易试验区(以下简称"自贸试验区")的核心任务是开展制度创新,形成可复制可推广的经验做法。国家层面对自贸试验区改革创新提供了共性的制度保障(如《自由贸易试验区外商投资准入特别管理措施(负面清单)》、自贸试验区总体方案),对承担最高水平开放压力测试的海南自由贸易港、中国(上海)自由贸易试验区临港新片区,还叠加了特殊的优惠政策。当前国家层面复制推广的自贸试验区制度创新经验案例累计达到278项,江苏自贸试验区复制推广的经验案例达到108项,苏州自贸片区在全市复制推广的经验案例达到106项。总体来看,自贸试验区在贸易通关便利化、物流运输便利化、投资体制改革等方面的创新经验做法与港口发展需求较为契合。

对于苏州市港口建设特别是太仓港来说,尽管国家层面支持自贸试验区的特殊政策暂时难以争取,但按照目标

导向和问题导向,太仓港可根据港口发展实际诉求,学习借鉴全国自贸试验区成熟的改革创新经验,利用自贸试验区政策开展全方位的探索争取,进一步深化改革、守正创新,构建现代航运物流体系,优化调整运输结构,推进港产城融合发展和市域一体化,提高对外开放合作水平,推动太仓港加快从物流港向物贸港发展。

为做好自贸试验区政策的复制推广,太仓市商务局利用自贸试验区联动创新区建设,积极推动太仓港复制推广自贸试验区经验,持续提升通关效率和便利化水平,加快太仓港贸易生态的打造。重点开展了以下创新探索:

一是落地多项海关、海事监管创新举措,提升监管效能。发挥太仓港综合保税区优势,成功落地仓储货物按状态分类监管、一次备案多次使用、企业问题清零机制、企业保税账册诚信自报等创新制度,综合保税区功能不断优化升级。海事部门探索实施了精简优化国际航行船舶监管证件和随附单证,大型海轮进出港口"直进直靠、直离直出",船载危险货物联合查验工作机制,海事政务自助服务站,水上绿色综合服务区等创新经验,服务航运便利化发展。

二是复制推广江苏自贸试验区海运物流创新经验,提速通关物流。复制苏州自贸片区创新经验,打造太仓港集装箱智慧物流平台,实现集装箱作业环节的单证无纸化,提升码头作业效率,降低结算成本。复制连云港片区创新经验,推出中日陆海联运模式,构建为海外进口半导体等高端精密仪器甩挂运输车货不分离的创新作业模式,极大地压缩了陆海联运过程中的转关时间。

三是推动太仓港疏港铁路专用线成为苏州中欧(亚)班列直达地,拓展物流通道。推动太仓港疏港铁路专用线与苏州中欧班列联动发展,发挥太仓港"公铁水"集疏运体系优势,发展中欧班列海铁联运业务。2022 年 8 月底,首次试点开行回程班列直达太仓港。探索优化国际班列海关监管模式,在海铁联运"一站式"监管服务、优化过境货物监管模式,以及国际班列单证电子化、信息共享化方面做出有益尝试。太仓港构建完善的"公铁水"集疏运体系,加速融入"一带一路"物流大通道。